# L'INTERNATIONALE

OSCAR TESTUT

# L'INTERNATIONALE

SON ORIGINE — SON BUT — SON CARACTÈRE
SES PRINCIPES — SES TENDANCES — SON ORGANISATION
SES MOYENS D'ACTION
SES RESSOURCES — SON ROLE DANS LES GRÈVES
SES STATUTS — SES CONGRÈS — SON DÉVELOPPEMENT

TABLEAU
DE LA SITUATION ACTUELLE DE L'INTERNATIONALE
EN FRANCE, EN EUROPE ET EN AMÉRIQUE.

TROISIÈME ÉDITION REVUE ET AUGMENTÉE

PARIS
E. LACHAUD, ÉDITEUR
4, place du Théâtre-Français, 4

VERSAILLES
SUBERCAZE, LIBRAIRE
41, rue de la Paroisse, 41

1871

# AVIS

Cet ouvrage, imprimé au mois de mai 1870, n'a pu être livré à la publicité que le 20 avril 1871; les deux premières éditions en ont été enlevées en quelques jours : l'auteur tient à remercier la Presse de la bienveillance qu'elle a mise à rendre compte de cette publication et de la sympathie avec laquelle elle l'a accueillie. C'est pour lui un précieux encouragement à continuer l'œuvre qu'il a entreprise.

Mais il a le regret de constater que quelques écrivains ont reproduit plusieurs documents, même des pièces manuscrites empruntées à cet ouvrage, et qu'ils ont eu le mérite de ne pas indiquer à quelle source ils s'étaient inspirés. Il est de son devoir de flétrir énergiquement de pareils procédés.

O. T.

# PRÉFACE

Nous écrivions dans la préface de notre première édition, sous la date du 10 mai 1870 :

« Le moment est venu de faire connaître d'une « manière nette et précise quel est le but de l'In- « ternationale, dont le développement rapide est de « nature à effrayer tout homme qui réfléchit à l'im- « mense danger qu'une aussi puissante organisa- « tion fait courir à l'ordre social.

« Il importe de considérer les tendances, les « principes, les moyens d'action et les ressources « de l'Internationale ; de prendre cette association « à son berceau, d'en étudier l'organisation, de « voir le rôle important qu'elle joue chaque jour « dans les grèves, l'esprit d'union qui anime ses

« membres, leur obéissance aveugle à toutes les
« instructions qu'ils reçoivent, et d'examiner avec
« quelle prodigieuse rapidité elle a successivement
« agrandi le cercle de son influence, non-seulement
« en France, mais encore dans une partie de l'Al-
« lemagne, en Amérique, en Italie, en Belgique, en
« Pologne, en Russie, en Autriche, en Suisse, en
« Suède, en Danemark, en Angleterre, et même
« en Espagne.

« Il nous sera facile de démontrer que, sous pré-
« texte de s'occuper de l'émancipation des travail-
« leurs, de la lutte à établir contre le capital, de
« l'amélioration des classes ouvrières, l'Internatio-
« nale ne tend, en réalité, qu'à détruire, qu'à
« bouleverser de fond en comble les bases actuelles
« de l'organisation sociale, qu'elle se mêle *très-
« activement de politique,* et qu'il lui sera loisible,
« à un moment donné, d'entraîner dans un mou-
« vement révolutionnaire ses millions d'adeptes.
« C'est dans les discours, dans les écrits de ses
« membres, dans les feuilles officielles de l'Inter-
« nationale, que nous trouverons la preuve mani-
« feste de cette assertion : nous aurons soin de
« multiplier les citations et de mettre sous les
« yeux du lecteur des documents dont l'authenti-
« cité ne pourra être contestée et qui suffiront
« pleinement pour l'édifier.

« Cette étude aura pour résultat d'éclairer l'opi-
« nion publique sur les dangers que présente l'In-
« ternationale et sur l'*œuvre subversive* dont elle

« poursuit le triomphe avec tant de succès, en « France et en Europe.

« Il est temps de se prémunir et d'aviser : au « moment où l'on sollicite instamment l'abrogation « de l'*article 291* et où cette question va faire « l'objet des débats législatifs, il n'est pas sans « intérêt d'appeler l'attention sur l'inopportunité de « cette abrogation. »

Les événements n'ont que trop justifié nos prévisions. C'est l'Internationale, et l'Internationale *seule,* qui a suscité et dirigé l'insurrection du 18 mars; c'est elle encore qui a provoqué les émeutes de Lyon, Marseille, Narbonne, Saint-Etienne, le Creuzot. Lisez l'*Égalité*, journal officiel des sections de la Suisse romande (numéro du 27 mai 1871), et vous demeurez convaincu que l'*Internationale et la Commune de Paris ne faisaient qu'un.*

Dans un prochain ouvrage, nous dévoilerons, PIÈCES ET DOCUMENTS A LA MAIN, les agissements de l'Internationale : nous verrons comment elle a pu se développer et grandir à la faveur de nos désastres et du profond désarroi où se trouvait le pays; nous signalerons son attitude, à Paris, pendant le siége et, plus tard, pendant la période insurrectionnelle; à Lyon, le 28 septembre 1870, les 23 mars et 30 avril 1871; au Creuzot, au mois de mars, etc.

Nous expliquerons dans quelles circonstances a

été réorganisé le conseil fédéral des sections parisiennes (1) ; nous rechercherons l'appui et le concours qu'il a trouvé dans une partie de la garde nationale.

Nous étudierons les menées révolutionnaires de l'Internationale dès le mois de septembre 1870. Nous suivrons ses délégués à l'étranger et dans nos principaux centres industriels. Nous initierons en un mot le lecteur à tous les faits et gestes de l'Internationale depuis le mois de juin 1870 jusqu'au mois de mai 1871.

L'Internationale préoccupe aujourd'hui au plus haut point l'opinion publique : dans une récente circulaire, M. le Ministre des affaires étrangères vient d'appeler l'attention de l'Europe sur les dangers que présente une association aussi puissamment organisée.

Le moment est pressant : si des mesures radicales et énergiques ne sont pas prises par la France et concertées avec les autres gouvernements, la révolution sociale triomphera bientôt, et, dans quelques années, dans quelques mois peut-être, nous assisterons, impuissants et désarmés, au spectacle d'incendies, de pillages et d'actes d'infamie analogues à ceux dont Paris vient d'être le théâtre.

L'Internationale est un véritable fléau ; il est de

---

(1) Henri Goullé remplissait les fonctions de secrétaire du conseil fédéral.

notre devoir le plus impérieux de le combattre vigoureusement : il y va de l'existence même de la société.

Bourgeois et capitalistes, vos jours sont comptés ; à vous de veiller et surtout d'aviser : il n'en est que temps.

Quant à nous, nous ne faillirons pas à notre tâche et, quoi qu'il arrive, nous saurons braver l'orage jusqu'au bout. Nous ne déposerons les armes que lorsque l'Internationale n'aura plus droit de cité en Europe.

**OSCAR TESTUT,**

(AVOCAT).

Paris, le 10 juin 1871.

## LE MOT D'ORDRE DE L'INTERNATIONALE

DÈS LE MOIS DE SEPTEMBRE 1870.

---

Nous croyons utile, pour l'édification de nos lecteurs, de reproduire en tête de notre ouvrage les trois pièces suivantes qui empruntent aux événements actuels le plus grand intérêt, et dont nous garantissons l'authenticité.

### N° 1.

Lettre écrite à Albert Richard, de Lyon, par Eugène Dupont, secrétaire correspondant pour la France auprès du Conseil général de Londres.

*General Council of the International*

*Working Men's Association,*

256, High Holborn, London, W. C.

---

« Londres, 7 septembre 1870.

« La piteuse fin du Soulouque impérial nous amène au « pouvoir les Favre et les Gambetta. Rien n'est changé, la « puissance est toujours à la bourgeoisie. Dans ces cir- « constances, le rôle des ouvriers, ou plutôt leur devoir, « est de laisser cette VERMINE BOURGEOISE faire la paix avec « les Prussiens (car la honte de cet acte ne se détachera « jamais d'eux), ne pas les affermir par des émeutes, mais « profiter des libertés que les circonstances vont apporter « pour organiser toutes les forces de la classe ouvrière. « La bourgeoisie, qui est dans ce moment affolée de son « triomphe, *ne s'apercevra pas tout d'abord des progrès de « l'organisation,* et pour le jour DE LA VÉRITABLE GUERRE, « *les travailleurs seront prêts.*

« Activer, répandre partout cette organisation, c'est la « tâche de notre Association. Redoublez donc d'énergie. Il « faut centupler son dévouement, grouper autour de soi, « sous le drapeau de notre chère Association, tous les « hommes actifs et convaincus, ET LE BUT QUE NOUS VOU- « LONS ATTEINDRE SERA BIEN PRÈS.

« Le Conseil général a écrit à tous ses correspondants, « afin que tous les efforts se concentrent dans ce sens pour « agir avec ensemble AU MOMENT OPPORTUN ET DÉCISIF.

« A l'œuvre sans relâche jusqu'à la Révolution sociale. « — Dans ce moment d'effervescence et de travail popu- « laire, la Révolution, *la vraie,* peut marcher à pas de « géant par le concours de tous les correspondants de notre « Asssociation.

« *A bas la bourgeoisie!*

« *Vive l'Internationale!*

« Salut fraternel à tous.

« EUGÈNE DUPONT,

« *Secrétaire correspondant pour la France.* »

## N° 2.

Lettre écrite, le 17 octobre 1870, par Eugène Dupont, au citoyen Charvet, de Lyon.

. . . . . . . . . . . . . . . . . . . . . . . . . . . . .

. . . . . . . . . . . . . . . . . . . . . . . . . . . . .

« Notre rôle consiste à profiter de toutes les libertés, de « tous les événements pour répandre l'organisation de la « classe ouvrière. *Car sans bonne organisation les tra- « vailleurs seront toujours le jouet et la dupe de la bour- « geoisie.* Malheureusement, grand nombre de nos amis « n'ont pas compris : ils se sont laissés aveugler par le « patriotisme, ont fait chorus avec les *bourgeois*, qui crient « partout : *Oublions nos différences d'opinions; faisons le « sacrifice de nos plus chers principes sur l'autel de la « Patrie et chassons notre ennemi.* Duperie infâme ! Car les « bourgeois n'ont rien et n'avaient rien à sacrifier, et le « peuple est encore une fois de plus trompé, parce qu'il « est sans organisation. Maintenant qu'il est bâillonné, la « réaction toute-puissante lève la tête et la proscription « recommence comme de plus belle.

« Voyez ce qui se passe à Paris.....

« Salut fraternel à tous,

« EUGÈNE DUPONT,

« *Secrétaire correspondant pour la France.* »

## N° 3.

Copie d'un mandat délivré par le Conseil fédéral des sections parisiennes à ses délégués dans la province (1).

RÉPUBLIQUE DÉMOCRATIQUE ET SOCIALE.

DÉLÉGATION.

Le Conseil fédéral des sections parisiennes de l'Association internationale des travailleurs et la Délégation révolutionnaire des vingt arrondissements de Paris donnent délégation et pleins pouvoirs au citoyen ALBERT LEBLANC,

(1) Cette pièce, établie sur parchemin, a été trouvée en la possession d'Albert Leblanc, délégué de la Commune de Paris, actuellement détenu à Lyon, et arrêté à Bellegarde le 29 avril 1871.

membre de l'Internationale et membre de la Commission exécutive de la Délégation des vingt arrondissements de Paris près les sections de l'Internationale et les groupes révolutionnaires de la province.

Paris, le      février 1871.

Pour la Délégation,
*Le secrétaire,*
Constant Martin.

Pour le Conseil fédéral
de l'Association internationale
des travailleurs,

*Le secrétaire,*
Henri Goullé.

# L'INTERNATIONALE

---

## I.

### Origine de l'Internationale.

*Situation des prolétaires, après 1848, en France et en Angleterre. — Réveil du prolétariat.*

L'exposition au grand jour des théories socialistes avait fait, en 1848, naître chez les travailleurs des espérances aussi belles qu'elles devaient être de courte durée; après la défaite des révolutionnaires, toutes les associations disparurent et les rêves éphémères d'affranchissement caressés par les prolétaires s'évanouirent devant une époque de fièvre industrielle et de réaction politique.

L'échec de la classe ouvrière continentale produisit bientôt ses effets de l'autre côté de la Manche; sa défaite fit perdre aux ouvriers anglais toute virilité et toute foi dans leur propre cause. La découverte de nouveaux terrains aurifères amena une immense émigration : un vide irréparable fut ainsi creusé dans les rangs du prolétariat de la Grande-Bretagne. Tous les organes de la classe ouvrière moururent l'un après l'autre de l'apathie des masses, et l'ouvrier anglais parut accepter désormais sa nullité politique.

Il y avait donc solidarité de défaite entre la classe ouvrière de la Grande-Bretagne et celle du continent.

La classe ouvrière anglaise réussit cependant, à force de persévérance, à enlever le bill des dix heures ; et plus tard nous voyons Robert Owen jeter les germes du mouvement coopératif, et s'élever des manufactures coopératives créés par l'initiative isolée de quelques « bras entreprenants. » Mais on comprit bientôt que si excellent qu'il fût en principe, si utile qu'il se montrât dans l'application, le travail coopératif, limité aux efforts particuliers et accidentels des ouvriers, ne pourrait jamais affranchir les masses; que pour atteindre ce but, la coopération devait prendre un développement national et, par conséquent, être soutenue et propagée par des moyens nationaux.

La conquête du pouvoir politique devint donc le premier devoir de la classe ouvrière : en Angleterre, en Allemagne, en Italie et surtout en France, l'on vit renaître en même temps ces aspirations communes ; en même temps aussi des efforts furent tentés pour réorganiser *politiquement le parti des travailleurs.*

Jetons *maintenant un coup d'œil sur la France.* Vers 1862, à la suite des rapports de la Commission ouvrière déléguée à l'Exposition universelle de Londres, un timide réveil s'annonça dans le prolétariat parisien; on parla d'amélioration, même d'affranchissement politique. On songea à envoyer au Corps législatif des hommes chargés de revendiquer les libertés communes. Mais ces députés, ces « *parleurs de l'opposition* » eurent le tort de négliger la question sociale : les travailleurs ne cachèrent plus leur mécontentement. Plus que jamais on s'occupa de révolution sociale: les idées économiques se répandirent dans les ateliers. Le malaise augmenta, les grèves se multiplièrent et mirent de plus en plus la question du salaire à l'ordre du jour. L'idée d'association devint en faveur et le mouvement coopératif reçut une véritable impulsion: on préluda à l'œuvre de solidarisation du prolétariat.

Dans toute l'Europe, un revirement identique se produisit dans la classe ouvrière. On comprit que des liens fraternels devaient exister entre les travailleurs des différents pays, afin de les exciter à se contenir les uns les autres dans toutes leurs luttes pour leur commun affranchissement. Du choc de ces idées imprégnées au même degré de l'esprit d'union et de solidarité naquit : l'*Association internationale.*

L'idée mère de cette association appartient aux ouvriers français qui la transportèrent en Angleterre lors de l'Exposition universelle de 1862; aussi l'un de ses adeptes a-t-il pu dire que « *venue au monde à Paris, elle avait été mise en nourrice à Londres.* » Le 28 septembre 1864, un meeting public en faveur de la Pologne fut organisé à Londres, dans Saint-Martins' Hall : plusieurs nations européennes s'y trouvaient représentées. On y jeta les bases de la grande Association internationale des travailleurs. Un comité fut élu avec mission d'élaborer les statuts de l'Association ; il fut décidé qu'un congrès général ouvrier serait réuni en 1866, et que jusqu'à l'époque de cette réunion, le comité élu agirait comme conseil central provisoire et siégerait à Londres.

Voici le règlement provisoire qui fut alors adopté :

## CONGRÈS OUVRIER.

### Association internationale des travailleurs.

#### RÈGLEMENT PROVISOIRE.

Considérant :

Que l'émancipation des travailleurs doit être l'œuvre des travailleurs eux-mêmes ; que les efforts des travailleurs pour conquérir leur émancipation ne doivent pas tendre à constituer de nouveaux priviléges, mais à établir pour tous des droits et des devoirs égaux et anéantir la domination de toute classe ;

Que l'assujettissement économique du travailleur aux détenteurs des moyens de travail, c'est-à-dire des sources de la vie, est la cause première de sa servitude politique, morale, matérielle;

Que l'émancipation économique des travailleurs est conséquemment le grand but auquel tout mouvement politique doit être subordonnée comme moyen;

Que tous les efforts faits jusqu'ici ont échoué, faute de solidarité entre les ouvriers des diverses professions dans chaque pays, et d'une union fraternelle entre les travailleurs des diverses contrées ;

Que l'émancipation du travail n'étant un problème ni local ni national, mais social, embrasse tous les pays dans lesquels la vie moderne existe et nécessite pour sa solution leur concours théorique et pratique;

Que le mouvement qui reparaît parmi les ouvriers des pays les plus industrieux de l'Europe, en faisant naître de nouvelles espérances, donne un solennel avertissement de ne pas retomber dans les vieilles erreurs et les pousse à combiner immédiatement leurs efforts encore isolés;

Par ces raisons :

Les soussignés, membres du Conseil élu par l'Assemblée tenue le 28 septembre 1864, à Saint-Martin's Hall, à Londres, ont pris les mesures nécessaires pour fonder: l'*Association internationale des Travailleurs.*

Ils déclarent que cette Association internationale, ainsi que toutes les sociétés ou individus y adhérant, reconnaîtront comme devant être la base de leur conduite envers tous les hommes: la *Vérité*, la *Justice*, la *Morale*, sans distinction de couleur, de croyance ou de nationalité.

Ils considèrent comme un devoir de réclamer pour tous les droits d'homme et de citoyen. Pas de devoirs sans droits.

C'est dans cet esprit qu'ils ont rédigé le règlement provisoire de l'*Association internationale*.

Article premier. — Une association est établie pour procurer un point central de communication et de coopération entre les ouvriers des différents pays aspirant au même but, savoir: le Concours mutuel, le Progrès et le complet Affranchissement de la classe ouvrière.

Art. 2. — Le nom de cette association sera : *Association internationale des travailleurs.*

Art. 3. — En 1866, aura lieu la réunion d'un Congrès général. Ce Congrès devra faire connaître à l'Europe les communes aspirations des ouvriers. Arrêter le règlement définitif de l'Association internationale. Examiner les meilleurs moyens pour assurer le succès de son travail et élire le Conseil central de l'Association. Le Congrès se réunira une fois l'an.

Art. 4. — Le Conseil central siégera à Londres et se composera d'ouvriers représentant les différentes nations faisant partie de l'Association internationale. Il prendra dans son sein, selon les besoins de l'Association, les membres du bureau, tels que président, secrétaire général, trésorier et secrétaires particuliers pour les différents pays.

Art. 5. — A chaque Congrès annuel, le Conseil général fera un rapport public des travaux de l'année. En cas d'urgence, il pourra convoquer le Congrès avant le terme fixé.

Art. 6. — Le Conseil général établira des relations avec les différentes associations d'ouvriers, de telle sorte que les ouvriers de chaque pays soient constamment au courant des mouvements de leur classe dans les autres pays ; — Qu'une enquête sur l'état social soit faite simultanément et dans un même esprit ; — Que les questions proposées par une société, et dont la discussion est d'un intérêt général, soient examinées par toutes, et que lorsqu'une idée pratique ou une difficulté internationale réclamerait l'action de l'Association, celle-ci puisse agir d'une manière uniforme. Lorsque cela lui semblera nécessaire, le Conseil central prendra l'initiative des propositions à soumettre aux sociétés locales ou nationales.

Art. 7. — Puisque le succès du mouvement ouvrier ne peut être assuré dans chaque pays que par la force résultant de l'union et de l'association; — que, d'autre part, l'utilité du Conseil central dépend de ses rapports avec les sociétés ouvrières, soit nationales ou locales, les membres de l'Association internationale devront faire tous leurs efforts, chacun dans son pays, pour réunir en une association nationale les diverses sociétés d'ouvriers existantes, ainsi que pour créer un organe spécial.

Il est sous-entendu cependant que l'application de cet article dépendra des lois particulières de chaque pays, et que, abstraction faite de ces obstacles légaux, chaque Société locale indépendante aura le droit de correspondre directement avec le Conseil central de Londres.

Art. 8. — Jusqu'à la première réunion du Congrès ouvrier, le Conseil élu en septembre agira comme Conseil central provisoire. Il essayera de mettre en communication les Sociétés ouvrières de tous les pays. Il groupera les membres du Royaume-Uni. Il prendra les mesures provisoires pour la convocation du Congrès général, il discutera avec les Sociétés locales ou nationales les questions qui devront être posées devant le Congrès.

Art. 9. — Chaque membre de l'Association internationale, en changeant de pays, recevra l'appui fraternel des membres de l'Association.

Art. 10. — Quoique unies par un lien fraternel de solidarité et de coopération, les Sociétés ouvrières n'en continueront pas moins d'exister sur les bases qui leur sont particulières.

*Pour le Conseil général de l'Association internationale des travailleurs :*

| Le président, | Le secrétaire général, | Le trésorier, |
| --- | --- | --- |
| ODGER. | CREMER. | WHEELER. |

Cette Association a rapidement progressé. Chaque année elle a tenu des congrès internationaux, qui ont été comme autant d'étapes de la révolution sociale. En France, sous son impulsion, les associations ouvrières se sont multipliées, et bientôt tout ce qu'il y avait d'énergique dans le mouvement coopératif s'est fait « *fermement révolutionnaire et largement socialiste.* » Ce revirement s'est annoncé surtout par la manifestation ouvrière du 4 novembre 1867 contre l'expédition romaine ; depuis il n'a fait que s'accroître. L'année 1868 a été l'année du « *quos ego du prolétariat de Paris.* » Les procès de l'Association internationale permirent aux accusés d'exposer publiquement, devant les tribunaux, leurs opinions républicaines et socialistes ; les idées nouvelles allaient avoir leurs tribunes et leur auditoire : les réunions publiques devaient augmenter leur développement et entraîner la formation de nouvelles sociétés dans toutes les professions qui jusqu'alors n'avaient pas encore songé à se solidariser.

Nous sommes amené maintenant à parler des tendances de l'Internationale et des idées dont elle poursuit la réalisation.

## II.

### But. — Caractères. — Principes et tendances de l'Internationale.

Il est de la plus haute importance que les principes et le but de l'Internationale soient signalés : il faut que la bourgeoisie sache que l'on veut à tout prix en finir avec elle, que sa condamnation est prononcée, que la classe ouvrière organise ses forces, qu'elle s'apprête à descendre dans l'arène et à triompher de *ces prétendus exploiteurs.* La victoire paraît déjà si assurée, que les prolétaires célèbrent la défaite des bourgeois dans des termes peu rassurants :

« Les bourgeois, s'écrient-ils, ont *la venette;* la peur « leur fait pousser les hauts cris : en voyant cette formi- « dable puissance qui s'organise à leur nez et à leur barbe, « et *qui doit les engloutir un jour*, ils ne savent plus à

« quel saint se vouer. Ils voient les priviléges du capital
« disparaître : puissent-ils mourir de leur belle mort! —
« Ainsi soit-il. »

(Extrait du journal l'*Égalité*, numéro du 23 janvier 1869.)

Et plus loin :

« L'Internationale, c'est le réveil, c'est la moralisation,
« c'est la puissance, c'est le triomphe prochain des tra-
« vailleurs sur les ruines du capital monopolisé entre les
« mains des bourgeois, c'est la moralisation forcée de ces
« derniers par le travail et la juste distribution de ses
« produits. »

(*Même numéro.*)

« Quand la révolution sociale aura exproprié les bour-
« geois pour cause d'utilité publique, comme ceux-ci
« ont jadis exproprié la noblesse et le clergé, que devien-
« dront-ils?

« Nous ne pouvons pas répondre à coup sûr, mais il est
« probable que le nouvel ordre de choses leur donnera,
« selon l'expression d'un de nos amis, un bien infiniment
« plus précieux, du travail bien payé, à discrétion, afin
« qu'ils ne soient plus obligés de vivre du travail des au-
« tres, comme ils l'ont fait jusqu'à présent. En cas d'inca-
« pacité de travail de leur part, ce qui sera le fait d'un
« grand nombre, vu qu'ils n'*ont guère appris à se servir*
« *de leurs dix doigts, eh bien!*..... Eh bien ! on leur don-
« nera des bons de soupe.

« Mais, c'est trop peu, hurleront les bourgeois.

« Trop peu, répondront les ouvriers, trop peu de tra-
« vail bien payé, à discrétion, et de la soupe pour les in-
« valides! Diable! vous êtes difficiles, nous nous en serions
« bien contentés dans le temps..... »

(Extrait de l'*Egalité*, numéro du 27 novembre 1869.)

« On raconte que Tomyris, reine des Massagètes, atta-
« quée par Cyrus, l'insatiable guerroyeur, eut la douleur

« de perdre son fils dans une bataille. Elle jura de se venger et parvint à s'emparer du bandit-conquérant. Elle lui fit couper la tête et la jetant dans un seau plein d'eau, elle s'écria : *Tiens, monstre, abreuve-toi de sang, puisque tu en es si friand !*

« Ah ! messieurs les bourgeois, vous faites fusiller les ouvriers qui osent se soulever contre leurs exploiteurs ; vous aussi, vous aimez à verser le sang : *Eh bien ! on vous fourrera le nez dedans et on vous en fera lécher jusqu'au dernier vestige.* »

(Extrait de l'*Internationale*, numéro du 3 avril 1870.)

L'équivoque n'est plus possible : c'est l'avenir de nos institutions, de nos familles et de notre fortune qui est en jeu. Nous n'exagérons rien : écoutez en effet le langage que tiennent les membres de l'Internationale et les journaux qu'ils publient : méditez les discours qu'ils prononçent dans leurs meetings, et vous serez convaincus du danger que présente une pareille association, pour qui le respect de la magistrature, du clergé, de la bourgeoisie et de l'état de choses établi est lettre complétement morte, et qui travaille dans toute l'Europe à l'avénement de la république démocratique et sociale.

« Nous voulons, dit le *Progrès du Locle* (numéro du 29 janvier 1870), *la liberté de tous et l'égalité de tous, c'est-à-dire la révolution sociale.*

« Et par révolution sociale, nous n'entendons pas une misérable surprise tentée à la faveur des ténèbres : la révolution signifie la destruction complète des institutions bourgeoises et leur remplacement par d'autres. C'est *une nuit du 4 août* 1789 que nous voulons. »

« Les radicaux, les partis politiques même les plus avancés veulent simplement replâtrer l'édifice social en lui conservant ses bases actuelles ; nous voulons, nous, à l'exemple de la Constituante de 1789, appliquant le régime féodal, faire table rase et tout reconstruire à neuf. Voilà dans quel sens *nous sommes révolutionnaires !* »

Le passage suivant est encore peut-être plus explicite. Nous l'empruntons à l'*Internationale, organe officiel des sections belges* (numéro du 27 mars 1869) :

« Nous demandons la législation directe du peuple par « le peuple, l'entrée du sol à la propriété collective, l'abo- « lition du droit d'hérédité individuelle pour les capitaux « et les instruments de travail, le développement des ate- « liers coopératifs, l'organisation d'un enseignement donné « à tous sans distinction, obligatoire, scientifique, indus- « triel, l'impôt unique sur la richesse, etc., etc. »

Le Congrès de Bâle (1869), s'est occupé de la question de la propriété et de celle du droit d'héritage. Les orateurs qui ont pris part à la discussion ont représenté la propriété individuelle comme « paralysant le développement de la société et consacrant l'injustice et l'inégalité. » Le Congrès, à la majorité de 54 voix contre 44, a déclaré : 1° que la société avait le droit d'abolir la propriété individuelle du sol et de le faire rentrer à la communauté ; 2° qu'il y avait nécessité de faire rentrer la propriété du sol à la propriété collective.

« Tout propriétaire, disait Tartaret, qui veut louer un « immeuble, prouve par cela même qu'il n'en a pas bsoin : « qu'on l'exproprie... Je demande, s'écria à son tour Ba- « kounine, la liquidation sociale, et par liquidation so- « ciale, j'entends l'expropriation de tous les propriétaires « actuels. »

Sur la question du droit d'héritage dont on demanda l'abolition complète et radicale, comme une des conditions indispensables de l'affranchissement du travail, le congrès n'a pris, il est vrai, aucune décision définitive ; mais l'institution de l'hérédité y a été qualifiée d'*antiégalitaire et d'antifraternelle* (1).

---

(1) On peut consulter, sur le droit d'héritage et la propriété, des études qui ont été publiées dans l'*Egalité*, — numéros des 1er mai 1869, 6 mars 1869, 5 juin 1869, 13 mars, 8 mai 1869.

Quelques mois avant la réunion de ce Congrès auquel il devait assister, un publiciste (1) écrivait sur cette matière un article dont il convient de rapporter ici quelques fragments :

« L'hérédité n'aurait-elle que le vice de perpétuer les « aristocraties dont elle est le point de départ, en livrant « à une minorité oisive, parasite, le produit du travail « collectif, que ce serait déjà bien suffisant pour la rayer « de notre organisation future : mais ce n'est pas tout..... « L'hérédité c'est la chaîne de l'esclavage des peuples. « L'hérédité, source de querelles, de chicanes, c'est la « Californie du barreau, la ruine des familles et des indi- « vidus. Si l'on y regarde de près, on voit que c'est l'hé- « rédité encore qui a produit ce monstre qu'on appelle « l'égoïsme. Nous n'en finirions pas, si nous voulions « énumérer tous les tristes effets de cette institution, vé- « ritable foyer de vices sociaux. » — (*Egalité*, numéro du « 12 juin 1869.)

Il publiait également dans le *Progrès du Locle* (numéros des 22 et 29 janvier 1870) des articles sur la justice, où il soutenait que la solidarité, étant la condition première de la justice, devait prendre l'homme au berceau. Il ajoutait :

« Si des parents plus actifs et plus intelligents que d'au- « tres et qui auraient amassé quelque fortune, pouvaient, « en la léguant à leurs enfants, constituer un privilége « spécial pour eux, la solidarité serait attaquée au cœur. « Ce serait la déclarer inefficace, insuffisante, et par con- « séquent nier la justice dont elle est la conséquence pre- « mière. De deux choses l'une : ou la solidarité est un « droit et une nécessité, ou bien c'est une chimère. Dans « le premier cas, il faut l'embrasser avec confiance ; dans « le second, il faut s'en remettre à ce que l'on a voulu « appeler la liberté individuelle, c'est-à-dire à l'égoïsme,

---

(1) Albert Richard, secrétaire correspondant de la Fédération lyonnaise. Acclamé au 4 septembre membre du Comité de salut public ; l'un des héros, avec Cluseret, de l'échaffourée du 28 septembre ; condamné plus tard à six mois de prison comme réfractaire.

« à l'exclusivisme, à la division des intérêts, aux senti-« ments étroits et absolus de la famille et du patriotisme. »
« — *Progrès du Locle*, 29 janvier 1870. »

L'*Internationale* du 5 septembre 1869 a soin de nous expliquer le motif qui a fait éliminer du programme de l'Internationale, *en apparance du moins*, *et seulement en apparence*, toute tendance politique :

« Nous pensons que les fondateurs de l'Association in-« ternationale ont agi avec une très-grande sagesse en « éliminant d'abord du programme de cette Association « toutes les questions politiques et religieuses. Sans doute, « ils n'ont point manqué eux-mêmes ni d'opinions politi-« ques, ni d'opinions antireligieuses bien marquées ; mais « ils se sont abstenus de les émettre dans ce programme, « parce que leur but principal, c'était d'unir avant tout « les masses ouvrières du monde civilisé dans une action « commune. Ils ont dû nécessairement chercher une base « commune, une série de simples principes sur lesquels « tous les ouvriers, quelles que soient d'ailleurs leurs « aberrations politiques et religieuses, pour peu qu'ils « soient ouvriers sérieux, c'est-à-dire des hommes dure-« ment exploités et souffrants, sont et doivent être d'ac-« cord.

« S'ils arboraient le drapeau d'un système politique ou « antireligieux, loin d'unir les ouvriers de l'Europe ils les « auraient encore plus divisés ; parce que l'ignorance des « ouvriers aidant, la *propagande intéressée et au plus haut « degré corruptrice des prêtres, des gouvernements et de « tous les partis politiques* bourgeois, sans en excepter les « plus rouges, a répandu une foule de fausses idées dans « les masses ouvrières, et que ces masses aveuglées se « passionnent malheureusement encore trop souvent pour « des mensonges qui n'ont d'autre but que de les faire « servir volontairement et stupidement, au détriment de « leurs intérêts propres, ceux des classes privilégiées.

« D'ailleurs, il existe encore une trop grande différence « entre les degrés de développement industriel, politique, « intellectuel et moral des masses ouvrières dans les diffé-« rents pays, pour qu'il soit possible de les unir aujour-

« d'hui par un seul et même programme politique et anti-
« religieux. Poser un tel programme comme celui de l'In-
« ternationale ; en faire une condition absolue d'entrée
« dans cette Association, ce serait vouloir organiser une
« secte, non une association universelle, ce serait tuer l'In-
« ternationale.

« Il y a eu encore une autre raison qui a fait éliminer
« d'abord du programme de l'Internationale, en apparence
« du moins, *et seulement en apparence*, toute tendance
« politique.

« Jusqu'à ce jour, depuis le commencement de l'histoire,
« il n'y a pas eu encore de politique du peuple, et nous
« entendons par ce mot, le bas peuple, la *canaille ouvrière*
« qui nourrit le monde de son travail ; il n'y a eu que la
« politique des classes privilégiées ; ces classes se sont
« servi de la puissance musculaire du peuple pour se dé-
« trôner mutuellement et pour se mettre à la place l'une
« de l'autre. Le peuple à son tour n'a jamais pris parti
« pour les unes contre les autres que dans le vague espoir
« qu'au moins l'une de ces révolutions politiques, dont
« aucune n'a pu se faire sans lui, mais aucune ne s'est faite
« pour lui, apporterait quelque soulagement à sa misère et
« à son esclavage séculaires. Il s'est toujours trompé. Elle
« a tué l'aristocratie nobiliaire et a mis à sa place la bour-
« geoisie. Le peuple ne s'appelle plus ni esclave ni serf, il
« est proclamé né libre en droit, mais dans le fait son es-
« clavage et sa misère restent les mêmes.

« Et ils resteront toujours les mêmes tant que les masses
« populaires continueront de servir d'instrument à la poli-
« tique bourgeoise, que cette politique s'appelle conserva-
« trice, libérale, progressive, radicale, et lors même qu'elle
« se donnerait les allures les plus révolutionnaires du
« monde. Car toute politique bourgeoise, quels que soient
« sa couleur et son nom, ne peut avoir au fond qu'un seul
« but : *le maintien de la domination bourgeoise ; et la*
« *domination bourgeoise, c'est l'esclavage du prolétariat.*

« Qu'a dû donc faire l'Internationale ? Elle a dû d'abord
« détacher les masses ouvrières de toute politique bour-
« geoise, elle a dû éliminer de son programme tous les
« programmes politiques bourgeois. Mais à l'époque de la
« fondation, il n'y a pas eu dans le monde d'autre poli-

« tique que celle de l'Eglise ou de la monarchie, ou de l'aris-
« tocratie, ou de la bourgeoisie; la dernière, surtout celle
« de la bourgeoisie radicale, était sans contredit plus libé-
« rale et plus humaine que les autres, mais toutes égale-
« ment fondées sur l'exploitation des masses ouvrières et
« n'ayant en réalité d'autre but que de se disputer le
« monopole de cette exploitation. L'Internationale a donc
« dû commencer par déblayer le terrain, et comme toute
« politique, au point de vue de l'émancipation du travail,
« se trouvait alors entachée d'éléments réactionnaires, elle
« a dû d'abord rejeter de son sein tous les systèmes poli-
« tiques connus, afin de pouvoir fonder sur ces ruines du
« monde bourgeois la vraie politique des travailleurs, la
« politique de l'Association internationale. » — (L'*Egalité* de Genève.)

En 1868, au congrès de Bruxelles (1), Eugène Dupont, son président, répondait en ces termes aux républicains avancés qui reprochaient à l'Internationale de ne s'occuper que de questions oiseuses et de retarder ainsi la révolution :

« Si les ouvriers dédaignent la politique comme l'en-
« tendent ceux qui nous font ces reproches, c'est parce
« qu'ayant fait deux révolutions sans voir leur situation
« s'améliorer, ils en ont recherché la cause, et ils ont vu
« que 1830 et 1848 n'étaient que des *révolutions de forme*
« *et non de fond*, qu'il fallait changer le fond même de la
« société; et que le véritable terrain de la révolution *est la*
« *question sociale.*

« De Paepe, de Bruxelles, nous disait hier que les rois
« et les empereurs sont des accidents; il disait vrai. Tous
« les gouvernements actuels sont à l'état transitoire. Ce
« que nous voulons renverser, ce n'est pas seulement le
« tyran, c'est la tyrannie.

« Enfin, les cléricaux disent : Voyez ce congrès, il dé-

(1) Catalan s'écriait : « La révolution du siècle passé était contenue
« dans ces mots : Qu'est-ce que le tiers-état? Rien. Que doit-il être?
« Tout. De même on peut dire aujourd'hui, pour résumer le mouve-
« ment révolutionnaire : Qu'est-ce que le travailleur? Rien. Que
« doit-il être? Tout. »

« clare qu'il ne veut ni gouvernement, ni armée, ni religion.
« Ils disent vrai ; nous ne voulons plus de gouvernements,
« car les gouvernements nous écrasent d'impôts ; nous ne
« voulons plus d'impôts, nous ne voulons plus d'armées,
« *car les armées nous massacrent ;* nous ne *voulons plus*
« *de religion,* car les *religions étouffent l'intelligence.*
« Voyant leur influence perdue dans les villes, ils se rejet-
« tent sur les paysans et nous disent : Vous êtes une mino-
« rité et nous avons avec nous le nombre. Ce n'est pas le
« nombre qui fait leur force, c'est l'ignorance ; ils espèrent
« semer la division entre nous et nos frères ; mais nous
« déclarons ici, solennellement, que l'affranchissement des
« ouvriers des villes est inséparable de celui des ouvriers
« des campagnes, car, ce que nous voulons tous, ici, c'est
« le droit à la vie pour tous, c'est-à-dire la justice dans
« l'humanité. »

(Extrait d'un discours prononcé par Eugène Dupont, à la clôture du congrès de Bruxelles, le 13 septembre 1868. — Compte rendu officiel publié par le journal *le Peuple belge.* — Page 50.)

De pareils discours se passent de tout commentaire : songez maintenant que chaque jour, dans toute l'Europe, l'on travaille avec une activité prodigieuse à l'organisation des classes ouvrières, que l'on associe les ouvriers par corporation, par localité, que l'on s'occupe de les fédérer de région à région, et de réunir en un seul faisceau tous ces groupes corporatifs et locaux, et vous apprécierez alors la gravité de la situation. D'ailleurs, il faut bien le reconnaître, les arguments que l'on emploie pour convaincre les ouvriers ne peuvent manquer d'avoir un succès complet ; on fait luire à leurs yeux les espérances les plus chimériques ; on les berce des promesses les plus séduisantes ; on leur parle du despotisme du gouvernement, des priviléges et faveurs réservés à la bourgeoisie, de l'exploitation dont ils sont l'objet de la part des capitalistes, de l'abaissement des salaires, de l'aggravation du travail, de leurs privations, de leur misère, de leur ignorance, de l'envahissement du fonctionarisme, « *cette lèpre sociale,* » etc., etc. On leur représente « des millions d'hommes exténués de
« privations et ahuris d'humiliations, des familles entières

« avec leurs ménagères livides, des enfants rachitiques
« entassés dans des mansardes et s'y disputant des aliments
« insuffisants, des vieillards à barbe blanche allant men-
« dier de porte en porte, des femmes avec leurs enfants
« profitant de la nuit pour aller, dans quelque coin obscur,
« tendre la main aux passants, des ouvriers obligés de se
« suicider. » On soulève ainsi leur indignation; on leur montre qu'ils ne doivent plus supporter un spectacle si honteux, qu'ils doivent se soulever. On leur persuade alors que l'Internationale vient à leur secours; que c'est par elle qu'ils arriveront à leur émancipation; qu'ils ne doivent plus se laisser gouverner; qu'il importe de grouper les forces éparses; que le jour approche où les sociétés ouvrières, organisées dans tous les pays et reliées entre elles par l'Internationale, n'auront plus qu'à se lever pour conquérir leurs droits.

Les extraits suivants méritent encore d'être rapportés :

« Un cri a retenti, immense et sympathique, qui se ré-
« pète partout, au hameau, à la ville, dans les ateliers,
« ainsi qu'en la mansarde. Il fait tressaillir l'un, encourage
« les autres et porte au cœur de tous l'espoir de voir bien-
« tôt le jour qui doit enfin nous rendre tous nos droits et
« notre liberté. — Ce cri qui nous transporte, fait la
« crainte de ceux qui sont encore aujourd'hui nos maîtres
« et nos bourreaux. Ce cri qui fait trembler les tyrans de
« la terre, les exploiteurs rapaces qui nous sucent et nous
« rongent, toutes *ces bêtes féroces qu'on nomme Aristo-*
« *crates ou bien Bourgeois repus;* ce cri, c'est le courrier,
« c'est même l'avant-coureur de cette amie du peuple qui
« le couronne roi, lorsqu'on est fatigué de tous ces lâ-
« ches-là.

« C'est la Révolution, maîtresse toujours fidèle à ceux
« qui succombent sous le joug de nos rois.

« Oui, la Révolution qui nous relèvera en les renversant
« tous et, les mettant de côté, fera place au travail, au
« droit et à la liberté. »

(Extrait du *Mirabeau*. — 7 novembre 1869.)

« Pour à présent, le rôle de l'Internationale consiste « seulement à organiser, à associer les ouvriers par corpo- « ration, par localité, puis à les fédérer de région à région, « de nation à nation, et à réunir en un seul faisceau tous « ces groupes corporatifs et locaux.

« *Au point de vue le plus restreint et le plus immédiat,* « elle arrive ainsi à les soutenir les uns par les autres en « cas de grève (sociétés de résistance anglaises. — En « France, sociétés de prévoyance, chambres syndicales, « sociétés de crédit mutuel.) *Au point de vue général,* « ses moyens d'action sont les mêmes : elle a déjà ras- « semblé sous son égide, en Europe et en Amérique, plu- « sieurs millions d'ouvriers. Et il est facile de comprendre « que quand nous serons tous organisés, quand nous nous « tendrons tous la main d'un bout du monde à l'autre, nous « n'aurons qu'à nous lever pour conquérir nos droits, et « l'édifice bariolé de la tyrannie s'écroulera . . . . . . . . . . . .

« Nous ne sommes pas des socialistes à système, nous « sommes purement et *simplement des révolutionnaires,* « nous faisons appel à la masse, et nous sommes con- « vaincus qu'elle seule a le secret de ses destinées, et « qu'elle seule peut donner le mot d'ordre de l'avenir. « *Les droits des travailleurs, voilà notre principe : l'or-* « *ganisation des travailleurs, voilà notre moyen d'action :* « *la révolution sociale, voilà notre but.* »

(Extrait de l'*Internationale*, du 27 mars 1870.)

« Qu'est-ce que la RÉVOLUTION?

« A ce mot de Révolution, les réactionnaires feignent « l'indignation et crient au despotisme et à la guillotine. « Ils savent que c'est pure calomnie, mais il ne leur en « coûte rien pour mentir. Ils vous parlent sans cesse de « 1793 et des guillotinades de Robespierre. Mais qui donc « était Robespierre? Un *bourgeois*, qui a fait périr les plus « purs révolutionnaires. Les ouvriers, eux, ont souvent été « fusillés et guillotinés, mais *ils n'ont jamais guillotiné* « *personne.* Ils n'ont jamais demandé qu'une chose, le « droit au travail, le droit à l'existence, le droit à la liberté « et à la dignité; en un mot : *Le droit à la justice.*

« La Révolution, c'est un changement radical dans les « institutions, dans les rapports entre les hommes, dans « l'organisation du travail.

« Aussi n'est-elle pas l'œuvre d'un jour, le résultat d'un « coup de main. C'est une œuvre patiente qui demande « des efforts persévérants. Il ne s'agit pas de dresser des « barricades et de tuer des hommes, il s'agit de convaincre « les ouvriers, de leur montrer leurs véritables intérêts, « de leur montrer que c'est par l'association qu'ils arrive- « ront à leur émancipation, de grouper en un seul faisceau « toutes ces forces éparses. Une fois réunis, les ouvriers « s'éclaireront mutuellement. En voyant que leurs misères « sont partout les mêmes, ils se convaincront que leurs « intérêts sont solidaires.

« Une fois groupés, comme les travailleurs font la grande « majorité de la nation, leurs destinées seront dans leurs « mains : tout ce qu'ils auront résolu, ils l'exécuteront.

« Mais, dira-t-on, croyez-vous que les privilégiés se « laisseront bénévolement dépouiller de leurs priviléges ?

« A cela nous n'avons qu'une chose à répondre : ce que « le peuple voudra, il l'exécutera. Ce qu'on ne voudra pas « lui accorder, il se l'accordera à lui-même. Si le petit « nombre qui aujourd'hui nous régente veut tenter une « prise d'armes, il subira la responsabilité de son écrase- « ment. Mais tout se fera régulièrement, parce que tout se « fera par la grande majorité. Point de dictature de quel- « ques-uns, puisque c'est le peuple entier qui agira. Le « peuple suivra sa route, *envoyant dédaigneusement rouler* « *dans le ruisseau ceux qui voudront s'opposer à sa marche.*

« C'est-à-dire que nous ne rejetons pas l'emploi de la « *force*, en tant que *force collective*, pression irrésistible de « la masse, mais que nous ne voulons pas du despotisme « d'une minorité, même pour le bien. Ce despotisme ne « peut engendrer que le despotisme, il ne saurait conduire « à la liberté.

« C'est ainsi qu'en 1789 la bourgeoisie a conquis son « émancipation sur la noblesse, c'est ainsi que la fin du « dix-neuvième siècle verra naître l'émancipation du pro- « létariat. » (*L'Internationale.*)

(Extrait de l'*Egalité*, numéro du 13 février 1869.)

*Manifeste de la section de Paris au sujet dès troubles du mois de février.*

« La Souveraineté populaire est foulée aux pieds. L'in-
« dignation est à son comble : de courageuses énergies
« n'ont pas craint de se signaler.

« Pour la première fois, depuis dix-neuf ans, des barri-
« cades se sont élevées; le sang de citoyens désarmés,
« quelquefois d'enfants inoffensifs, a coulé sous les charges
« *de policiers féroces*.

« La Révolution morale est faite. A toutes opinions
« honnêtes nous disons : la ruine, l'abaissement, la honte
« vont finir. La Révolution, on peut le dire, en est à son
« prologue.

« Dans des circonstances aussi solennelles, il est du
« devoir de tout bon citoyen d'exprimer hautement sa
« pensée sur la ligne de conduite à suivre ; c'est ce que,
« pour notre compte, nous faisons.

« Décidés que nous sommes à payer de nos personnes le
« succès de la Révolution, nous le disons sincèrement, le
« moment ne nous semble pas encore venu pour une action
« décisive et immédiate.

« La Révolution marche à grands pas ; n'obstruons pas
« sa route par une impatience bien légitime, mais qui
« pourrait devenir désastreuse.

« Au nom de cette *République sociale* que nous voulons
« tous, au nom du salut de la Démocratie, nous invitons
« nos amis à ne pas compromettre une telle situation.

« Chaque heure nous donne des chances nouvelles. Car
« chaque heure diminue les forces du despotisme et aug-
« mente les nôtres.

« Nous touchons au but.

« Ne restons pas inactifs. — Entre le bonapartisme et
« la France, la scission est dénoncée. Agissons par la pro-
« pagande, et surtout par l'organisation; en un mot,

« hâtons le triomphe définitif, mais ne le compromettons « pas par une action trop précipitée.

« Adam, Camille, gaînier; Chalain, Louis, tourneur en bronze; Combault, Amédée, bijoutier; Davoust, Gabriel, tailleur de pierre; Johannard, Jules, feuillagiste; Landrin, Léon, bronzier; Malon, Benoît, nacrier; Martin, Edouard, mécanicien; Périn, Jean-Baptiste, sculpteur; Pindy, Louis, menuisier; tous membres de l'*Association internationale des Travailleurs* (1). »

(*Démocratie.*)

(Extrait de l'*Egalité*, du 26 février 1870.)

Nous lisons encore dans le journal l'*Egalité*, de Genève (numéro du 6 février 1869), ce passage dont la portée ne saurait nous échapper :

« Que reste-t-il à faire aux hommes d'action de la « France? Il leur reste à unifier les principes, à établir le « programme de la *Jeune Révolution*, à dissiper le pres- « tige qui entoure encore quelques personnalités dont le « talent pourrait faire oublier les convictions douteuses; à « s'entendre avec les *Révolutionnaires de toute l'Europe*, « enfin à dresser ces mille petites batteries masquées, qui, « sous la direction d'hommes intelligents, portent des « coups aussi sûrs que formidables. Voilà ce que l'on fait « dans tous les grands centres français... C'est aussi ce « que fait l'Association internationale dont les principes « conviennent à l'immense majorité des ouvriers et même « des paysans français, et qui est répandue à Paris, à « Lyon, à Marseille, à Rouen.....

« Quant à la propagande socialiste et républicaine, elle « n'est à faire que dans les campagnes qui, du reste, sui- « vront toujours avec la plus grande docilité la marche des « villes. Nous avons, il est vrai, beaucoup de réactionnaires;

(1) Combault avait été « acclamé » par les communards parisiens directeur général des contributions indirectes; Pindy, Malon, Chalain (Louis), Johannard, membres de la Commune; Davoust, membre de la commission communale du XVII^e arrondissement.

« mais les réactionnaires français sont presque tous des *cor-*
« *rompus*, prenant à peine le soin de cacher leur égoïsme
« sous le voile de l'hypocrisie. »

Lors des élections générales du mois de mai 1869, le correspondant parisien de l'*Egalité* lui écrivait (numéro du 1er mai 1869) :

« Les élections prochaines sont maintenant la préoc-
« cupation générale.... Une seule chose peut nous inté-
« resser, nous, travailleurs, membres de l'Association
« Internationale, c'est le parti que prendra le parti socia-
« liste, le parti du peuple, à propos de cette manifestation.
« Il est certain aujourd'hui que le parti socialiste s'af-
« firmera. Je vous adresse notre programme : il résume
« l'état de notre situation et de nos revendications (1).

« Aux électeurs de 1869.

« Citoyens,

« Le moment est venu où le parti démocratique et so-
« cialiste doit s'affirmer.
« L'époque des élections approche ; nous allons être ap-
« pelés de nouveau à élire les mandataires qui doivent
« nous représenter.
« Ne suivons plus les errements d'autrefois.
« Au lieu de se rallier à des candidats qui ne se recom-
« mandent à ses suffrages que par une notoriété plus ou
« moins établie, le Peuple Souverain doit lui-même faire
« son programme, dresser la liste des réformes dont il a
« besoin, et ensuite choisir parmi les citoyens ceux qui
« lui paraissent le plus aptes à exprimer sa volonté.
« En principe absolu, les mandataires devraient tou-
« jours être révocables, à tout instant, dès qu'ils ne rem-
« plissent pas leurs engagements ; mais, en présence des

(1) Ce programme a été reproduit dans l'*Internationale* (numéro du 9 mai 1869), et l'*Égalité* (numéro du 1er mai 1869).

« difficultés actuelles, nous devons demander, tout au « moins, qu'ils se tiennent constamment en relation avec « leurs mandats, et que, chaque année, ils viennent se re- « tremper dans le suffrage universel.

« Il n'y a pas de temps à perdre !

« Il faut que tous les groupes de socialistes formulent « leur programme au plus vite, et qu'ils se fassent les con- « cessions nécessaires, afin qu'une entente puisse s'établir « pour arrêter un programme commun.

« Quant à nous, voici les réformes que nous croyons « urgentes :

« 1. Suppression des armées permanentes : armement « de tous les citoyens ;

« 2 Suppression du budget des cultes ; séparation de « l'Eglise et de l'Etat : liberté de discussion religieuse et « philosophique ;

« 3. Réforme générale de la législation ; élection de la « magistrature, temporairement et par le suffrage universel ; « établissement du jury pour les affaires civiles et crimi- « nelles ;

« 4. Instruction laïque et intégrale, obligatoire pour « tous, et à la charge de la Nation ; indemnité alimentaire « à tous les enfants pendant la durée des études ;

« 5. Suppression des priviléges attachés aux grades uni- « versitaires ;

« 6. Liberté d'association ;

« 7. Liberté de réunion sans restriction ;

« 8. Liberté de la presse, de l'imprimerie et de la li- « brairie ; abolition du timbre et du cautionnement ;

« 9. La liberté individuelle garantie par la responsabi- « lité effective et permanente de tous les fonctionnaires, « quel que soit leur rang ;

« 10. Établissement de l'impôt progressif ; suppression « de tous les impôts indirects, octrois ou autres ;

« 11. Liquidation de la dette publique ;

« 12. Expropriation de toutes les compagnies financières « et appropriation par la Nation, pour les transformer en « services publics, de la banque, des canaux, chemins de « fer, roulages, assurances, mines ;

« 13. Les communes, les départements et les colonies « affranchis de toute tutelle pour ce qui concerne leurs

« intérêts locaux, et administrés par des mandataires libre-
« ment élus.

« AVIZARD, tourneur en cuivre, 32, rue de Malte; BOUR-
« DON, graveur, 7, rue Louis-le-Grand; COLLOT, ou-
« tilleur en bois, 14, rue Ernestine; A. DELACOURT,
« relieur, 10, rue de la Parcheminerie; DOUDEAU,
« marbrier, 114, boulevard de Clichy; E. DROSSE,
« graveur, 22, rue de la Banque; J. DURAND, coupeur
« de chaussures, 307, rue Saint-Denis; FRUNEAU,
« charpentier, 15, rue de Charenton; T. GAUTHIER,
« vannier, 24, rue des Jardins-Saint-Paul; J.-P. CLÉ-
« ROME, publiciste, 24, rue Feydeau; A. HARLÉ, mé-
« canicien, 26, rue Sévigné; J.-P. HÉLIGON, imprimeur
« sur papiers peints, 45, rue de la Grande-Truanderie;
« LÉVY-LAZARE, opticien, 26, rue Sévigné; A. LUCIE,
« fabricant d'encres, 9, rue Saint-Paul; J. MINET,
« peintre sur porcelaine, 29, rue des Trois Bornes; PA-
« RENT aîné, passementier, 28, rue de la Chopinette;
« G. SYLVESTRE, imprimeur en taille-douce, 187, rue
« Saint-Jacques; SAUVA, tailleur, 31, rue Molière: C.
« TERRET, mécanicien, 11, rue des Moulins; E. VAR-
« LIN, 33, rue Dauphine. (Tous membres de l'Interna-
« tionale.) »

Ce programme nous dévoile clairement les doctrines que professent les membres de l'Internationale : nous pouvons être convaincus que le jour où les forces révolutionnaires du travail seront organisées, l'ouvrier revendiquera violemment ses droits. En attendant, l'œuvre de la solidarisation se continue, et elle commencera bientôt à porter ses fruits.

« Assez d'hésitations, s'écrie-t-on, assez de reculades,
« assez de transactions et de compromis, *il faut terrifier la*
« *réaction*, quel que soit la masque dont elle se couvre,
« cléricalisme ou monarchisme, bourgeoisisme ou libéra-
« lisme. »

(*Égalité*, 23 janvier 1869.)

« Répétons sans cesse et partout notre mot d'ordre du « moment : organisation locale, coopérative, fédérative « et internationale des masses ouvrières.

« Les partisans d'une révolution politique immédiate « nous disent que cette révolution porterait le socialisme « dans ses flancs.

« Mais celle de 1848 portait aussi le socialisme dans ses « flancs, et comme elle a été simplement politique, quand « le socialisme a voulu se montrer, on l'a écrasé.

« Encore une leçon qu'il ne faut pas oublier. Aussi « avons-nous lu avec plaisir le manifeste de nos amis de « Paris déconseillant les tentatives *prématurées dans le « genre de celles qui ont échoué dernièrement* (1).

« Désormais, soyons tout à notre grand travail d'orga- « nisation.... »

(Extrait de la *Réforme sociale de Rouen*, organe de l'affranchissement du Prolétariat, numéro du 27 février 1870.)

La même idée se trouve exprimée dans cette autre correspondance insérée dans le *Mirabeau de Verviers* (numéro du 6 février 1870 (2) :

« Nous voulons une révolution : Il vous semble, m'ob- « jectera-t-on, que les révolutions se font à l'alambic pour « les esprits impatients, c'est-à-dire pour ceux qui aspi- « rent au triomphe immédiat de l'affranchissement de notre « classe. Au premier abord, l'on pourrait croire que nous « procédons ainsi : nullement. Pourquoi prenons-nous « tant de précautions ? Ah ! c'est qu'une révolution dans « le sens absolu du mot ne s'accomplit qu'à la condition « que les matériaux qui la constituent soient bien et dû- « ment formés. Voilà pourquoi nous voudrions que les « éléments qui poursuivent la réalisation de l'émancipa- « tion commune soient bien identiques et pour la forme et « pour le fond : autrement nos tentatives ne serviraient « qu'à donner à nos frères de cruelles déceptions.

---

(1) Ce manifeste a été reproduit page 19.

(2) Cette correspondance est du secrétaire de la fédération Rouennaise, Emile Aubry, lithographe, rue de l'Amitié, 12.

« Deux courants, nous dit l'*Egalité* (numéro du 22 janvier 1870), existent encore dans le flot populaire : l'un, « formé des hommes du passé, se laisserait aller à faire « une révolution quand même ; l'autre, composé de la « jeune génération, ayant derrière elle l'expérience histo- « rique, et se rapprochant de l'Internationale, ne veut pas « tenter l'aventure avant que les forces ouvrières ne soient « bien organisées, afin qu'une fois pour toutes la cause du « travail ne soit plus escamotée. »

Le programme de la section de l'Alliance de la démocratie socialiste, à Genève, est la personnification la plus complète des tendances du prolétariat moderne. Cette section, qui a pour président le célèbre socialiste russe Michel Bakounine (1), a été déclarée internationale par le Conseil général de Londres au mois de juillet 1869 (2).

1. « L'Alliance se déclare athée ; elle veut l'abolition « des cultes, la substitution de la science à la foi et de la « justice humaine à la justice divine ; l'*abolition du mariage « en tant qu'institution politique, religieuse, juridique et « civile.*

2. « Elle veut avant tout l'abolition définitive et entière

(1) Michel Bakounine, connu sous le nom de *roi de Saxe* pour avoir tenu pendant deux jours la ville de Dresde sous sa dictature, a été interné pendant quelque temps à Ircoutsch (Sibérie). On l'accuse d'avoir volé dans cette ville des sommes énormes à différents marchands et employés du gouvernement, et d'avoir même trempé dans l'assassinat d'un jeune homme nommé Nékludoff. Réfugié plus tard en Angleterre et en Suisse, il a pris part au mouvement insurrectionnel qui a éclaté à Lyon le 28 septembre 1870. Dans une lettre écrite de Marseille à ses amis de Lyon, au commencement d'octobre, il dit que *pour la résolution de vengeance et de désespoir il sera toujours temps jusqu'à ce que les Prussiens entrent à Lyon.* Nous reproduirons cette lettre et l'*alphabet secret* qu'elle contient dans notre nouvel ouvrage sur l'*Internationale.*

(2) L'admission de cette section au Congrès romand, du 4 avril 1870, tenu à la *Chaux-de-Fonds*, sous la présidence de Dupleix, souleva une véritable tempête : 21 délégués votèrent pour son admission, 18 se déclarèrent contre : aussitôt que le résultat du vote fut connu, les délégués qui avaient voté *non* se retirèrent du Congrès. Une scission se produisit entre les sections de Genève, du Locle et la section centrale de la *Chaux-de-Fonds* : scission qui dure encore. (*Solidarité*, 11 avril 1870.)

« des classes et l'égalisation politique, économique et so-« ciale des individus des deux sexes, et pour arriver à ce « but, elle demande avant tout l'*abolition du droit de l'hé-« ritage*, afin qu'à l'avenir la jouissance soit égale à la pro-« duction de chacun, et que, conformément à la décision « prise par le dernier Congrès des ouvriers à Bruxelles, la « terre, les instruments de travail, comme tout autre ca-« pital, devenant la propriété collective de la société tout « entière, ne puissent être utilisés que par les travailleurs, « c'est-à-dire par les associations agricoles et industrielles.

3. « Elle veut pour tous les enfants des deux sexes, dès « leur naissance à la vie, l'égalité des moyens de dévelop-« pement, c'est-à-dire d'entretien, d'éducation et d'instruc-« tion à tous les degrés de la science, de l'industrie et des « arts, convaincue que cette égalité, d'abord seulement « économique et sociale, aura pour résultat d'amener de « plus en plus une plus grande égalité naturelle des indi-« vidus, en faisant disparaître toutes les inégalités factices, « produits historiques d'une organisation sociale aussi « fausse qu'inique.

4. « Ennemie de tout despotisme, ne reconnaissant « d'autre forme politique *que la forme républicaine, et « rejetant absolument toute alliance réactionnaire*, elle re-« pousse aussi toute action politique qui n'aurait point « pour but immédiat et direct le triomphe de la cause des « travailleurs contre le Capital.

5. « Elle reconnaît que tous les Etats politiques et au-« toritaires actuellement existants, se réduisant de plus en « plus aux simples fonctions administratives des services « publics dans leurs pays respectifs, devront disparaître « dans l'union universelle des libres Associations, tant « agricoles qu'industrielles.

6. « La question sociale ne pouvant trouver sa solution « définitive et réelle que sur la base de la solidarité uni-« verselle et internationale des travailleurs de tous les « pays, l'Alliance repousse toute politique fondée sur le « soi-disant patriotisme et sur la rivalité des nations.

7. « Elle veut l'Association universelle de toutes les as-« sociations locales par la Liberté. »

Nous exposerons tout à l'heure la manière dont les membres de l'Internationale apprécient l'armée, le clergé, la magistrature, la religion, etc., etc.; mais qu'on nous permette encore quelques citations. En pareille matière, on ne saurait assez les multiplier; elles sont aussi instructives qu'intéressantes.

Nous empruntons la première au *Volksstimme*, organe du socialisme, à Vienne (Autriche).

« L'égoïsme le plus aveugle, nous dit cette feuille, peut « seul méconnaître qu'il n'y a plus que le triomphe et la « réalisation de la révolution sociale qui puissent mettre fin « à la *pourriture effrayante* qui a envahi toutes les couches « de la société, et fonder à la place de l'anarchie actuelle un « ordre social conforme à la justice et au bien-être social. « Vraiment, il n'est pas besoin de dissertations scientifi- « ques pour prouver la nécessité de profondes réformes so- « ciales. Aujourd'hui, le socialisme s'empare fatalement de « tous les esprits : l'avenir est à lui. Le doute n'est plus « permis sur ce point, car toujours plus menaçantes et plus « hautes montent les vagues du mouvement ouvrier dans « tous les pays. La force principale des masses ouvrières « se concentre surtout dans les capitales et dans les autres « grandes villes de l'Europe; partout nos bataillons orga- « nisés poussent en avant. Déjà, en Espagne, le *drapeau* « *rouge* a reçu le baptême du sang.

« Les agitations électorales, en France, prouvent que « partout on est décidé à opposer aux réclamations légi- « times des travailleurs la force brutale et l'éloquence des « baïonnettes.

« *Pour nous*, le *drapeau rouge* est le symbole de l'amour « humain universel. Que nos ennemis songent donc à nè « pas le transformer *contre eux-mêmes* en drapeau de la « terreur. »

(Reproduit dans l'*Egalité*, numéro du 22 mai 1869.)

Le passage suivant est aussi significatif :

« Ce que nous saluons avec bonheur, c'est la renais- « sance du socialisme en France, aussi croyant, mais plus « scientifique et plus expérimenté qu'en 1848. Voilà pour-

« tant ces idées en haine desquelles on a fusillé et déporté « tant de républicains. Juste une génération, vingt ans « après, elles reviennent, avec la même ténacité, se poser « en face de l'ordre épouvanté.

« Ordre menteur, lui disent-elles, qui n'as pour te sanc- « tifier que le goupillon d'un prêtre mercenaire, et pour « t'appuyer que le sabre du soldat impopulaire, tes jours « sont comptés. Pour consacrer les iniquités de quelques « coupables et conserver les avantages de quelques privi- « légiés, tu courbes le plus grand nombre dans l'opprobre « de l'ignorance, de la misère, de l'exténuation, des souf- « frances de tous genres et de leurs conséquences !

« Ordre exécrable ! les soupirs de tes victimes s'élèvent « contre toi, et ceux qui souffrent appellent le jour de jus- « tice qui point de tous côtés !

« Le canon de l'ordre ajournera-t-il encore, et l'idée « sera-t-elle, encore une fois, noyée dans le sang de ses « martyrs ?...

« Les massacres de Belgique (1) nous ont soulevés d'in- « dignation. L'assemblée de Belleville a flétri les assassins « de nos frères. Une protestation se signe dans les ateliers, « et de nombreuses listes de souscriptions sont en cours. « Plus tard je vous ferai part des résultats. Si l'Association « internationale est légalement morte en France, jamais, « par l'esprit, elle n'a été si vivace et si grandissante. »

(*Egalité*, numéro du 8 mai 1869.
Correspondance de Paris.)

Nous lisons encore dans l'*Egalité*, sous la signature de Virginie Barbet :

« Quant à nous, partisans des situations nettes, ennemis « du vague, de l'incertain, quand nous exposons nos prin- « cipes, nous le faisons catégoriquement. Ainsi, égalitaires

---

(1) Ces massacres se réfèrent à l'émeute qui éclata au mois d'avril 1869, lors de la grève des ouvriers puddleurs et chauffeurs de la fabrique de fer de la Société Cockerill, à Seraing. Un manifeste a été publié le 4 mai 1869, à l'occasion de *ces prétendus massacres*, par le conseil général de Londres, dans l'*Egalité* (numéro du 22 mai 1869).

« convaincus, nous voulons arriver à l'égalité non par la « liberté politique, liberté ridicule qui laisserait subsister « cet esclavage civilisé qu'on appelle le prolétariat, mais « par l'abolition du *droit d'hérédité*, moyen sûr et décisif « dans ce temps où l'on a si grand besoin de moyens sûrs, « décisifs. Oui, mais pour le parti mixte on est beaucoup « trop concluant ; aussi nous traite-t-on de révolutionnai- « res, d'ennemis de l'ordre, d'excitateurs à la guerre ci- « vile, etc., etc. Eh bien, l'épithète de *révolutionnaires*, « nous *nous en glorifions* ; car grâce aux vainqueurs de la « Bastille, aux martyrs de juin et à tant d'autres, elle com- « porte l'idée de la justice et le sentiment de l'abnégation « poussé jusqu'à ces hauteurs sublimes, la prison, l'exil et « la mort. Oui, nous nous avouons ennemis de l'ordre, de « cet ordre qui ne profite qu'à ceux qui, à force d'exploi- « tation et de rouerie, sont parvenus à *empiler des mil- « lions dans leur coffre-fort*. Quant à la guerre civile, ni « nous ne la voulons, ni nous ne la provoquons ; toute- « fois, nous n'hésitons pas à déclarer avec notre franchise « habituelle que, pour l'éviter, nous ne voulons plus faire « de ces lâches transactions qui compliquent les situations « au lieu de les débrouiller ; estimant que mieux vaut une « lutte avec toutes ses conséquences, lutte d'où sortira, « nous l'espérons, le triomphe du principe d'égalité, qu'un « ordre social inique, oppressif, abrutissant ; qui, si nous « devions le subir longtemps encore, obligerait à l'émigra- « tion tout ce qu'il y a de vivace et d'intelligent, et con- « duirait ainsi l'Europe fatalement à la décadence. Du « reste, au fond, personne ne s'y trompe : si nous sommes « appelés à voir les horreurs de la guerre civile, ce ne sont « point les classes laborieuses qui l'auront voulue, mais « bien les classes possédantes ; que ces dernières se ren- « dent à la première sommation de ceux qu'elles ont si in- « dignement exploités, qu'elles consentent sagement à leur « faire une restitution justement exigée, et cette grande « transformation sociale s'accomplira sans qu'on ait à con- « stater d'actes regrettables.

Virginie Barbet.

Correspondance de Lyon, 13 mars 1869.
(Extrait de l'*Egalité*, 10 avril 1869.)

Et encore :

« Ce qui nous sépare radicalement et irrémédiablement,
« nous autres socialistes, des hommes politiques les plus
« radicaux, c'est que pour ces derniers, la liberté est tout,
« absolument tout. Ils disent : la *Liberté d'abord*, la soli-
« darité après.

« Devise profondément illogique.... nous disons, nous,
« et nous ne nous lasserons pas de le répéter : la solida-
« rité d'abord, la *Liberté après*.

(*Progrès du Locle*, 29 janvier 1870.)

« Je ne suis point de l'avis de ceux qui voudraient que
« l'on renversât un système politique seulement pour con-
« quérir les libertés de la presse, de la parole et du droit
« de réunion ; je suis de l'avis de ceux qui pensent que
« quand on démolit un vieil édifice pour en construire un
« nouveau, il ne faut pas laisser les fondations lézardées
« du vieux pour asseoir le nouveau. En matière d'instruc-
« tion, il faut opposer à l'étude immorale de la Bible, celle
« des hommes utiles.

(Extrait d'un discours prononcé par Richard au congrès de Bruxelles sur la 4e question de l'*instruction intégrale*.)

« La Bible est le code de l'immoralité, ajoutait Murat. »

« L'Internationale, *nous dit-on*, est le moyen le plus ac-
« tif mis à la disposition des travailleurs pour abattre le
« despotisme et ouvrir l'ère sociale.....

« Nous entrons dans une période où chacun a besoin de
« s'affirmer..... C'est pourquoi, si nous ne voulons pas
« retomber à la démoralisation du bas empire, montrons-
« nous les dignes fils de ceux qui ont amené 1789, 1830
« et 1848.

« Il faut préparer la *Révolution Sociale*. Car, sachons-le
« bien, nous producteurs, nous devons être l'Etat, et
« quand nous le voudrons, nous le pourrons.....

« L'Internationale, disait le citoyen Hins au congrès de
« Bâle, est aujourd'hui assez forte pour se faire craindre

« et respecter. Il faut que désormais elle ait pour devise le « mot de Danton : *De l'audace, encore de l'audace, et tou-* « *jours de l'audace !*

Il y a quelques jours à peine, dans une assemblée générale des sections parisiennes tenue sous la présidence de Varlin, ce dernier a terminé son discours par ces mots : « *Il faut dire tout haut, une fois pour toutes, que nous* « *voulons la République sociale avec toutes ses conséquen-* « *ces.* (*Internationale*, numéro du 24 avril 1870.)

Les membres de l'Internationale proclament encore que l'égalité devant la loi n'est ni *réelle ni exacte*.

« Comment serions-nous égaux devant la loi, lorsque la « loi est formulée et appliquée par une *caste* qui ne con- « naît le travail et les travailleurs que par des rapports in- « complets ; lorsque la loi a pour but de maintenir en fa- « veur des possesseurs tous les avantages sociaux ? »

Ils veulent la liberté, l'égalité, la civilisation, qu'ils définissent *la plus grande somme de bonheur et de bien-être possible* : ils ne voient d'autres moyens d'arriver à ces biens suprêmes, *liberté*, *égalité*, *civilisation*, que par *la direction sociale*, *par la loi*, *par ce qu'on appelle la politique*.

Ils définissent ainsi leur socialisme :

« Le socialisme que professe l'Internationale, doit avoir « un caractère à la fois scientifique et révolutionnaire. »

(Extrait du *Progrès du Locle*, 2 avril 1870.)

Nous lisons dans l'*Egalité de Genève* (numéro du 27 mai 1869), au sujet des armées permanentes :

« Les armées permanentes sont filles du despotisme le « plus abject. Elles doivent leur fondation à ce roi de « France qui se vautrait dans l'orgie à Bourges, tandis que « les Dunois, les Xaintrailles et les autres représentants « du patriotisme français combattaient bravement contre « les ennemis de l'indépendance nationale, et qui paradait

« dans ses fêtes somptueuses, tandis que Jeanne d'Arc ex-
« piait sur le bûcher de la noblesse anglaise et du clergé
« français le crime d'avoir délivré la patrie de ses envahis-
« seurs.

« Le principe des armées permanentes ne se discute
« plus, c'est la pierre angulaire du despotisme ; c'est l'école
« de la servilité et de la dépravation ; c'est la source pre-
« mière de la prostitution ; c'est l'épouvantail du progrès ;
« c'est le poignard dirigé contre la poitrine de l'humanité ;
« c'est la hache suspendue, en permanence, sur la tête de
« la liberté ; c'est le principe du parasitisme et de la mi-
« sère, c'est l'éternel obstacle à la fraternité des peuples.

« *A bas les armées permanentes* (1) !

Le même journal constate que la tendance générale, en « ce moment, est la destruction *morale de toute autorité* « *et de toute loi* ; les cultes s'en vont, il n'y a plus de res- « pect ni pour les dieux, ni pour les rois, ni pour les puis- « sants quels qu'ils soient : c'est un des signes du temps.» (Même numéro du 27 mai 1869. — Correspondance parisienne.)

La magistrature elle-même n'est pas à l'*abri de leurs attaques, ou plutôt de leurs calomnies* : on en devine aisément le motif.

Ils sont impatients de saluer le règne de la justice du peuple par le peuple. Leur impatience se traduit en injures et en grossières invectives que reproduisent leurs feuilles officielles. Depuis longtemps, s'écrie l'*Internationale*, « on « sait à quoi s'en tenir sur la *moralité des magistratures,* « *que l'inviolabilité ne défend pas plus de la corruption* « *qu'un couvercle de cristal ne défend notre nez contre* « *les exhalaisons du fromage. La magistrature française* « *est totalement corrompue. La magistrature belge est*

(1) Un autre article aussi violent, *sur les milices et les armées permanentes*, a été publié dans le *Progrès du Locle* (15 mai 1869) : « *L'armée, qu'elle s'appelle milice nationale, ou garde impériale,* « *est incompatible avec la liberté, tout comme l'Etat, qu'il s'ap-* « *pelle monarchie ou république, est incompatible avec la liberté.* »

« *tellement avancée* qu'elle marche toute seule. *La magistrature allemande* est à la hauteur de ses deux sœurs, « et un trio d'Euménides a remplacé dans ces trois pays « la divine Astrée que les anciens disaient remontée au « ciel.

« Le citoyen Bornhorst, de Magdebourg, après vingt-« huit jours de prévention, vient de comparaître devant *ce* « *tas de gredins qu'on appelle des juges*..............

« ......................................

« ..... Les juges sont *inamovibles et inviolables*, il est « vrai, mais malgré cela, ils pourraient bien, un jour, être « suspendus.... à une corde. »

(Extrait du journal l'*Internationale*, numéro du 12 décembre 1869, p. 4. Nouvelles de l'extérieur. Allemagne.)

Les internationaux sont naturellement des libres-penseurs ; leurs professions de foi sont édifiantes. Ils partent de ce principe : « Que trois fléaux continuellement en per-« manence existent pour ronger les productions de l'hu-« manité ; ce sont : *le prêtre*, *le soldat*, *le rentier*, et que, « pour se soustraire aux influences malsaines de ces trois « classes, il faut les combattre les unes par les autres, en « commençant par la dernière. » Ce programme est assez net et assez significatif ; mais la déclaration suivante est encore plus explicite et plus caractérisée. Nous l'empruntons au *Mirabeau*, de Verviers (numéro du 17 avril 1870) :

« Regardez le paillasse qui se démène dans un tonneau, « comme le diable dans un bénitier, pour insinuer à l'ai-« mable troupeau rassemblé que son baragouin est de la « pure et saine morale émanant d'une puissance surnatu-« relle. Ce paillasse aux allures lugubres *tonne* dans son « *tonneau* comme la foudre, grimace et se contorsionne « comme un épileptique ; trépigne de fureur et s'élève « comme un cacafougua tragique prêt à sauter à pieds « joints sur ses auditeurs ahuris, qui écoutent sans sour-« ciller les platitudes et les tirades ennuyeuses de son ré-« pertoire tragi-comique. Cette espèce de charlatan a usé « ses fonds de culottes sur les bancs universitaires, pour « nous chanter des pasquils en langue morte et nous citer

« des textes latinisés que nous ne comprenons pas plus « que la langue de Vidocq, fameux argotier que Mercure « ait en sa sainte et digne garde, s'il ne le porte en son « giron. Quand ces bouffons habillés en momons parcou- « rent les rues en braillant comme des ânons, flairant les « pièces de cent sous comme l'hyène flaire la chair en « putréfaction, expédiant les âmes à Caron par différentes « portes, ils font tout l'effet des maniaques échappés des « *petites maisons*. De pareils bélîtres vous soulèvent l'âme « d'indignation. Tous leurs actes sont arbitraires, em- « preints de perfidie et de scélératesse. Ils sont nos très- « chers frères en Jésus-Christ : nous sommes les Abel de « nos très-chers Caïn. Dansez, marionnettes, pantins, mes « amours, de vos momeries on se f..... toujours. » H.

Voici comment s'exprime l'*Internationale* (numéro du 19 décembre 1869) au sujet de la dissolution de l'anticoncile de Naples, par les soldats de Victor-Emmanuel, *ce roi-caporal*... « *Et ces pauvres Italiens qui ont versé leur sang,* « *croyant délivrer l'Italie, et qui n'ont fait que changer* « *de maître*. Au lieu de l'Autrichien, fier et cruel, ils ont « le Victor-Emmanuel, paillard et dévot, qui honore à la « fois le cotillon, le *goupillon* et le *sabre*. »

*Et nunc erudimini...*

Examinons maintenant l'organisation, les ressources et les moyens d'action de l'Internationale.

## III.

## Organisation de l'Internationale.

Il importe de donner d'abord une idée générale de l'organisation de l'Internationale ; elle se résume dans ces trois termes : *Conseil général* ou central, *Conseil fédéral, Section.*

## 1° CONSEIL GÉNÉRAL.

Le Conseil général, que l'on aurait peut-être mieux fait de nommer le *Conseil international*, est le centre où aboutissent les fédérations ouvrières du monde entier : son siége est à Londres, mais il est admis en principe que ce lieu peut être changé ; il se compose d'ouvriers représentant les différentes nations faisant partie de l'Association internationale. Les membres du bureau sont pris dans son sein ; il y a un président, un secrétaire général, un trésorier, et autant de secrétaires particuliers qu'il y a de différents pays où se trouvent des sections de l'Internationale. Ces derniers ont pour mission de correspondre avec les secrétaires spéciaux désignés par chaque section ; en un mot, autant de secrétaires qu'il y a de sections : ce sont comme des fondés de pouvoirs, qui reçoivent seuls, dans leurs villes respectives, les communications faites par le Conseil général, en font part aux affiliés, perçoivent les cotisations qu'ils transmettent à Londres, tiennent le Conseil général au courant du mouvement de la classe ouvrière, lui adressent des rapports sur la situation de chaque section, sur ses besoins, sur ses aspirations, et l'initient à tout ce qui se dit et à tout ce qui se passe dans leur centre d'action ; mais pour faire ces communications, ils ont des règles hiérarchiques à observer ; ils ne peuvent directement s'adresser au président du Conseil général. Toutes leurs correspondances doivent être envoyées au secrétaire particulier, qui représente, auprès du Conseil, la nation à laquelle ils appartiennent. Ainsi, les secrétaires des sections de Rouen, Lyon, Paris, Marseille ne doivent et ne peuvent correspondre qu'avec le citoyen Eugène Dupont. Il convient d'ajouter que dans les pays où des lois restrictives empêchent de former un centre d'action avec sécurité, la mission du Conseil général est de correspondre avec les branches individuelles : telle était la situation de la France avant 1869.

Chaque année, le Congrès indique le siége du Conseil

général et procède à la nomination de ses membres. La discussion du siége du Conseil général et du lieu de réunion du prochain Congrès figure dans le programme des questions soumises à sa discussion. A chaque Congrès, le Conseil général est tenu de présenter un rapport public des travaux de l'année ; il doit établir des relations avec les différentes associations ouvrières, examiner les questions qui lui sont soumises par les sections, et décider si leur discussion est d'un intérêt général et doit avoir lieu au sein du prochain Congrès.

Il est chargé de l'organisation des Congrès, et dans ce but, il doit en publier à l'avance le programme et le porter à la connaissance de toutes les sections par l'intermédiaire de leurs secrétaires de corespondance.

Chaque trimestre, il est tenu de faire connaître l'état des classes laborieuses dans tous les pays, la situation des sociétés coopératives, le prix des salaires, les adhésions qui se sont produites, les grèves qui ont pu éclater, les résultats obtenus, etc. ; à cet effet, une communication écrite est adressée au secrétaire de chaque section ; elle est reproduite dans les journaux de l'Internationale. Nous verrons plus loin que le nombre en est déjà considérable.

Voici la composition actuelle du Conseil général :

**Bureau :**

*Président*, Odger, menuisier. Odger est président du Conseil général depuis sa fondation.

*Secrétaire général*, Georges Eccarius, tailleur. Remplit ces fonctions depuis 1866.

*Trésorier*, Cowell Stepney. Ses prédécesseurs ont été Wheeler, et W. Dell.

**Secrétaires particuliers de correspondance :**

R. Shaw, pour l'Amérique. — Karl Marx, pour l'Allemagne. — Bernard, pour la Belgique. — H. Zung, pour la Suisse. — A. ZABICKI, pour la Pologne. — JOHANNARD, pour l'Italie. — Eug. DUPONT, pour la France. — LAFARGUE (Paul), pour l'Espagne (1).

**Membres sans attribution spéciale :**

En 1868, les membres du conseil général étaient :

BESSON, BUCKLY, BOBCYNSKI, CARTER, DEL, DUPONT, ECCARIUS, FOX, Hariette LAW, HOWEL, HALES, JUNG, LUCRAFT, LESSNER, LASSASIÉ, LAFARGUE, LAWRENCE, MARX, MORGAN,

(1) Depuis la publication de notre première édition, quelques changements se sont opérés dans la composition du Conseil général et des secrétaires de correspondance. Voici le personnel actuel :

*Conseil général :*

APPLEGARTH, Robert; BOON, Martin-J.; BRADNICK, Fréd.; STEPNEY Cowell; HALES, John; HALES, William; HARRIS, George; LESSNER, Fréd.; LINTERN, W.; LECREULIER; ZÉVY, Maurice; MILNER, George; MOTTERSHEAD, Thomas; MURRAY, Charles; PARNELL, James; PFANDER; RUHL; STEPHERD, Joseph; STOLL; SCHMITZ; TOWNSHEND, W.; LUCRAFT, Benjamin.

*Secrétaires correspondants :*

Eugène DUPONT, pour la France; Karl MARX, pour l'Allemagne; A. SERAILLIER, pour la Belgique, la Hollande et l'Espagne; Herman YUNG, pour la Suisse; Giovanni BORA, pour l'Italie; Antoine ZABIZKI, pour la Pologne; James COHEN, pour le Danemark; J.-G. ECCARIUS, pour les Etats-Unis.

ODGER, George, *président*;
John WESTON, *trésorier*;
John HALLES, *secrétaire général*.

LAFARGUE, Paul, est actuellement secrétaire correspondant de la section bordelaise. Quant à Karl MARX, c'est à tort que les journaux l'appellent le grand chef de *l'Internationale*; il n'est simplement que secrétaire correspondant pour l'Allemagne.

MAURICE, ODGER, SHAW, STAINSBY, WILLIAMS, WESTON, YARROW, ZABICKI, et WALTON. — (Compte rendu du Congrès de Lausanne, p. 39.)

En 1869, COHW, CAPELAND, DEL (Williams), FOX Péter, ex-secrétaire pour l'Amérique, HALES, LUCRAFT (Benjamin), LESSNER (Frédéric), LIMBURG, MILNER (Georges), MAURICE (Zéog), WILLIAMS, WESTON, WALTON (Alfred), HOWVEL, Mis LAW, APPLEGARTH (Robert), James BURKLY (1).

Tous ces membres ont été maintenus en fonctions par le Congrès de Bâle, pour l'année 1870. — (*Internationale*, numéro du 19 septembre 1869.)

Se produit-il un fait important de nature à compromettre l'avenir de l'Association ou à en dénaturer le caractère ? s'agit-il d'attaques dirigées contre elle ou d'un grand coup à frapper? le Conseil général publie des manifestes qui sont tirés à plusieurs milliers d'exemplaires, traduits dans toutes les langues et répandus à profusion dans les centres ouvriers. Ces manifestes se terminent par cette formule : « *Au nom du Conseil général de l'Association générale des Travailleurs*, » et sont signés par tous les secrétaires.

Les bureaux du Conseil général sont situés à Londres, 256, *High Holborn, W. L. London.*

Comme on le voit, le Conseil général est instruit constamment du mouvement qui se produit dans les classes ouvrières de l'Europe entière ; il assure et facilite les rapports entre les différents pays.

Il rassemble tous les documents qui lui sont communiqués ; c'est à lui qu'est dévolu le droit de faire exécuter les résolutions du Congrès. Il est juge des différends qui peuvent s'élever entre les sections, ou les membres de l'Association internationale, sauf appel au prochain Congrès ; il statue toujours d'après un rapport présenté par un jury d'honneur (2). Nous avons donné les noms de tous

(1) Liste extraite du Compte rendu officiel du Congrès de Bruxelles publié par le journal *le Peuple belge*. — P. 40.

(2) Un jugement rendu par le Conseil général dans l'affaire Albert Richard, de Lyon, a été publié dans l'*Internationale* du 27 mars 1870 et l'*Eclaireur* de Saint-Étienne du même jour.

les secrétaires internationaux accrédités auprès du Conseil général et indiqué les nations dont ils sont les représentants. Il ne sera pas sans intérêt de présenter la liste exacte des secrétaires de correspondance fédéraux ou sectionaux avec l'énumération de leur lieu de résidence et des sections au sein desquelles ils sont délégués par le Conseil général.

L'article 9 des statuts généraux consacre, il est vrai, pour chaque section, le droit de nommer ses correspondants; mais ce pouvoir n'existe qu'avec certaines restrictions. Dans le principe, lorsqu'une section est en voie d'organisation, c'est le Conseil général lui-même qui confère à un membre déjà affilié à l'Internationale le titre de correspondant ; la section une fois organisée, ce choix est ratifié toujours par les adhérents. Voici d'ailleurs un modèle des mandats que donne, dans ce but, le Conseil général à ses fondés de pouvoir :

ASSOCIATION INTERNATIONALE DES TRAVAILLEURS.

Conseil général de Londres, 256, High Holborn. W. C.

*Au Citoyen..., demeurant à..., correspondant de l'Association internationale des Travailleurs.*

« Le Conseil général, dans sa séance du....., a voté à l'unanimité la résolution qui suit :

« Le Citoyen........, demeurant........., est auto-
« risé, comme correspondant de l'Internationale, à faire
« et à recevoir les adhésions particulières ou collectives à
« ladite association et toutes choses ayant pour but la pro-
« pagation et le développement des principes de l'Asso-
« ciation internationale des Travailleurs, de recueillir les
« souscriptions et cotisations.

« En conséquence, le Conseil général donne pleins pou-
« voirs au citoyen......

« Au nom du Conseil général et pour copie conforme,

« *Le secrétaire correspondant pour* — (nom de la
« nation qu'il représente).

C'est nantis d'une semblable procuration, que les secrétaires se livrent à cette sublime mission qu'ils décorent du titre d'*Emancipation des Travailleurs*, et dont le dernier mot est le renversement, la destruction de l'organisation sociale actuelle et l'établissement de la république sociale et démocratique.

## Association internationale des Travailleurs.

### *Bureaux de correspondance.*

Paris. — E. Varlin (1), relieur, rue Dauphine, 33 (Sociétés ouvrières en général); D. Malon, impasse Saint-Sébastien, 8, faubourg Saint-Antoine (Sections collectivistes); Murat, mécanicien, rue Saint-Maur, 200 (sections mutuellistes).

Lyon. — Albert Richard, publiciste, quai de Serin, 20.

Rouen. — Emile Aubry, lithographe, rue de l'Amitié, 12.

Marseille. — André Bastelica, employé, boulevard des Dames, 32 (2).

Saint-Etienne. — Chenet, rue de la Montat, 7; remplacé par Dupin, veloutier, 29, rue de la Loire.

Suisse romande. — Henri Perret, graveur, rue du Cendrier, 14, à Genève. Charles Perron, 8, rue du Cendrier.

Montagnes Neuchâteloises. — James Guillaume, typographe, rue du Seyon, 14, à Neuchâtel (Suisse).

Bâle. — Bruhin, publiciste, rue des Jardins, 63.

---

(1) Varlin, devenu au mois de mars 1871 membre du Comité central de la garde nationale et plus tard délégué au ministère des finances, a été fusillé à Montmartre.

(2) Bastelica a été nommé, par la Commune, directeur des contributions indirectes.

Belgique. — Eugène HINS, professeur, rue des Alexiens, 13, à Bruxelles.

Londres. — Conseil général : Yung, 4, Charles Street. E. C. Northampton Square London, pour Eugène DUPONT, (sous pli.)

Nord-Allemagne. — Liebknecht, rédacteur du Démocratisch Volkenblatt, à Leipzig, 11 Broustrasse (Saxe).

Cologne. — RITTINGHAUSEN, publiciste, rue Gédéon, 36, à Cologne (Prusse rhénane).

Autriche. — NEUMAYER, rédacteur du *Neusstadter Volkenblatt*. Neusstadt, 387, Hauptplatz.

Italie (Naples). — CAPORUSSO, tailleur, vico due Porte al Toledo, 10, Napoli.

Italie (Florence). — FANELLI, Giuseppe, député au parlement italien.

Espagne (Barcelone). — FARGA-PELLICER, typographe, Carders, 22, à Barcelona.

Etats-Unis d'Amérique. — WILLIAM J. Jessupp, 11, Norfolk street, New-York City (1).

## 2° CONSEIL FÉDÉRAL.

Le Conseil fédéral, qui sert à la fois d'intermédiaire entre les différentes sections et entre les sections et le Conseil général, se compose des délégués des associations ouvrières déjà fédérées.

Il est chargé de la défense des salaires et des intérêts divers des corporations et de l'étude des questions écono-

(1) Les adresses des bureaux de correspondance et du Conseil général doivent être publiées tous les trois mois dans les journaux de l'Association. (Art. 3 des résolutions administratives votées par le Congrès de Bâle.)

miques et sociales ; il doit chercher à établir l'union entre tous les ouvriers dans leur lutte contre *l'exploitation du capital*. Il est tenu de faire une propagande active parmi les masses ouvrières, de leur exposer les principes et le but de l'Internationale, de les initier à son organisation, de leur prêter son concours quand elles veulent se former en sociétés régulières, et de leur fournir à cet effet les renseignements nécessaires.

Tous les mois, le Conseil fédéral est obligé d'envoyer au Conseil général un exposé de la situation de la fédération, et un rapport touchant l'administration et l'état financier des sections situées dans son ressort.

C'est encore lui qui statue sur les demandes d'emprunt adressées à la fédération, sur l'opportunité de soutenir des grèves, de contracter des emprunts auprès d'une société adhérente, ou auprès du Conseil général, d'envoyer des délégués au Congrès, d'admettre ou de refuser l'affiliation d'une nouvelle société, etc., etc. Il est chargé, en outre, de faire exécuter les dispositions des statuts généraux et les décisions des congrès ; toutes les communications émanant du Conseil général lui sont adressées pour être lues aux différents membres chargés à leur tour d'en donner connaissance aux corporations dont ils sont les délégués.

La constitution et la composition du Conseil fédéral varient suivant l'importance des localités, et le plus ou moins grand nombre de groupes ouvriers fédérés.

Ainsi, par exemple, *à Lyon*, aux termes de l'article 4 des statuts, la fédération est représentée et administrée par une commission composée d'un noyau initiateur de quinze membres, nommés toutes les années en assemblée générale, et auquel viendront s'adjoindre deux délégués de chaque corporation ou branche de corporation adhérente à l'Internationale. On voit qu'à Lyon le nombre des membres sera considérable : 31 corporations sont déjà affiliées ; quelques-unes, il est vrai, n'ont encore nommé qu'un seul délégué.

*A Lyon*, le Conseil fédéral n'a pas de président ; il a seulement un secrétaire spécial et un trésorier. Tous les membres, quel qu'en puisse être le nombre, sont solidaires et parfaitement égaux. (Art. 7 des statuts.)

*A Paris*, le Conseil fédéral est composé des délégués

des diverses sections fédérées. Le nombre des délégués est réglé comme il suit : Une section comprenant 50 membres au plus est représentée par un délégué ; de 51 à 100 par 2 ; de 101 à 500 par 3 ; de 501 à 1,000 par 4 ; de plus de 1,000 par 5.

Chaque section choisit un nombre égal de délégués suppléants.

Chaque section nomme et change ses délégués comme il lui convient.

Le Conseil fédéral, aux premières séances d'avril et d'octobre, nomme son bureau formé de : un trésorier, un secrétaire des séances, deux correspondants pour l'extérieur, trois pour la France.

Ces membres peuvent être augmentés, s'il est nécessaire.

Les membres du bureau sont constamment révocables par le Conseil (art. 2 des statuts de la fédération) (1).

*A Rouen*, le Comité fédéral se compose d'autant de membres qu'il y a de fractions de vingt adhérents et audessous ; les différentes professions doivent y être représentées. (Art. 8 des statuts du Cercle des études économiques de Rouen, adopté dans une assemblée générale du 7 février 1869.)

Les statuts de la fédération des sections du centre, établie à la Louvière (Belgique), règlent comme suit la composition du Conseil fédéral (2).

« Art. 5. La section de la Louvière choisit dans son « sein un secrétaire, un trésorier et un contrôleur fédé« raux qui forment un Comité permanent.

« Art. 6. Chaque section nomme deux commissaires « qui, avec le Comité permanent, forment le Conseil « fédéral.

« Art. 7. Le Conseil fédéral se réunit le premier diman« che de chaque mois.

---

(1) Ces statuts ont été publiés dans l'*Internationale*, numéro du 26 avril 1870.

(2) La fédération du centre formée dans un congrès, tenu le 18 avril à la Louvière, comprend les sections suivantes : La Louvière, les deux Houdeng, Haine Saint-Pierre et Saint-Paul, Carnières, Fayt. la Hestre, Besonrieux, Morlanwelz, Mont Sainte-Aldegonde.

« Art. 9. La durée du mandat des membres du Conseil « fédéral est d'un an. Ils peuvent être déposés par leurs « sections respectives ou par un Congrès. »

*A Genève*, le Conseil fédéral du groupe des sections allemandes est composé de sept membres ; un président, un vice-président, un secrétaire, un caissier et trois conseillers ; ils sont nommés pour une année aux Congrès ordinaires; ils peuvent, suivant les circonstances, s'adjoindre d'autres membres. (Art. 3 du règlement général.)

## 3° SECTION.

La section peut être, au point de vue de l'Internationale, assimilée à la commune. C'est là que sont réunis les ouvriers de tous les métiers, sans distinction, et que doivent être discutées les questions intéressant la localité.

Les différentes sections sont reliées entre elles par les Conseils fédéraux ou fédérations, qui comprennent chacune un certain nombre de sections dont elles gèrent et administrent les intérêts.

Dans les localités où il n'existe qu'une seule section, on la rattache à la fédération située dans la ville la plus rapprochée.

Dans celles où il existe plusieurs sections et qui ne possèdent pas de Conseil fédéral, on a soin de constituer un Comité local, qui sert d'intermédiaire entre les sections et le Comité fédéral.

La plupart des localités ne possèdent pas de Conseil fédéral : son établissement ne devient nécessaire que lorsque les sections s'étant multipliées, il est indispensable de les relier entre elles, afin de former un centre commun d'action.

Dans les grandes agglomérations, il existe à la fois un Conseil fédéral et des sections ; à Paris, par exemple, nous trouvons les sections de Vaugirard, de Meudon, de Clichy, de Puteaux, des Batignolles, de Belleville, de l'Est (faubourg Saint-Denis) et de la Maison Blanche, etc.; c'est l'ensemble des sections qui constitue la fédération dont le ressort est plus ou moins étendu.

Tantôt une même section comprend plusieurs corporations ; à Genève, par exemple, tous les ouvriers charrons, menuisiers en caisses, forgerons, limeurs, peintres en voitures, selliers-carrossiers, bourreliers et maréchaux-ferrants ne forment qu'une seule section : d'autres fois, une seule corporation constitue à elle seule une section.

Existe-t-il un Comité fédéral, il correspond seul avec Londres par l'intermédiaire du secrétaire de correspondance.

Chaque section a le droit d'envoyer des délégués au Congrès; si elle n'est pas assez nombreuse, elle peut s'unir avec les sections voisines et nommer un délégué commun.

Il est permis à chaque section de rédiger des statuts particuliers et des règlements conformément aux circonstances locales et aux lois de son pays; mais ils ne doivent en rien être contraires aux statuts et règlements généraux (Art. 14 du règlement général de l'Internationale.)

Chaque nouvelle section qui se forme doit annoncer immédiatement son adhésion au Conseil général. Le Conseil général a le droit de suspendre une section jusqu'à décision contraire du prochain Congrès, qui peut seul la supprimer.

Les démêlés qui peuvent s'élever entre les différentes sections sont réglés par le conseil général.

*En Belgique*, chaque section locale (celle d'Anvers, de Bruxelles, de Liége, etc.), est gérée par un Comité administratif dont les membres sont nommés en assemblée générale à la majorité des voix; à côté de ce Comité, il y a le Comité fédéral.

Les diverses sections belges se sont fédérées entre elles; tous les ans, les délégués de ces sections tiennent deux Congrès ouvriers belges, dans une ville quelconque; dans ce Congrès où se trouvent réunis des travailleurs de tous les points du pays, est nommé un Conseil chargé d'administrer l'ensemble de la fédération des sections belges : c'est ce Conseil, désigné sous le nom de Conseil général belge, qui est le point central où viennent aboutir toutes les fédérations.

Ce Conseil général belge communique seul avec le Conseil central, et reçoit ses communications qu'il transmet aux fédérations; celles-ci, à leur tour, en instruisent leurs sections ou le Comité local, dans les localités où il en existe un.

On trouve de même la fédération des sections anglaises, celle des sections suisses, celle des sections allemandes; leur ensemble constitue l'Association internationale des travailleurs.

L'enchaînement est complet; les questions ne concernant qu'un corps de métier sont traitées dans les réunions de ce corps de métier; celles qui intéressent toute une localité, dans la section; celles qui embrassent les intérêts de toute une région, dans les assemblées de la fédération; celles qui intéressent tout un pays, dans les Congrès et réunions générales des délégués de toutes les fédérations ouvrières. Enfin, les affaires internationales sont traitées par le Conseil central de Londres et dans les Congrès internationaux.

Nous connaissons maintenant l'organisation de l'Internationale : nous pouvons juger de sa puissance.

Le journal l'*Internationale* de Bruxelles, *dans son numéro du 28 février* 1869, a publié *sur les institutions actuelles de l'Internationale, au point de vue de l'avenir*, un article qui mérite de fixer notre attention : sa lecture nous laissera convaincus que l'Internationale constituera bientôt *un Etat dans l'Etat.*

« L'*Association internationale des Travailleurs* porte « dans ses flancs la régénération sociale.

« Il en est beaucoup qui conviennent que si l'Associa-« tion vient à réaliser son programme, elle aura effective-« ment instauré le règne de la justice, mais qui croient « que certaines institutions actuelles de l'Internationale « ne sont que temporaires et destinées à disparaître. Nous « voulons montrer que l'Internationale offre déjà le type « de la société à venir, et que ses diverses institutions, « avec les modifications voulues, formeront l'ordre social « futur.

« Examinons donc sous quelle structure se présente « actuellement l'Association, en prenant les types les plus « complets, car grand nombre de sections ne sont pas en-« core arrivées à une organisation parfaite.

« La *Section* est le type de la commune. Là sont réunis

« les ouvriers de tous les métiers sans distinction. Là doi-
« vent être traitées les affaires qui intéressent tous les
« travailleurs, quelle que soit leur profession.

« A la tête de la section est un *Comité administratif*, qui
« est chargé d'exécuter les mesures décrétées par la sec-
« tion. Au lieu de commander, comme les administrations
« actuelles, il obéit à ses administrés.

« Le *Conseil fédéral*, est composé des délégués des diffé-
« rents groupes ouvriers; à lui les questions de rapports
« entre les différents métiers, d'organisation du travail.
« C'est là une lacune de nos gouvernements actuels, qui ne
« représentent qu'une tourbe confuse d'individus au lieu
« de représenter des groupements d'intérêts.

« Les différentes sociétés groupées au Conseil fédéral
« sont des *sociétés de résistance*. Ces sociétés appartien-
« nent aussi bien à l'avenir qu'au présent. Groupant au-
« tour d'elles les ouvriers d'un même métier, leur appre-
« nant à discuter leurs intérêts, à calculer le prix de
« vente et le prix de revient pour baser là-dessus leurs
« prétentions, la société de résistance est destinée à orga-
« niser le travail dans l'avenir, bien plus que la société de
« production, qui, dans l'état actuel, ne peut guère prendre
« d'extension. Rien de plus facile, lorsque le moment sera
« venu, que de transformer les sociétés de résistance en
« ateliers coopératifs, lorsque les ouvriers se seront en-
« tendus pour demander la liquidation de la société
« actuelle, qui leur fait perpétuellement banqueroute.

« Les *sociétés coopératives de consommation* qui se sont
« établies dans la plupart des sections sont destinées à
« remplacer un jour le commerce actuel, plein de fraudes
« et d'embûches. Elles se transformeront en bazars com-
« munaux, où les différents produits seront exposés avec
« indication exacte de leur prix de revient. Cette agence
« recevra les demandes de l'intérieur et se chargera des
« expéditions sans autre surtaxe que le payement des frais.

« Les *caisses de secours mutuel et de prévoyance* pren-
« dront un plus vaste essor et deviendront des sociétés d'as-
« surance universelle. Maladies, infirmités, vieillesse, veu-
« vage, toutes ces sources actuelles de misère seront
« écartées. Plus de bureaux de bienfaisance, l'assistance
« publique déshonore; plus d'hôpitaux où l'on est admis

« par charité. Tous les soins que l'on recevra auront été « payés ; il n'y aura plus de médecins des pauvres.

« L'ignorance, autre source de misère, disparaîtra de- « vant l'instruction donnée par chaque section. Il ne s'agit « pas de cette instruction que nos doctrinaires même ré- « clament à grands cris. Nous voulons former des hommes, « et l'on n'est un homme complet que lorsqu'on est tra- « vailleur et savant en même temps ; aussi tous les tra- « vailleurs réunis au Congrès de Bruxelles, en septembre « dernier, ont-ils réclamé l'*instruction intégrale*, qui com- « prend à la fois la science et l'apprentissage des métiers. « Cette instruction ne pouvant se donner actuellement, par « suite d'empêchements matériels, les sections y suppléent « du mieux qu'elles peuvent en organisant des meetings, « des conférences, en fondant des journaux, où l'on en- « seigne aux ouvriers les droits de l'homme, où on leur « apprend à les revendiquer, où enfin l'on rassemble les « matériaux pour l'édifice de la société future.

« Le problème d'*organisation de la justice* est déjà « résolu au sein de l'Internationale. Les *caisses de défense* « remplissent cet objet. Elles ont leur côté d'actualité en « ce sens qu'après avoir examiné la cause, le Comité de « défense décide si l'affaire sera soutenue en justice, lors- « qu'un ouvrier a à se plaindre d'une injustice commise « par un patron. Mais cette institution regarde aussi l'a- « venir, en ce qu'elle décide des contestations entre « membres au moyen d'un jury choisi par l'élection et re- « nouvelable dans un délai très-court. Dans l'avenir, plus « de chicaniers, de juges, de procureurs, d'avocats. Le « même droit pour tous et la justice basée, non plus sur tel « ou tel texte plus ou moins embrouillé autour duquel on « dispute, mais sur la raison et la droiture.

« Les différentes sections sont reliées à leur tour en fé- « dération, par bassins, puis par pays. Ces fédérations « comprennent non-seulement un groupement par sections, « mais encore un groupement par corps de métier, comme « cela existe pour les communes. Ainsi seront facilitées les « relations entre les différents groupes, ainsi le travail « pourra être organisé, non pas seulement au sein des « communes, mais au sein du pays tout entier.

« De vastes institutions de *crédit* seront comme les

« artères et les veines de cette organisation. Le crédit ne « sera plus ce qu'il est aujourd'hui, un instrument de mort, « car il sera basé sur l'égal échange : ce sera le *crédit au* « *prix de revient*.

« Si l'Internationale n'a pu encore, dans l'état actuel, « fonder une institution de ce genre, au moins elle en a « déjà discuté les principes et les statuts aux Congrès de « Lausanne et de Bruxelles. A ce dernier Congrès, *un* « *projet de banque d'échange* a été présenté par la section « bruxelloise.

« Enfin, les rapports entre les différents pays sont as- « surés par un Conseil général international. Telle sera la « diplomatie future : plus d'attachés d'ambassade, plus de « fringants secrétaires de légation, plus de diplomatie, plus « de protocoles de guerre.

« Un bureau central de correspondance, de renseigne- « ments et de statistique, voilà tout ce qu'il faut pour relier « les nations unies par un lien fraternel.

« Nous croyons maintenant avoir montré que l'Interna- « tionale renferme en germe dans son sein toutes les insti- « tutions de l'avenir. Que dans chaque commune il s'éta- « blisse une section de l'Internationale, et la société « nouvelle sera formée, et l'ancienne s'écroulera d'un « souffle. Ainsi, lorsqu'une plaie se cicatrise, l'on voit au- « dessus se former une escarre, tandis que la chair se re- « forme lentement en dessous. Un beau jour, la croûte « tombe, et la chair apparaît fraîche et vermeille (1).

(L'*Internationale*, de Bruxelles. Numéro du 28 février 1869.)

(1) Cet article a été reproduit dans l'*Egalité*, numéro du 15 mai 1869 et le *Progrès du Locle*, 3 avril 1869.

## IV

### Moyens d'action. — Ressources de l'Internationale.

Les membres de l'Internationale sont tenus, chacun dans son pays, de faire tous leurs efforts pour réunir en une association nationale les diverses sociétés ouvrières existantes. Ils doivent propager les principes de l'Internationale dans tous les corps de métier dont ils font partie ou dans lesquels ils exercent une influence. Ils sont puissamment secondés dans cette œuvre par le Conseil général de Londres, par les secrétaires de correspondance, par les conseils fédéraux et par les feuilles qui sont publiées par les soins de l'Internationale.

Diverses situations peuvent se présenter. Une section existe-t-elle déjà dans une localité, elle agit auprès des autres corporations, leur démontre l'utilité de l'Internationale, les secours qu'elle procure, le rôle qu'elle s'apprête à jouer, multiplie les réunions privées, provoque leur organisation en Sociétés, leur procure des projets de statuts, les met en rapport avec les corporations similaires des autres villes, leur fait connaître la situation ouvrière, leur parle d'augmentation de salaire, de réduction des heures de travail, et parvient ainsi à les entraîner et à obtenir leur adhésion. Une grève vient-elle à éclater, les membres de l'Internationale en profitent pour travailler les grévistes, leur procurer des secours, les soutenirs et les encourager dans leur lutte contre *leurs exploiteurs* : des appels sont faits en leur faveur aux fédérations, au Conseil général. On leur prête des sommes d'argent dont ils opèreront le remboursement plus tard, lorsque leur situation sera devenue prospère, et on achète ainsi leur affiliation.

S'agit-il, au contraire, de fonder une section dans une ville qui en est encore dépourvue, les membres des sections voisines s'y transportent : on organise des réunions intimes, on appelle, s'il le faut, des Internationaux dont la réputation est déjà connue, afin que leur présence soit un nouveau stimulant. Tantôt c'est Guillaume, de Neuchâtel, qui prend cette initiative ; ailleurs c'est Bakounine, Depaepe et Hins ; on redouble d'activité, on nomme une commission d'initiative, on choisit des hommes sûrs et on commence une propagande des plus actives. On se distribue les corporations comme autant de provinces à conquérir ; chaque membre reçoit mission de se mettre en rapport avec un corps de métier déterminé, d'en provoquer une réunion, de lui exposer les principes de l'Internationale, de gagner ses membres les plus influents et d'établir une entente sérieuse.

Voici le modèle des mandats qui leur sont remis et qui constituent leur titre :

ASSOCIATION INTERNATIONALE DES TRAVAILLEURS.

*Section de* (nom de la section).

« La Commission d'initiative élue pour prendre en main « la direction des intérêts moraux et matériels de la section, charge le citoyen (noms et prénoms) de se mettre, « au nom de la section, en rapport avec MM. les membres « de la Commission des ouvriers... à l'effet d'établir, si « c'est possible, une entente sérieuse avec eux. »

*(Date et signature.)*

On redouble d'activité : les efforts sont presque toujours couronnés de succès. Le Conseil général est informé de ce résultat, et l'Internationale compte une nouvelle section.

On commence toujours par faire organiser en société *de prévoyance, de crédit* ou autres les corporations dont on recherche les adhésions ; toute l'activité dès le principe se concentre sur cette organisation. Le procédé est plus sûr :

au lieu d'avoir des adhésions individuelles, on a des adhésions collectives, ce qui est préférable. Tout le corps de métier est désormais enchaîné, c'est la majorité qui l'a décidé.

D'ailleurs, pour entraîner les corporations et vaincre leur résistance, on leur représente « que les adhésions à « l'Internationale n'ayant qu'une valeur morale et que les « ouvriers se déclarant non pas membres de l'Internatio- « nale, mais seulement adhérant à ces principes, ne tom- « bent pas sous le coup de l'article 291. »

Le Conseil général a prévu le cas où les sociétés reculeraient devant les conséquences d'une adhésion publique; au mois de janvier 1870, il adressait à tous ses correspondants la déclaration suivante :

GENERAL COUNCIL OF THE INTERNATIONAL

Working men's Association 256. High Holborn,
London, W. C.

« Le Conseil général de l'Association internationale des « Travailleurs,

« Considérant

« Que la situation politique de la France ne permet pas « d'établir de Comité central, et que, d'un autre côté, quel- « ques sociétés ouvrières retardent leur adhésion à l'Inter- « nationale dans la crainte que *cette adhésion publique* ne « soit, dans de certaines circonstances, préjudiciable aux « intérêts de ces sociétés,

« Le Conseil général décide :

« Sera reconnue affiliée à l'Internationale toute société « ouvrière qui nommera un correspondant direct avec le « Conseil général actuellement à Londres.

« Par ordre du Conseil général :

« *Le Secrétaire correspondant pour la France,*

« EUGÈNE DUPONT.

« 25 janvier 1870. »

Des cartes sont alors distribuées : c'est un titre pour chaque membre ; c'est encore et surtout, d'après la déclaration d'*Eugène Dupont lui-même*, « un moyen d'attacher « davantage les membres de l'Association. » Ces cartes sont en anglais ; elles portent tous les noms des secrétaires de correspondance, indiquent la date d'adhésion du nouveau membre, et mentionnent le payement de la souscription annuelle. Elles sont adressées de Londres aux diverses fédérations par l'intermédiaire de leurs secrétaires correspondants, et remises aux membres déjà affiliés, qui se chargent de les distribuer aux adhérents qu'ils ont mission de recruter. Le coût de ces cartes est de cinquante centimes. Chaque société est tenue, en entrant dans la fédération, de prendre un nombre de cartes égal au nombre de ses membres. Aux termes de l'article 5 des statuts de la fédération lyonnaise, ces cartes, une fois prises, doivent être renouvelées gratuitement tous les ans.

Voici d'ailleurs comment sont conçues les cartes de l'Internationale :

INTERNATIONAL

**Working Men's Association**

ASSOCIATION INTERNATIONALE DES OUVRIERS

CARD OF MEMBERSHIP

*This is to certifiy* that . . . . . . . . . . was admitted
a Member of the above association . . . . . . 18. . . .
and paid as his annual subscription . . . . . . . . . . .

R. Shaw, corresponding secretary for America.

| | |
|---|---|
| Bernardy, cor. sec. for Belgium. | Jules Johannard, .... Italy. |
| Eugène Dupont, ... France. | Anthony Zabicki, ... Poland. |
| Karl Marx, ... Germany. | H. Zung, ... Switzerland. |
| Cowell Stepney, ... Treasurer. | J.-G. Eccarius, sec. to gen. cons. London. |

Au dos se trouve imprimé, en trois langues différentes (français, anglais, allemand), ce court résumé des principes de l'Internationale :

« L'émancipation des travailleurs doit être l'œuvre des « travailleurs eux-mêmes; les efforts des travailleurs pour « conquérir leur émancipation ne tendent qu'à établir pour « tous des droits et des devoirs égaux et à anéantir la do- « mination de toute classe. L'assujettissement économique « du travailleur aux détenteurs des moyens de travail, « c'est-à-dire des sources de la vie, est la cause première « de sa servitude politique, morale et matérielle. L'éman- « cipation économique des travailleurs est conséquemment « le grand but auquel tout mouvement politique doit être « subordonné comme moyen. Tous les efforts faits jus- « qu'ici ont échoué faute de solidarité entre les ouvriers « des diverses professions dans chaque pays et d'une union « fraternelle entre les travailleurs des diverses contrées. « L'émancipation du travail n'étant un problème ni local, « ni national, mais social, embrasse tous les pays dans « lesquels la vie moderne existe et nécessite pour sa solu- « tion leur concours théorique et pratique. »

Indépendamment de sa carte, chaque membre reçoit un carnet contenant les statuts et règlements de l'Internationale. Lorsque ces carnets émanent de la section de l'Alliance de la démocratie socialiste (groupe genevois), chaque membre est obligé, lors de la remise qui lui en est faite, de signer la déclaration suivante :

## ASSOCIATION INTERNATIONALE.

### *Section de l'Alliance.*

#### DÉCLARATION.

« Moi, soussigné, ayant pris connaissance des programme « et règlement de la section ...., je déclare adhérer de « plein cœur à tous les principes aussi bien qu'à tous les

« devoirs qui s'y trouvent exposés, et je prends sur mon « honneur l'engagement solennel de m'y conformer dans « toutes les circonstances de ma vie, et de les progager en « tous lieux et toujours avec toute l'énergie et la persévé- « rance dont je suis capable.

« Genève, le .....

« *Le président,*

(Signature du nouveau membre.) « Bakounine.

« *Le secrétaire,*

(Signature de deux garants.) « Fritz Heng. »

(Sceau de la section.)

De même, aux termes de l'article 5 des statuts du Cercle d'études économiques de Rouen, chaque sociétaire reçoit un bulletin d'adhésion revêtu de la signature des membres du comité, et portant le cachet de ce Comité.

De son côté, le Conseil général adresse des manifestes aux sections, les invite à redoubler de zèle et d'activité, les félicite des résultats obtenus; ailleurs, on distribue des appels aux ouvriers pour les engager à se tenir prêts, à s'unir entre eux et à combiner leurs efforts en vue de leur prochain affranchissement. C'est ainsi qu'au mois de janvier dernier, une main inconnue placardait contre les murs de la ville de Neuchâtel cet appel qui mettait en émoi la population :

« Travailleurs!

« Par l'exemple du présent et du passé, comprendrez- « vous que patrons, économistes, bourgeois, gouvernants, « sont incapables d'organiser rationnellement votre tra- « vail? Parfois on vous excède d'heures supplémentaires, « mais plus souvent encore on vous rogne votre journée, « et, par suite, votre salaire. On vous déclare, il est vrai, « que vous êtes libres de partir.... libres de mourir tout à

« fait de faim au lieu d'être simplement privés d'une par-
« tie de votre nécessaire !

« Ouvriers de l'univers, si vous voulez cesser de souffrir « de l'excès de fatigue ou des privations de toute sorte, « ORGANISEZ-VOUS !

« Par L'ASSOCIATION INTERNATIONALE DES TRA- « VAILLEURS, l'ordre, la science, la justice remplaceront « le désordre, l'imprévoyance et l'arbitraire (1). »

A la même époque, on répandait à profusion, au sein des classes ouvrières, des milliers d'exemplaires de cet autre appel encore plus significatif :

« Ouvriers de toute profession !

« Une FORCE immense a été créée pour vous par l'é- « nergie de quelques-uns de vos frères.

« Par elle, le Travailleur peut apprécier ses droits sans « injustes préventions, et les soutenir sans défaillance.

« L'ASSOCIATION INTERNATIONALE DES TRA- « VAILLEURS se développe avec activité dans les deux « mondes. Il dépend de vous que sa puissance soit bientôt « irrésistible.

« Que tous étudient en détail son but et ses moyens « d'action ; que ceux qui les connaissent les enseignent à « ceux qui les ignorent.

« Quand tous les travailleurs seront UNIS, il n'y aura « plus pour eux ni humiliations ni misères ! »

L'Association internationale possède un grand nombre de journaux rendant régulièrement compte du mouvement ouvrier, et recevant des correspondances de toutes les sections de l'Internationale. Ils en propagent les principes, en exposent les théories, signalent les abus des patrons, enregistrent les plaintes et les griefs des travailleurs, font connaître les grèves qui se produisent, les prétentions des

(1) Cet appel a été reproduit dans le *Progrès du Locle* du 29 janvier 1870.

ouvriers, l'exploitation dont ils sont l'objet, etc., etc. Voici la nomenclature des organes de l'Internationale.

1° La *Réforme sociale*, organe de l'affranchissement du prolétariat, paraissant le dimanche à Rouen, depuis le mois de janvier 1870. Secrétaire de la rédaction, Emile Aubry, lithographe, rue de l'Amitié, 12. Ce journal s'imprime à Bruxelles, chez Brismée, rue des Alexiens, 13 (1).

2° L'*Internationale*, organe des sections belges, paraissant le samedi à Bruxelles, depuis le 16 janvier 1869. Secrétaire de la rédaction, Eugène Hins.

3° Le *Mirabeau*, organe des sections de la vallée de la Vesdre, paraissant tous les dimanches à Verviers. Secrétaire de la rédaction, J. Jamar, rue des Souris, 5.

4° Le *Progrès du Locle*, organe socialiste paraissant au Locle (devise, *Tout pour le peuple et par le peuple!*) : ce journal a cessé de paraître au mois d'avril 1870 pour faire cause commune avec la *Solidarité*.

5° L'*Égalité* (2), journal de l'Association internationale des travailleurs de la Suisse romande, paraissant à Genève, le samedi, depuis le 23 janvier 1869, a succédé à la *Voix de l'Avenir*. Le règlement concernant l'administration de ce journal a été adopté par le Congrès des sections romandes de la Suisse, le 3 janvier 1869. Ce journal, dont les bureaux étaient à Genève, rue du Commerce, 10, et actuellement rue de Carouge, 6, a cessé d'être l'organe officiel des sections de la Suisse romande depuis la scission qui s'est produite, le 4 avril 1870, au Congrès de la Chaux-de-

---

(1) On peut encore citer en France le *Travail*, organe des sociétés ouvrières de Paris, journal hebdomadaire, rue Montmartre, 138. La *Marseillaise*, dont le *Progrès du Locle* (numéro du 1er janvier 1870) annonçait en ces termes l'apparition :

« La *Marseillaise* défend les principes de l'Internationale. Son « format, égal à celui des plus grands journaux, et l'étendue de sa « publicité en font, pour l'Internationale, un organe actif et pré- « cieux. »

Le *Travail* a cessé sa publication, ainsi que la *Marseillaise*.

(2) L'*Egalité* et la *Solidarité*, qui aspirent tous les deux au titre d'organe officiel, se font la guerre et ont engagé une vive polémique.

Fonds entre la grande masse des sections de Genève, la section du Locle et celle de la Chaux-de-Fonds (1).

6° La *Solidarité*, organe des sections de la Fédération romande de l'Association internationale, paraissant à Neuchâtel depuis le 11 avril 1870. Rédacteur en chef, James Guillaume, rue du Seyon, 14, à Neufchâtel (continuation du *Progrès*).

7° *Der Vorbote*, organe central du groupe des sections allemandes à Genève.

8° *De Werker* (le *Travailleur*) journal socialiste, rédigé en flamand, organe de la section anversoise.

9° *Peper en Zout* (*Poivre et sel*), organe de la section de Bruges.

10° Le *Devoir*, organe de la section liégeoise, paraissant tous les dimanches.

11° *Demokratisches Wochenblatt*, von Leipzich, organ der Deutchen Volkspartei und der Verbonds deutcher Arbeitervereine.

12° La *Fratellanza*, organe de la section de Naples, paraissant depuis le mois de juin 1869.

13° La *Federacion*, organe du centre fédéral des sections ouvrières de la Catalogne, paraissant à Barcelone depuis le 1er août 1869, rue des Mercaders, 42.

14° La *Solidaridad*, organe officiel de l'Association internationale des travailleurs de la section de Madrid, parais-

---

(1) *Collaborateurs de* l'Egalité (*l'*Egalité *est la continuation de la* Voix de l'Avenir.)

Pour la France. — Albert Richard, de Lyon, Elysée Reclus, Malon, Bourdon, Combault et Varlin.
Angleterre. — Eccarius et Yung.
Pologne. — Mroscz Korvsky.
Belgique. — De Paepe.
Allemagne. — Becker.
Italie. — Carlo Gambuzzi et Albert Tucci.
Suisse. — James Guillaume, Bakounine, J. Gay, Schiwzguébel.

(Extrait du journal l'*Égalité*, numéro du 23 janvier 1869.)

sant tous les samedis, avec cette devise : *Pas de devoirs sans droits, pas de droits sans devoirs.*

15° *El Obrero*, organe du centre fédéral des sociétés ouvrières des îles Baléares, paraissant à Palma (île Majorque). La propriété de ce journal appartenait d'abord au président de la section des maçons de Mallorca, qui l'a cédée au Centre fédéral.

16° *Justicia social*, revue socialiste, paraissant à Madrid.

17° *El Proletariaro*, idem.

18° Le *Volksstimme* (*Voix du peuple*), organe de la section de Vienne (Autriche).

19° La *Legalidad*, paraissant à Gracia, en Catalogne.

20° L'*Arbeiter Union* de New-York.

21° *Der Democratt*, organe de l'Association internationale, à Bâle-Campagne.

22° La *Cause du peuple*, organe de la section russe de l'Association internationale des travailleurs, à Genève (article 20 de ses statuts).

23° L'*Arbeiter*, organe de la section bâloise (Bâle-Ville).

24° Le *Volksstaat*, de Leipzig.

25° *Vooruit !* (*En avant !*), organe flamand, orgaan der vlaamsche afdeelingen (section de Bruges), der Internationase werkersvereeniging, verschynt iederen zondag, te Brugge. Abonnementsprijs : een jaar, 3 fr. 50 ; een kwaartaal, 1 fr.

26° *Social-Demokrat* et le *Beobachter*, de Berlin.

27° *Die Tagwacht* (la *Diana*), paraissant à Zurich.

28° *Gleickheit* (la *Igualdad*), paraissant à Villeneuve-de-Vienne (*Federacion*), — numéro du 13 février 1870).

29° Le *Verkmann* (l'*Ouvrier*), organe des travailleurs d'Amsterdam.

30° *De Standaart des Volks* (*Étendard du Peuple*), organe de la section d'Amsterdam.

31° Le *Volksblad*, journal socialiste néerlandais, organe des travailleurs de Rotterdam.

Les sections sont abonnées à l'un de ces journaux, quelquefois à plusieurs. Les articles importants sont lus en séance publique aux réunions.

Chaque section possède une caisse qui sert de garantie pour les emprunts à contracter ou pour les prêts à faire. Dans ce but, chaque membre est tenu de verser une cotisation annuelle ou mensuelle dite *fédérale*, dont le taux est déterminé par les statuts particuliers. A Lyon, cette cotisation mensuelle est de 10 centimes (article 5 des statuts). A Paris, elle est également de 10 centimes (article 8); elle est payable à la première réunion du mois; après un mois de retard, la suspension de la section est prononcée; ses délégués n'ont plus voix au Conseil; après trois mois, la radiation est prononcée. A Genève (section centrale), la cotisation est de 60 centimes par mois (article 7 des statuts).

Les membres de la section de l'Alliance de la Démocratie socialiste versent une cotisation mensuelle de vingt centimes, payables à la fin de chaque mois, avec facilité de se libérer partiellement dans le courant du mois (article 10 des statuts).

Aux termes de l'article 7 des statuts de la Fédération romande, la cotisation annuelle fédérale est de 10 centimes par membre.

A Rouen, la cotisation est de 50 centimes par mois par adhérent isolé, et de 25 centimes si les adhérents appartiennent à une société quelconque (article 6 des statuts).

Les cartes sont vendues 50 centimes; il est prélevé sur cette somme 10 centimes pour être adressés au Conseil général qui les a fournies; le surplus appartient à la section.

Enfin, pour faciliter au Conseil général l'exécution des devoirs qui lui sont imposés, tout membre de l'Internationale et des sociétés adhérentes doit payer, par an, une cotisation fixe de 10 centimes, dite *cotisation centrale annuelle* (article 4 du règlement); elle avait été d'abord fixée à 30 centimes, par exception et pour l'année 1867 seulement (article 4 du règlement primitif; ce règlement a été modifié par le Congrès de Lausanne).

Cette cotisation doit être payée par trimestre. Les délégués des branches et des sections qui n'ont pas payé leur cotisation ne peuvent pas prendre part au Congrès.

Cette cotisation est destinée à couvrir les différentes dépenses du Conseil général : comme la pension du secrétaire général, les frais de la correspondance, de différentes publications, etc. ; elle lui permet, en cas de grève, de fournir des secours aux grévistes.

Ajoutons, à ces sources de revenus, les sommes d'argent que les besoins de la politique lui procurent, et l'on comprendra sans peine la puissance de cette association dont l'action s'étend sur toute l'Europe et même en Amérique.

Il nous reste maintenant à examiner deux autres moyens d'action de l'Internationale : la grève et les Congrès.

## V.

## Des grèves. — Rôle de l'Internationale.

Depuis quelques années, les grèves se sont multipliées dans des proportions effrayantes : nous citerons, en 1869, la grève des typographes belges, la grève des fileurs à Gand, des voiliers à Anvers, celle des tapissiers à Bruges, celle des tisserands à Ensival et à Verviers ; en Prusse, la grève des mineurs en zinc, des menuisiers, des charpentiers ; en Suisse, les grèves de Bâle (rubaniers) et de Genève (maçons et tailleurs de pierres), du Locle (guillocheurs), de la Chaux-de-Fonds (faiseurs de secrets) ; à New-York, celle des fabricants et fabricantes de chapeaux de paille ; en Hollande, celle des typographes ; à Cassel et à Wiesbaden (Nassau), celle des tailleurs d'habits et menuisiers ; à Augsbourg (Bavière), celle des typographes et des fondeurs ; à Berlin, celle des charpentiers ; à Glascow (Angleterre), celle des peintres ; les grèves de Seraing et du Borinage (Belgique) ; à Hérissau, canton d'Appenzel, celle des apprêteurs ; à Lausanne, celle des tailleurs de pierres, bardeurs, maçons et manœuvres ; à Amsterdam, celle des charpentiers de navires ; à Paris, celles des mégissiers, des marbriers, des doreurs ; à Neuville-sur-Saône (Rhône), celle des imprimeurs sur étoffes ; à Saint-Étienne, celle des mineurs ; à Lyon, celles des apprêteurs, des menuisiers, des bronziers, des ovalistes, des fondeurs, des carrossiers, des boulangers, des marbriers, etc. ; à Elbeuf, celle des fileurs de laine ; à Marseille, celles des menuisiers, des fondeurs ; à Boston et à Worchester (Massachusetts), celle des tailleurs, etc., etc., etc. L'Internationale a joué un rôle important dans toutes ces grèves ; elle en a suscité quelques-unes, lorsqu'il lui a paru opportun de les provoquer ; la plupart ont été subventionnées par elle. Par son influence colossale et les capitaux dont elle dispose, elle procure aux grévistes des secours, des moyens de lutter avec avantage contre les patrons et les capitalistes ; par ses ramifications dans toutes les contrées, elle empêche les ouvriers d'un pays de venir faire la concurrence aux coalisés d'un autre, ou même fournit à ces derniers les renseignements et le crédit nécessaires pour se déplacer et aller dans une autre localité où elle leur assure du travail ; tantôt elle délègue aux grévistes des chefs de l'Internationale pour les encourager et les soutenir dans leur lutte ; met tout en œuvre pour prolonger et étendre la cessation du travail dans le but d'amener les patrons à composition. Tantôt des comités occultes sont organisés : les métiers, les usines, les ateliers sont mis en interdit ; des amendes sont décrétées contre les patrons qui refusent d'adhérer au tarif proposé ou à l'augmentation demandée ; à la fin de la grève, les patrons sont obligés de s'acquitter du montant des condamnations prononcées contre eux. Ces sommes sont destinées à opérer le remboursement des prêts qui ont été faits aux grévistes, soit par le Conseil général lui-même, soit par les Chambres ou Comités fédéraux, soit même par des corporations affiliées à l'Internationale.

Voici comment s'exprime l'Internationale au sujet des grèves (1) (numéro du 27 mars 1869) :

« Que prouve la multiplicité des grèves ? que la lutte en-
« tre le travail et le capital s'accentue de plus en plus, que

(1) Cet article a été reproduit dans l'*Egalité* (numéro du 3 avril 1869.)

« l'anarchie économique devient chaque jour plus pro-« fonde et que nous marchons à grands pas vers le terme « fatal qui est au bout de cette anarchie, la *Révolution so-« ciale*... Lorsque les grèves s'étendent, se communiquent « de proche en proche, c'est qu'elles sont bien près de de-« venir une grève générale; et une grève générale avec les « idées d'affranchissement qui règnent aujourd'hui ne « peut qu'aboutir à un grand cataclysme *qui ferait faire « peau neuve à la société*. Il faut que le peuple soit prêt, « *qu'il ne se laisse plus escamoter par les parleurs et les « rêveurs comme en* 1848, et pour cela il faut qu'il soit or-« ganisé fortement et sérieusement.

. . . . . . . . . . . . . . . . . . . . . . . . . .

« Les grèves indiquent une certaine force collective, une « certaine entente chez les ouvriers : ensuite chaque grève « devient le point de départ de nouveaux groupements. « Plus la lutte devient active, plus la fédération des prolé-« taires doit s'étendre et se renforcer. Et alors des écono-« mistes à vue étroite viennent accuser cette fédération des « Travailleurs, représentée par l'Internationale, de pousser « à la grève et de créer l'anarchie ! c'est tout simplement « prendre l'effet pour la cause : ce n'est pas l'Internationale « qui crée la guerre entre l'exploiteur et l'exploité, mais « ce sont les nécessités de la guerre qui ont créé l'Interna-« tionale.

Cette question des grèves a été discutée au Congrès de Bruxelles en 1868, dans la séance du 9 septembre. — Des rapports furent présentés sur cette matière par les sections génevoises, la section liégeoise et la section bruxelloise. Une discussion des plus vives s'engagea sur la nécessité et l'opportunité des grèves. Le Congrès déclara que, dans la situation actuelle de lutte entre le travail et le capital, la *grève est une nécessité :* qu'il y avait lieu d'instituer dans chaque fédération une caisse destinée à les soutenir, que les différentes sections devraient constituer un Conseil d'arbitrage chargé de statuer sur la légitimité et l'opportunité des grèves éventuelles (1). Déjà, lors du Congrès de

(1) Compte rendu officiel du Congrès de Bruxelles, publié par le journal le *Peuple belge* — p. 10 à 17.

Genève (1866), les délégués anglais, tous membres du Conseil central, proposaient de dresser des statistiques sur le travail, de publier des bulletins mensuels et d'établir ainsi un lien universel qui permettrait d'organiser des *grèves immenses, invincibles* (compte rendu du Congrès, p. 15). Tolain déclarait que la section de Paris avait joué un rôle actif pendant les grèves des bronziers, des ouvriers de Roubaix et de Genève, et que l'Internationale avait pour mission *de soutenir les grèves*. Et Dupont, dans le rapport présenté au nom du Conseil général, ajoutait : « que lors « de la lutte soutenue par les ouvriers en bâtiments de « Genève, les secours venus de France, de Belgique, d'An- « gleterre, d'Allemagne, par l'intermédiaire de l'Interna- « tionale, avaient assuré le triomphe de la cause des ou- « vriers; que la grève était une arme terrible et constituait « le meilleur moyen d'organiser les forces de la classe ou- « vrière. »

Etudions maintenant en détail la part que l'Internationale a prise dans certaines grèves. C'est aux documents émanés du Conseil général, aux récits publiés dans les journaux de cette Association que nous empruntons ces renseignements.

Nous lisons d'abord dans le rapport présenté sur les grèves, au Congrès de Bruxelles, au nom de la section de cette ville, par De Paepe, que, lors de la grève des ouvriers bronziers de Paris qui « durent, en 1867, abandonner leur « travail parce que leurs patrons avaient exigé d'eux la « dissolution de leur association, leurs frères, les Anglais, « vinrent à leur secours ; 20,000 *francs partirent de Lon- « dres* et obligèrent les patrons à *baisser pavillon*. (Compte « rendu, p. 14.)

Le rapporteur ajoute :

« Les ouvriers en bâtiments de Genève virent leur grève « réussir, parce que les ouvriers de France, d'Italie, d'An- « gleterre et d'Allemagne vinrent à leurs secours. Les sec- « tions de l'Internationale organisèrent une vaste souscrip-

« tion, et le bureau de Paris à lui seul procura une somme « de 10,000 francs. » (Compte rendu, p. 14.) (1).

Au mois de mars 1869, une nouvelle grève des ouvriers en bâtiments éclatait à Genève : le Comité adressait un appel aux ouvriers de tous les pays pour leur annoncer la lutte qu'ils venaient de recommencer, leur recommandant de ne pas venir travailler à Genève, quelque avantageuses que pussent être les conditions proposées. La fédération romande donnait son appui à cette grève et en prenait la direction générale. Elle invitait toutes les sections à organiser promptement des secours en faveur de leurs frères. Voici l'appel qu'elle adressait aux sections :

## LE COMITÉ FÉDÉRAL ROMAND

### AUX SECTIONS INTERNATIONALES.

« Frères,

« Le Comité fédéral porte à votre connaissanee que la « section des tailleurs de pierres et maçons lui a demandé « son approbation, en lui communiquant les motifs qui ont « déterminé la grève qui vient d'éclater dans les chantiers « des bâtiments académiques.

« Le Comité, à l'unanimité, a reconnu les réclamations « et les demandes de la section justes et bien fondées, et « la grève qui en est résultée légitime. Il est évident qu'à « Genève, comme à Bâle, les patrons sont parfaitement dé- « cidés à ne tenir aucun compte des engagements qu'ils ont « pris et signés vis-à-vis des ouvriers; que le parti est bien « pris de les violer chaque jour, de frapper les hommes « qui sont à la tête des sections, pour amener la division

(1) Des articles sur cette grève ont été publiés dans l'*Egalité* du 27 mars 1869.

« dans nos rangs et détruire par ce moyen nos sociétés ou-
« vrières. Les entrepreneurs des bâtiments académiques
« ont chassé quatre de nos frères.

« En conséquence de ces faits, le Conseil fédéral, gar-
« dien des intérêts de tous, a donné *son appui à la grève et*
« *en prend la direction générale; il fait un appel énergique*
« *à la solidarité fraternelle de tous les travailleurs*. Consi-
« dérant que la grève peut prendre des proportions plus
« graves et devenir générale dans le bâtiment, il invite
« d'une manière pressante les sections amies à organiser
« promptement des secours en faveur de leurs frères.

» Les secours en prêts ou souscriptions devront être
« adressés au Conseil fédéral, Cercle international des
« travailleurs.

« Nous vous envoyons le salut fraternel.

« *Le Secrétaire général*,

« Henri Perret.

« Genève, le 17 mars 1869. »

(Extrait de l'*Internationale* du 27 mars 1869, reproduit dans l'*Egalité* du 20 mars 1869.)

## AUX OUVRIERS DE TOUS LES PAYS (1).

« Travailleurs !

« Les entrepreneurs en bâtiments de Genève, ne voulant
« pas tenir leurs engagements vis-à-vis de nous, nous se-
« rons peut-être forcés d'entrer, comme au printemps

(1) Appel reproduit dans l'*Egalité* du 27 mars, et le *Progrès du Locle* du 3 avril 1869.

« passé, en lutte avec eux. Méprisant et leurs signatures
« et nos droits, ils comptent, comme toujours, appeler des
« ouvriers du dehors et nous écraser par la concurrence.

« Travailleurs, les ouvriers qui travaillent à Genève lut-
« tent avec une persévérance infatigable pour la revendica-
« tion des droits de la classe opprimée. Notre fermeté et
« notre énergie sont et seront inébranlables.

« Travailleurs, la cause des ouvriers est partout la même,
« Notre cause est donc votre cause. Le jour où les ouvriers
« de tous les pays comprendront la solidarité qui les unit,
« ce jour-là nous cesserons d'être une marchandise ache-
« table et vendable.

« Travailleurs, c'est la concurrence que nous nous faisons
« mutuellement qui est le plus grand obstacle à notre éman-
« cipation. C'est en spéculant sur cette concurrence qu'une
« poignée d'hommes achètent notre vie à bas prix. C'est
« cette concurrence, c'est la possibilité d'appeler des ou-
« vriers du dehors, qui donne aux entrepreneurs de Genève
« l'assurance qu'ils peuvent, selon leur bon plaisir, chan-
« ger les conditions du travail.

« Travailleurs, ôtons-leur cette arme !

« Tailleurs de pierres, marbriers et maçons !

« Ne venez pas travailler à Genève, quelles que soient
« les conditions qu'on vous propose. Soyez sûrs que le jour
« où vous aurez à votre tour besoin de nous, les tailleurs
« de pierres, marbriers et maçons de Genève vous tendront
« chaleureusement la main.

« Travailleurs, quelle que soit votre profession, répan-
« dez parmi tous les ouvriers, répandez dans les villes et
« dans les villages, répandez dans tous les chantiers, ré-
« pandez partout où se trouvent des ouvriers, que les
« tailleurs de pierres, les marbriers et les maçons de Ge-
« nève sont en grève pour les droits du travailleur, et que
« par conséquent il ne faut pas venir travailler à Genève.

« Salut fraternel !

« Genève, le 11 mars 1869. »

*Le comité des tailleurs de pierres, marbriers et maçons de l'Association internationale.*

Tous les journaux de l'*Internationale* publiaient, à cette époque, dans leurs colonnes, cet avis : « Les ouvriers du « bâtiment, notamment les tailleurs de pierres et maçons, « sont prévenus qu'ils ne doivent pas venir à Genève en « ce moment. Prière aux journaux ouvriers de reproduire « cet avis. (*Internationale*, numéro du 21 mars 1869.) » Ajoutons que pendant la grève des ouvriers menuisiers de Cassel (Hesse), le journal l'*Egalité* (numéro du 22 mai 1869) avertissant tous les ouvriers de la Suisse romande de ne pas aller dans cette ville, et plus tard, ce même journal (numéro du 28 mars 1870), annonçant que les tailleurs de la Chaux-de-Fonds allaient probablement se mettre en grève, avertissait les ouvriers tailleurs de la Suisse et des autres pays, de ne pas se rendre dans cette ville, quelles que soient les offres qui pourraient leur être faites. »

*A Paris*, lors de leur grève, les mégissiers ont reçu des secours des diverses sections belges, du Conseil général belge, des typographes de Bruxelles, qui leur ont adressé la somme de 1,000 francs. (*Internationale* du 2 janvier 1870). La Chambre fédérale des sociétés ouvrières de Paris a contracté en leur faveur un emprunt de 40,000 fr., représenté par 40,000 obligations de 1 franc chacune, ne donnant droit à aucun intérêt ni dividende. Elle a adressé, dans le même but, à la date du 8 décembre 1869, un appel à tous les travailleurs. Ce manifeste a été reproduit dans le numéro de l'*Internationale* du 19 décembre 1869 (1) et dans l'*Egalité* du 22 janvier 1870.

*Lyon* a eu de nombreuses grèves ; dans chacune d'elles, la main de l'Internationale s'est fait sentir et en a assuré le succès, et, chose remarquable, à mesure que les grèves s'y sont produites, les adhésions à l'Internationale s'y sont

(1) Consulter le *Mirabeau*, numéro du 19 décembre 1869, et l'*Internationale* du 12 décembre 1869.

— —

multipliées ; les corporations ont acquitté, par leur affiliation, leur dette de reconnaissance. Suivons l'ordre chronologique. Nous trouvons d'abord la grève des ovalistes (25 juin 1869), qui, pour me servir de l'expression du rapport présenté au congrès de Bâle, *ont eu raison de leurs exploiteurs, grâce à l'Association internationale des travailleurs.*

*Le 6 juillet* 1869, la Commission des ovalistes adhérait tout entière à l'Internationale et adressait un appel à toutes les sections. A la même date, cet appel et l'acte d'adhésion étaient envoyés aux membres du Conseil général des sections belges, et publiés par l'*Internationale* du 11 juillet 1869. Nous les reproduisons textuellement :

ASSOCIATION INTERNATIONALE DES TRAVAILLEURS.

SECTION DE LYON.

*Aux membres du Conseil général des sections belges.*

« Citoyens,

« Nous vous envoyons l'acte d'adhésion et l'appel des « ovalistes de Lyon aux sections. Vous avez eu à soutenir « bien des grèves, mais vous comprendrez toute l'importance de celle-ci. Des milliers de femmes et de jeunes « filles sont sans ouvrage, et elles ne demandent qu'une « journée de 2 francs. Pour l'honneur de l'*espèce humaine*, « il importe que nous ne les laissions pas succomber faute « de secours.

« *Pour la section de Lyon*,

« Albert RICHARD.

« 6 juillet 1869. »

### *Déclaration au Conseil général de Londres.*

Lyon, 6 juillet 1869.

« Nous, soussignés et soussignées, membres de la com-
« mission pour la grève des ovalistes de Lyon,
« Déclarons, en notre nom et au nom *des huit mille*
« *membres* qui composent la corporation que nous repré-
« sentons, adhérer à l'Association internationale des tra-
« vailleurs. Afin de rester dans les termes de la loi fran-
« çaise, les nouveaux adhérents ne constitueront aucune
« organisation ou association en France.
« Ils se contenteront d'envoyer chaque année leur coti-
« sation en bloc au Conseil général. »

(*Suivent les signatures. — Voir au bas de l'appel aux sections.*)

### APPEL A TOUTES LES SECTIONS.

Lyon, 6 juillet 1869.

« Citoyens et citoyennes,

« En qualité de membres de l'Association internationale
« des travailleurs, huit mille ouvrières ovalistes de Lyon,
« qui, depuis douze jours, soutiennent une grève pénible,

« font appel aux principes de la solidarité, qui est la base « de notre association. »

*La commission des ovalistes :*

*Le président*, A. TESTUD ; *le secrétaire*, C. BATTIE ; *le vice-président*, JOUFFROY, père ; *le trésorier*, Hyppolite PRAT ; *le secrétaire adjoint*, Henri CHAMPALBERT.

Les délégués : Auguste Giraud — Alexandre Buis — Frédéric Robin — Félix Curabet — Pichot — A. Eschalier.

*La présidente* : Philomène ROZAN.
*La vice-présidente* : Emilie BORIN.

Les déléguées : Elisa Faure — Rosalie Brillant — Froisine Faure — Froisine Clavel — Constance Dufay — Rose Falconnet.

Un appel était également adressé, le 18 juillet 1869, au Cercle des études économiques de Rouen, et porté à la connaissance de tous les groupes corporatifs composant la Fédération rouennaise ; il était reproduit le 24 juillet dans l'*Egalité* de Genève.

Les sections ne pouvaient rester sourdes à des appels si pressants ; la solidarité leur faisait un devoir impérieux de venir au secours d'une corporation dont l'adhésion devait être le point de départ de la réorganisation de la Section lyonnaise.

Des secours étaient aussitôt envoyés par les sections de Rouen, de Paris, de Marseille, de Genève et de Londres. Le Conseil général leur adressait une somme de 100 fr., (*Internationale*, 1er août 1869.) Elles recevaient du Locle une autre somme de 120 francs. Palix, leur délégué au Congrès de Bâle, accusait réception de cet envoi au Cercle international du Locle par une lettre en date du 18 juillet

1869, reproduite dans le *Progrès* du 7 août 1869. De son côté, Mme Law, membre du Conseil général, recueillait à Londres des souscriptions en leur faveur ; le citoyen Elisée Reclus était chargé de leur faire parvenir le produit d'une première souscription.

(*Internationale* numéro du 15 août 1869.
*Progrès du Locle* du 24 juillet 1869.)

Voici la note complète des sommes reçues par les ovalistes :

14 juillet 1869, des sections romandes, 35 francs ; du Locle, 120 fr. ; le 20 juillet, de Marseille, 100 fr. ; le 20 juillet, de Rouen, 500 fr. ; le 21, de Genève, 75 fr. ; le 27, de Genève, 200 fr. ; le 8 août, de Marseille, 40 fr. 80 c. ; le 9 août, de Genève, 125 fr. ; de Londres, 62 fr. 50 ; et de Paris, 65 fr. Total 1,323 fr. 30 c. (1).

A peu près à la même époque éclatait la grève des bronziers (13 juin 1869) ; eux aussi sollicitaient des secours. Ils s'adressaient au Conseil général pour un emprunt de 12,000 fr. ; et le 9 juillet 1869, Eugène Dupont leur faisait connaître que, la multiplicité des grèves existant alors en Angleterre (mécaniciens, mouleurs, fondeurs de fer, filateurs de Preston, mineurs), ne permettait pas aux sections anglaises de venir en aide à celles du continent. Ils faisaient en même temps appel aux autres corporations similaires et fédérations diverses, et grâce aux secours qu'ils en recevaient, ils amenaient les patrons à composition. Leur corporation s'était affiliée à l'Internationale. Elle envoyait au Congrès de Bâle un délégué qui devait remettre

(1) Des articles sur cette grève ont paru dans l'*Internationale* des 18 juillet et 1er août, dans le *Progrès* du 24 juillet, dans l'*Egalité* des 4, 18 et 24 juillet. Dans le numéro du 18 (*Internationale*) on parle de la « férocité de M. Bonnardel, qui va recruter des ouvrières « en Italie, et qui se livre à des battues habituelles dans les cam« pagnes pour y enrôler des filles de onze à douze ans, dont il « trompe les parents par de fallacieuses promesses. »

On se rappelle que son atelier fut le théâtre de scènes de violence et que toutes les vitres en furent brisées.

à Eugène Dupont le montant de leur cotisation. (*Egalité*, numéro du 14 août 1869. *Internationale*, 15 août 1869.)

Le 1<sup>er</sup> février 1870, les passementiers, dont l'adhésion à l'Internationale avait eu lieu le 1<sup>er</sup> août 1869, dans une assemblée générale de leur corporation tenue chez Fredouillère, se mettaient en grève. (*Internationale*, 15 août 1869.) Ils ne devaient pas tarder à être puissamment secourus ; la chambre fédérale des sociétés ouvrières de Paris leur envoyait, le 23 mars, par l'intermédiaire de Landrin, son secrétaire, la somme de 324 francs. Les bronziers lyonnais leur prêtaient 400 francs (10 et 16 mars) ; les menuisiers, les serruriers, les boulonniers, les chapeliers venaient à leur secours ; les passementiers stéphanois et la section internationale de cette ville leur adressait des fonds. La chambre syndicale des chapeliers de Paris leur consentait, le 25 mars, un prêt de 30 francs ; c'était Varlin qui était chargé d'en faire l'envoi. Le 21 mars, Lacour, secrétaire des passementiers parisiens, versait à la caisse du Conseil fédéral, pour leur être transmise, la somme de 188 francs 45 centimes ; le 28 mars, il leur adressait une nouvelle somme de 50 francs.

Le 4 mars, les passementiers lyonnais déléguaient leurs camarades à Saint-Etienne, pour édifier les ouvriers stéphanois sur la situation de la grève, dresser des listes de souscription et engager les passementiers stéphanois à ne pas venir travailler à Lyon. En même temps, les grévistes étaient dirigés sur Saint-Etienne, où leur placement dans les ateliers était fait par les soins de la section de cette ville. Une somme de 2,000 francs était votée par le Comité fédéral de Reims pour alimenter cette grève ; cette somme, il est vrai, n'a pu être envoyée.

La grève des imprimeurs sur étoffes de Neuville (Rhône), dont l'insuccès a été complet, avait été pourtant alimentée par l'Internationale : ainsi, le 17 février 1870, Perret, secrétaire général du Comité fédéral romand, rue du Cendrier, 14, à Genève, leur adressait une somme de 100 francs ; un autre envoi de pareille somme leur était fait le 14 février 1870. L'*Egalité* (numéro du 5 février 1870) annonçait que, par décision prise à l'unanimité dans l'assemblée extraordinaire de la section centrale de Genève du 10 janvier, les sociétaires avaient à payer une cotisation supplémentaire de 30 centimes par mois, pendant la durée de la grève de Neuville.

Le Conseil général de Londres leur faisait connaître, le 22 novembre 1869 et le 3 janvier 1870, combien il regrettait de se trouver dans l'impossibilité de les secourir; des appels étaient faits à toutes les corporations similaires en France et à l'étranger, notamment à Hilden (Prusse rhénane); des souscriptions étaient recueillies dans les ateliers de Lyon, parmi les tisseurs, etc. ; une collecte était faite à leur profit, le 9 février, à la Rotonde et produisait 136 francs. Enfin les imprimeurs sur étoffes de Paris leur faisaient un prêt de 13,000 francs ; ceux d'Avignon, un autre de 100 francs. A bout de ressources, ils ont dû reprendre leur travail.

La grève des fileurs de laine d'Elbeuf (27 septembre 1869) a eu un grand retentissement. Pour la soutenir, la Fédération rouennaise s'est mise à l'œuvre et a fait appel, dans le but de seconder ses efforts, à toutes les délégations du travail. Elle adressait, le 3 octobre 1869, un manifeste en leur faveur aux fédérations ouvrières internationales, les invitant à organiser des secours pour assurer le succès d'une grève *aussi légitime que nécessaire*. Ce manifeste, signé par le secrétaire de correspondance, Aubry, était publié dans l'*Internationale* (numéro du 10 octobre 1869). « Si nous triomphons, écrivait Aubry à Richard, le 16 oc-« tobre 1869, notre fédération sera l'une des plus fortes « de l'Europe, tellement cette grève fait du bruit. » Les sections ont répondu à cet appel : la section de Marseille a envoyé 1,000 francs. A Lyon, des souscriptions ont été faites en leur faveur ; les ouvriers lyonnais ont fourni : les bronziers, 200 francs ; les passementiers, 100 francs. Les ouvriers forgerons, menuisiers et autres corporations leur ont également fait parvenir leur cotisation. — (*Egalité*, numéro du 27 novembre 1869. — *Fédéracion*, 6 décembre 1869. — *Internationale*, 21 novembre 1869.)

Le 8 octobre 1869, Varlin envoyait à Aubry 800 francs ; les 16, 17 et 20 octobre, envoi de nouveaux fonds (1,800 francs); le 2 novembre, envoi de 1,000 francs, par Varlin ; le 4 novembre, 800 francs ; le 16 novembre 200 francs; le 25 octobre, la Fédération marseillaise leur faisait parvenir 1,050 francs.

Le Conseil général lui-même a envoyé des secours.

En Suisse, les mêmes procédés sont à l'ordre du jour. Nous lisons dans l'*Arbeiter*, organe de la section bâloise, que, pendant leur grève, les rubaniers, pour qui les présidents et délégués des sections de Bâle et des environs avaient fait aux travailleurs de tous les pays un appel reproduit dans l'*Egalité* du 30 janvier 1869, ont reçu des secours de tous les côtés : de Suisse, d'Angleterre, d'Allemagne, de Belgique. Ce même journal ajoute : « que la « section des menuisiers de Genève s'est distinguée par « son dévoûment, qu'elle a voté par acclamation trente « centimes par semaine et par homme, pour tout le temps « de la durée de cette grève. » — (*Egalité*, 23 janvier 1869. — *Internationale*, numéro du 31 janvier 1869.)

Dans le numéro de ce journal (*Internationale* du 14 février), le Conseil général belge annonçait qu'il « venait de « prendre l'initiative d'une souscription en faveur des « ouvriers de Bâle, si indignement maltraités par leurs « patrons; il espérait que cette idée serait bien accueillie « par les sections, et il envoyait une liste de souscriptions « à chacune d'elles. »

Quelques jours avant, l'*Egalité* (numéro du 6 février 1869) rendait compte que la souscription en faveur de ces « grévistes se continuait avec beaucoup d'entrain dans les « sections, et que bon nombre d'entre elles, à l'exemple « des menuisiers de Genève, avaient imposé à chacun de « leurs membres une somme de 25 à 30 centimes par se- « maine, pendant la durée de la grève; elle rappelait « qu'une liste de souscription était ouverte au bureau du « journal. Elle priait les autres journaux de reproduire « cet avis. »

Le Comité fédéral romand adressait à son tour l'appel suivant aux sections :

SUISSE.

## APPEL (1).

*Le Comité fédéral romand aux sections.*

« Chers camarades,

« Vous avez sans doute pris connaissance de l'appel fait « par nos camarades de Bâle, inséré dans le numéro 2 de « l'*Egalité*.

« Votre comité, comprenant le mandat que vous lui « avez confié, croit de son devoir de vous recommander « cet appel. Il vous prie de le prendre en sérieuse considé- « ration. Vous ne voudrez pas laisser souffrir et écraser « des hommes qui ont montré, pendant cette crise, une at- « titude digne et énergique, et qui, malgré des menaces, « des provocations de la part de leurs adversaires, sont « restés calmes et ont méprisé les injures.

« Leur position malheureuse et leur fermeté à soutenir « les principes de l'Association internationale, nous font « un devoir impérieux de les soutenir jusqu'au bout ; leur « cause est la nôtre; en les laissant succomber, nous nous « frapperions nous-mêmes. Souvenez-vous, travailleurs, « qu'après leur tour viendra peut-être le nôtre.

« La cause est juste et légitime, montrons hautement « notre force en mettant en pratique nos principes; nous

(1) Un rapport sur la grève de Bâle, présenté dans une assemblée générale de toutes les sections, a été publié dans l'*Egalité* (numéros des 23 et 30 janvier 1869).

« devons prouver notre solidarité envers nos frères et vis-
« à-vis de nos ennemis. Organisez partout des secours en
« leur faveur; songez à ce que doivent souffrir, dans une
« pareille saison, des familles privées de secours. Vous
« ne resterez pas sourds, nous le croyons fermement, à
« notre appel.

« Déjà des sections ont envoyé des secours, des prêts;
« d'autres se sont imposé des cotisations d'honneur pour
« leur venir en aide; suivez cet élan généreux.

« Travailleurs, prouvez par vos actes que la solidarité
« fraternelle n'est pas un vain mot dans vos cœurs.

« Nous vous envoyons notre salut fraternel.

« Genève, le 1er février 1869.

« Pour le Comité fédéral :

« F. Brosset, président ; — H. Perret, secrétaire général.»

Les sections avaient compris que l'intérêt de l'Association internationale entière leur faisait un devoir de soutenir cette grève, surtout à l'approche du Congrès qui devait avoir lieu dans cette ville et dont on cherchait à empêcher la réunion. Il importait de prouver par l'esprit de solidarité que les travailleurs étaient forts et résolus à poursuivre leur œuvre de rénovation sociale.

Les sections de Genève envoyaient bientôt 2,000 francs; d'autres villes de la Suisse et plusieurs sections des autres pays faisaient également l'envoi de sommes importantes. Les sections d'Anvers, de Bruxelles, de Courcelles imitaient cet exemple. La section des Dames de Genève, voulant leur donner un témoignage collectif de sympathie, votait, à l'unanimité, dans son assemblée générale du 7 février, l'envoi d'une somme de 30 francs, *exprimant le regret que la section soit trop nouvelle pour posséder plus en ce moment*. (*Egalité*, numéro du 13 février 1869. — *Internationale*, 28 février 1869) (1).

---

(1) Nous reproduisons l'adresse de cette section aux pièces annexées.

A Paris, dans une réunion publique tenue à Belleville, le citoyen Héligon, membre de l'Internationale, faisait une collecte dont le produit était de 135 francs; il était convenu, qu'à chaque réunion, pendant toute la durée de la grève, on recevrait des cotisations. (*Internationale*, 28 février, et *Egalité*, 13 février 1869.)

Les ouvriers parisiens adressaient à leurs camarades un appel en faveur de leurs frères bâlois, et l'*Egalité* (numéro du 20 mars 1869) annonçait que les ouvriers bâlois avaient reçu de ceux de Paris, en dons ou en prêts, une somme de plus de 3,000 francs.

Les Bâlois recevaient également de Nice la somme de 80 francs. (*Egalité*, 27 février 1869.)

A Gand, au mois de janvier 1869, les tisserands de l'usine Luppens se mettaient en grève. Ces ouvriers avaient recours à l'Internationale; la section gantoise, notamment la société des tisserands, mettait largement sa caisse à contribution et faisait appel à la section centrale de Bruxelles: celle-ci faisait appel aux associations affiliées des autres sections. Des avances de fonds arrivaient de tous les points: grâce à ces avances, les grévistes gantois partaient pour Roubaix, où du travail leur était assuré. (*Egalité*, numéro du 23 janvier 1869.)

Lorsqu'il s'agit des grèves de mineurs, le triomphe est assuré d'avance : quelques semaines de lutte, et les patrons sont vaincus. « L'interruption du travail dans les mines, « lisons-nous dans l'*Internationale*, à propos de la grève « des mineurs de zinc d'Iserlhon (Westphalie), si elle se « prolonge au delà de quatre semaines, doit avoir pour « conséquence inévitable de ruiner complétement les bour- « geois. Les fourneaux des fonderies sont éteints, et la « cessation du travail entraîne des pertes incalculables. Les « ouvriers n'ont qu'à tenir bon, et le succès ne peut que « *couronner leur héroïque résistance.* » (*Egalité*, 20 fé- « vrier 1869, *Internationale*, 28 février 1869.)

Les ouvriers goûtent d'ordinaire des arguments aussi décisifs, adhèrent à l'Internationale, si déjà ils ne sont pas affiliés, se partagent les secours qu'ils reçoivent, et attendent avec calme que les bourgeois s'inclinent et ratifient leurs prétentions.

Recherchons maintenant, si, comme l'a prétendu le *Gau-*

*tois* (1), l'Internationale est restée complétement étrangère à la grève du Creuzot. Les preuves de son immixtion abondent : elle s'explique d'ailleurs naturellement : « Cette « grève était trop sérieuse, écrivait Aubry de Rouen, le « 4 avril, à un de ses amis de Lyon, Louis Martin, *pour « ne pas attirer l'attention de tous ceux qui songent à « l'affranchissement du prolétariat.* » A ce titre, l'Internationale ne pouvait manquer d'intervenir : un de ses correspondants, et l'un des membres les plus actifs, Malon, était l'âme des grévistes : il s'était installé au Creuzot, il soutenait de ses conseils et de ses encouragements la résistance ouvrière, faisait un appel pressant à toutes les sections, leur retraçait, *avec des détails déchirants*, la misère, l'état de servage et de dénûment des *opprimés creuzotains* (2).

Les Fédérations ouvrières de la France et de l'Europe s'étaient émues ; elles poussaient le cri d'alarme en publiant des manifestes appelant toutes les classes ouvrières à venir au secours de leurs frères pour les aider à triompher et à faire prévaloir leurs justes réclamations. Tous ces manifestes méritent d'être reproduits :

## FÉDÉRATION MARSEILLAISE (3).

### *Association internationale des Travailleurs.*

(Section de Marseille.)

LA GRÈVE DU CREUZOT.

« Encore un fait à ajouter à l'histoire du Travail ; une « date à la chronologie de la misère ; un article aux « cahiers de la revendication.

---

(1) *Gaulois*, article sur l'Internationale, mai 1870, — Georges Froissard.

(2) Des articles sur la grève du Creuzot ont été publiés dans l'*Internationale*, numéro du 30 janvier ; dans l'*Egalité*, numéro du 5 février 1870 ; dans la *Solidarité* du 16 avril 1870 ; *Federacion*, 3 avril 1870 ; *Mirabeau*, 6 et 16 avril 1870 ; *Solidaridad*, 9 avril 1870 ; *Internationale*, 3 avril 1870 ; *Egalité*, 2 avril 1870 ; *Federacion* du 30 janvier 1870, 6 et 13 février 1870 ; *Internationale*, 30 janvier 1870 et 17 avril 1870.

(3) Ce manifeste a été publié dans le *Mirabeau* de Verviers (numéro du 24 avril 1870).

« Jugulée par une politique honteuse et réactionnaire, « la grande voix du peuple, pour se faire entendre, em- « prunte un autre organe plus terrible : la GRÈVE.

« Voilà bien le triste résultat de quatre-vingts années « de monarchisme et d'anarchie économique.

« Ce qu'il faut admirer le plus dans ces conflits pério- « diques entre les deux classes sociales, de jour en jour « plus hostiles et plus menaçantes, ce n'est pas la sombre « énergie que le prolétaire puise dans la justice de sa « cause, mais bien plutôt l'imprévoyance des feudataires « de l'industrie, — sinon leur entêtement à méconnaître le « progrès de la raison dans l'esprit et du droit dans la « conscience; dominateurs de tous les temps, suivant la « filière de l'hérédité, — exploiteurs d'hier, ils veulent « l'être aujourd'hui, demain, toujours, et cela, parce qu'ils « ne conçoivent rien de ce qui est progrès, comme si leur « cœur et leur intelligence habitaient dans les ténèbres.

« La Grève c'est l'*éruption endémique du mal social.*

« Combien ignorent ou feignent ignorer l'existence de « ce mal?

« Ce serait vouloir diminuer et rétrécir singulièrement « les vues de l'histoire, — et encourir une grave responsa- « bilité, — que d'admettre que ces guerres d'atelier doivent « se circonscrire dans ce domaine et qu'il appartient à « l'esprit de parti... révolutionnaire seulement de les « ériger en « questions sociales. »

« Comme si l'harmonie existait dans nos lois.

« Comme si la société actuelle avait pour base juridique : « le contrat

« Organiquement, la société actuelle aboutit à la grève; « ce n'est ni la paix ni la justice.

« Il se passe sous nos yeux de singuliers spectacles que « l'Etat et l'Eglise nous offrent. — L'organisation du pou- « voir absolu est à l'ordre du jour à Rome et à Paris; « étrange coïncidence! La théocratie et l'aristocratie re- « prennent courage et essayent l'offensive sur la Révolu- « tion trahie par la Bourgeoisie, — sa fille aînée. — Qui- « conque observe aura tôt saisi les fils de cette odieuse « trame, de cet attentat prémédité contre les principes de « la société moderne et du droit des peuples. Vaines et im- « puissantes tentatives!

« Le mouvement qui se produit, profond et sérieux, « dans toute la classe ouvrière, répond aux agissements « des ennemis implacables de la Démocratie universelle. « *Que l'Etat, l'Eglise et la Bourgeoisie se coalisent pour* « *une œuvre d'imposture et d'ignominie*,— le peuple ven- « geur les confondra dans une même ruine.

« Le principe solennel autour duquel le peuple doit se « grouper, c'est la solidarité.

« Nous faisons appel aux intéressés, c'est-à-dire à tous « les déshérités, aux travailleurs : l'anarchie est en haut; « organisons-nous en bas! »

« La féodalité tend à se reconstituer pour nous ravir les « conquêtes de 89 et de 92; — le suffrage universel est « menacé; les fruits de *cinq révolutions seraient per-* « *dus pour nous si nous ne nous redressions forts et dé-* « *fiant les traînards de la civilisation d'oser porter leur* « *main sacrilége sur le sanctuaire de la justice sociale*.

« Les ouvriers du Creuzot sont les premières victimes « d'une lutte déjà commencée. — Notre devoir est de les « secourir, ne l'oublions pas.

« *Le Secrétaire correspondant*,

« A. BASTÉLICA

« Les souscriptions sont reçues à la CHAMBRE FÉDÉRALE, « rue Dauphine, 5, au 1er, tous les soirs, de 9 à 10 heures « et demie. »

## ASSOCIATION INTERNATIONALE (1)

### SECTION DE PARIS.

### *Manifeste.*

« Encore une fois, le prolétaire asservi, affamé, outragé, « se révolte contre l'oppression écrasante du capital.

(1) Ce manifeste a paru dans l'*Egalité* du 9 avril 1870, dans le ***Mirabeau*** de Verviers du 24 avril 1870, dans la ***Féderacion*** du 17 avril 1870 et la *Marseillaise* du 6 avril 1870.

« Plus que toutes celles que nous avons vues jusqu'à ce « jour, la grève du Creuzot accuse le vice fondamental de « l'état économique actuel.

« Le sol, cause première d'existence de l'humanité, les « machines, produit du travail collectif de plusieurs géné- « rations, sont là monopolisés entre les mains de quelques « capitalistes qui détiennent ainsi les moyens d'existence « de toute une population, et forcent jusqu'aux femmes à « se révolter, désespérées contre cette monstrueuse exploi- « tation.

« La loi donne au capitaliste le droit de réduire par la « faim le prolétaire à la servitude; mais ce n'est pas « assez!

« Elle arrache encore à leurs familles les fils des prolé- « taires pour les courber sous une discipline abrutissante « et les contraindre à protéger le riche impudent et égoïste, « à intimider, pourchasser, arrêter leurs frères qui, dans « un suprême héroïsme, préfèrent la famine absolue à « cette famine lente que leur imposent les potentats de « la société moderne!

« Aubin, La Ricamarie, en France, L'Epine en Belgique, « Bâle en Suisse, démontrent péremptoirement que le « mal que nous subissons n'est pas localisé, mais s'étend à « l'univers entier.

« Travailleurs de tous les pays, tendons une main fra- « ternelle aux mineurs du Creuzot qui luttent avec tant de « courage et d'abnégation pour notre cause à tous : *l'af- « franchissement du travail!*

« Et vous, frères! continuez votre résistance opiniâtre, « ne faiblissez pas, ne redoutez aucune résistance étran- « gère, le travail n'a plus de frontières : les travailleurs « du monde entier sont avec vous!

» Salut et solidarité.

« Les sections de Vaugirard, Meudon, Clichy, « Puteaux, Batignolles, Belleville, de l'Est « (faubourg Saint-Denis), la Maison-Blanche, « relieurs, lithographes, bijoutiers, cordon- « niers, ferblantiers, peintres en bâtiment, « dessinateurs sur étoffes, opticiens, cercles « d'études sociales, et section allemande.

*N. B.* « La rédaction du journal l'*Egalité*, organe « officiel des sections internationales de la Suisse Ro- « mande, croit devoir, en leur nom, s'associer complé- « tement à la protestation parisienne, sans crainte d'être « désavouée. »

## FÉDÉRATION ROUENNAISE (1).

### *Association internationale des Travailleurs.*

(Section de Rouen.)

#### LA GRÈVE DU CREUZOT.

« Citoyens travailleurs,

« La Fédération rouennaise, justement émue des graves « événements qui s'accomplissent depuis le 21 mars au « Creuzot, croit qu'il est de son devoir de suivre l'exemple « de ses sœurs de Marseille et de Paris.

« Le capital, dans la personne de M. Schneider, vice- « roi de l'énergique et laborieuse population du Creuzot, « continue de violer les imprescriptibles lois de la justice. « Vaincu par le droit, il ose faire appel à la force maté- « rielle, qui ordinairement ne doit intervenir qu'à la con- « dition que la propriété ou les personnes soient mena- « cées. Mais, ô contradiction des lois économiques qui « nous régissent! cette force matérielle est aux ordres des « oppresseurs du travail. Des milliers d'ouvriers, victimes « d'un ordre social qui viole chaque jour la plus sainte des « propriétés, le salaire, réclament, au nom de la loi des « coalitions une augmentation, de la part qu'ils apportent

(1) Ce manifeste a été publié par le *Mirabeau* (numéro du 24 avril 1870) et la *Marseillaise* du 13 avril 1870.

« dans la production de la richesse. Malgré la justice et « la dignité de leur demande, un seul homme investi de « fonctions supérieures, gérant principal d'une usine, « manipulateur de plusieurs millions, abuse de cette posi- « tion, et dédaigne toute conciliation : jamais le capital ne « s'était montré plus insolent, plus arrogant et plus mé- « prisable.

« Aux femmes qui demandent avec leurs époux le droit « de vivre en travaillant, on oppose des escadrons de ca- « valerie ; aux ouvriers qui démontrent l'impossibilité « d'équilibrer leur budget en travaillant beaucoup, on ré- « pond par un déploiement de forces militaires considé- « rables.

« Ces procédés d'un autre âge révoltent la conscience « publique. Employer le fils pour forcer sa mère et son « père à se contenter de ce que veut bien leur donner le « seigneur du lieu, parce que ce dernier se croit le droit « de disposer des forces nationales, est une grave atteinte « au DROIT public.

« La masse entière, qui pense et travaille, proteste con- « tre de pareils faits.

« Profondément affligée de l'opiniâtre résistance de l'a- « veugle INDUSTRIEL FINANCIER qui oublie ou feint d'oublier « que ce sont les sueurs de ses victimes qui lui ont pro- « duit ses millions, la Fédération ouvrière rouennaise fait « appel au généreux esprit de solidarité qui anime la vieille « cité normande, pour seconder l'héroïque revendication de « nos frères et sœurs du Creuzot.

« Elle est convaincue que tous comprendront que ce « qui se passe en ce moment est la lutte suprême du tra- « vail opprimé contre le capital oppresseur.

« Autrefois, nos pères, dans les moments solennels, « criaient aux armes! pour défendre nos libertés violées. « Nous, les pionniers de l'affranchissement du prolétariat, « crions au secours! pour empêcher la violation de notre « existence.

« Nous sommes convaincus que les derniers exemples « de solidarité que nous ont donnés nos frères des dépar- « tements, lors de nos grèves, ne resteront pas lettre « morte. Souvenons-nous! et n'oublions pas que la cause

« que défendent nos braves camarades du Creuzot est celle « du prolétariat.

« Notre concours sera d'autant plus apprécié que, mal- « gré les continuelles atteintes portées chaque jour à nos « salaires par nos seigneurs de la filature, nos frères sau- « ront que nous nous imposons de nouveaux sacrifices « pour la défense du droit.

« A l'œuvre! citoyens, et que chacun de nous fasse son « devoir. Des milliers d'ouvriers, des centaines d'épouses « et de mères attendent le résultat de notre dévouement « pour continuer la lutte. Leur triomphe est certain, si « nous comprenons tous qu'en les faisant triompher, nous « triomphons nous-mêmes.

« Certaine d'être entendue, la Fédération, en votre nom, « dit à ses courageux frères du Creuzot : Continuez la lutte « jusqu'à ce que le seigneur Schneider ait fait droit à vos « justes réclamations. Persistez à exiger la gestion de vos « épargnes que le despotisme du million ne veut pas vous « rendre.

« La Fédération rouennaise admire votre résignation et « vous adresse un salut fraternel.

« Pour le Comité central :

« *Le Secrétaire de correspondance,*

« Rouen, 7 avril 1870. E. Aubry (1).

« *N. B.* Les souscriptions sont reçues au siége de la Fé- « dération, rue du Bac, n° 68, et chez le secrétaire de cor- « respondance, rue de l'Amitié, n° 12, à Rouen. »

(*La Réforme sociale.*)

---

(1) Emile Aubry a pris une part des plus actives à l'insurrection du 18 mars : il est actuellement prisonnier.

## APPEL (1)

*A toutes les Sections de la Fédération romande de l'Association internationale.*

« Frères travailleurs,

« Un cri de douleur et d'indignation s'élève et retentit « d'un bout à l'autre de la France, notre sœur aînée. La « Sainte-Alliance du chassepot et du capital fait subir de « rudes épreuves au travail et aux travailleurs. Les hommes « et les femmes demandent à satisfaire tant bien que mal « leur faim au prix d'un travail excessif. Le privilége, « par la bouche de ses exécrables créatures, telles que « Schneider et consorts, leur répond par le fer et par la « prison : ils n'avaient pas de pain, nos frères et nos sœurs, « ils n'auront plus de toit ! »

« En attendant les grands jours de la Revendication des « peuples, nous avons pour le moment un devoir pressant « à remplir, camarades. Il se trame une coalition du pri- « vilége contre les peuples, pareille à la coalition de « 1792 : elle fait ses orgies en Irlande comme en Autriche, « en Espagne comme en Italie, en Allemagne comme en « Russie.

« La grande Révolution fut assassinée par une coalition « semblable, faute de solidarité des peuples. Réalisons « donc cette solidarité, et non par des paroles, mais par « des actes. Venons en aide à nos frères et sœurs du Creu- « zot. Répondons par notre obole à l'appel de nos sections « internationales des fédérations parisienne et rouennaise ; « prélevons sur notre travail ce qu'il est encore possible « de prélever, ne fût-ce qu'un sou, et souvenons-nous

(1) Ce manifeste a paru dans l'*Egalité* du 16 avril 1870.

« toujours de cette parole véridique de notre ami Aubry
« (de la fédération rouennaise); n'oublions pas que la cause
« que défendent nos braves camarades du Creuzot est celle
« du prolétariat tout entier. »

La souscription est ouverte au Temple Unique.

Le Comité fédéral (nouveau et sortant),

GUÉTAT, WEYERMANN, H. PERRET, N. PERRET, MARTIN, CHÉNAZ, DUVAL, DUTOIT, TELLIER, ROSSETTI.

Genève, 15 avril.

A la même époque, la *Solidarité*, autre organe des sections de la Suisse romande, publiait, elle aussi, un manifeste, et ouvrait une souscription en leur faveur, chez Quartier, Grande-Rue, au Locle (numéros des 16 et 23 avril 1870).

Des souscriptions étaient recueillies à Lyon (1), à Saint-Etienne, dans les bureaux de la *Marseillaise ;* les sections internationales formant la Fédération romande envoyaient « *leur obole fraternelle.* »

La *Réforme Sociale* de Rouen, dans son numéro du 24 avril 1870, annonçait que l'appel adressé par elle aux corporations de son arrondissement avait été entendu, et qu'une première somme de 142 francs venait d'être recueillie en deux jours : les secours arrivaient de tous côtés; la solidarité faisait des prodiges. Les meneurs redoublaient d'activité; mais leurs efforts ne pouvaient que retarder l'heure de la défaite et prolonger sans utilité une résistance dont la gravité n'échappait pas à ceux qui s'en étaient faits les fauteurs. Le 14 avril, le comité gréviste, dont le président était Assy (2), invitait les mineurs à retourner

---

(1) Les souscriptions recueillies à Lyon ont atteint le chiffre de 200 francs. La corporation des apprêteurs de tulles figure dans ce chiffre pour la somme de 41 fr. 10 c.

(2) Assy, a été nommé par la Commune de Paris gouverneur de l'Hôtel de Ville.

dans les puits : le même jour, il adressait cette déclaration à toute la démocratie. Elle était reproduite dans l'*Internationale* du 24 avril, par les soins de Malon, qui la faisait suivre de quelques considérations générales sur l'adhésion des mineurs à l'Association internationale.

Voici ce document :

« Le Creuzot, 15 avril 1870.

« Forcés, après vingt-trois jours de lutte inégale, de subir « les conditions arbitraires de notre seigneur et maître « Schneider, qui, à coups de millions gagnés par nos sueurs, « vient encore une fois de vaincre le droit, nous tenons, « avant de nous retirer, à remercier publiquement les dé- « mocrates qui nous sont venus en aide. Nous remercions « la courageuse *Marseillaise* et ses dévoués rédacteurs.

« Nous remercions aussi le *Rappel*, le *Progrès de Saône-* « *et-Loire*, le *Progrès de la Côte-d'Or*, l'*Eclaireur de* « *Saint-Etienne* et le *Peuple de Marseille*.

« Nous remercions encore tous ceux qui nous ont aidés « de leurs souscriptions et de leurs fraternelles paroles : « Les citoyennes de Lyon, la loge maçonnique les PHILAN- « TROPHES RÉUNIS, les ouvriers coupeurs en chaussures, « un groupe d'employés de la compagnie P.-L.-M., la « Chambre fédérale des ouvriers de Paris, les fédérations « de l'Internationale de Lyon, de Rouen, de Marseille, les « sections de Paris, de la Ciotat et d'Auriol.

« Nous remercions spécialement les internationaux pa- « risiens des sections de Vaugirard, de Puteaux, de Cli- « chy, de Batignolles, du Cercle d'études, de Belleville, « de Meudon, de l'Est (faubourg Saint-Denis), des litho- « graphes, des cordonniers, des peintres en bâtiment, « des doreurs sur bois, etc., etc., ces courageux pionniers « de la Révolution sociale, et le citoyen Rochefort, ce fi- « dèle député du peuple, de leur courageuse initiative.

« Au nom de la démocratie républicaine socialiste, ils « ont adopté les familles de nos malheureux condamnés « du 9 avril. Notre cause a soulevé des sympathies uni- « verselles ; nous en sommes fiers, et, le cas échéant, « nous saurons, nous aussi, pratiquer la fraternité ou-

« vrière. En attendant, nous proclamons hautement notre « adhésion à la grande *Association internationale des « Travailleurs*, cette sublime franc-maçonnerie de tous les « prolétaires du monde, cet espoir de l'avenir d'égalité.

« A tous les démocrates qui nous sont fraternellement « venus en aide, merci!

« A tous les prolétaires, nous disons : solidarité!

« *Pour le Comité de la grève du Creuzot,*

« DURAND, POIGNOT, BOUDOT. »

« J'enregistre ces deux lettres avec tristesse, mais avec « espoir cependant.

« Les prolétaires ne sont vaincus que par les millions.

« Quand un seul individu dispose sans contrôle du tra- « vail et de la richesse de tout un pays; quand ce déposi- « taire ne reconnaît aucun devoir social et n'use de sa po- « sition exceptionnelle que pour payer des dividendes « scandaleux aux actionnaires et entasser, pour lui-même, « millions sur millions; quand il emploie ces ressources « fabuleuses à maintenir dans la sujétion, la misère et « l'ignorance des milliers d'ouvriers réduits à attendre « de son bon plaisir le travail, c'est-à-dire la vie de cha- « que jour; quand l'armée est employée à terroriser une « population désormais dépouillée et calomniée; que la « justice elle-même est aux ordres de l'exploitation capi- « taliste, les prolétaires doivent être momentanément ré- « duits, mais non vaincus.

« Ils ont « revu le soleil, » comme ils disent, acquis le « sentiment de la solidarité et de la liberté; ils appartien- « nent désormais au grand mouvement international qui ne « s'arrêtera que lorsque la revendication sociale sera « achevée. Leur droit reste entier; et, contre l'ennemi, la « revendication est éternelle.

« Cependant M. Schneider a commencé son œuvre de « vengeance : on parle ce matin de plus de cent ren- « vois.

« Faites, implacable vieillard; si vous pouvez vous van- « ter d'avoir terrifié les ouvriers, d'avoir semé le deuil

« dans les familles, d'avoir employé les produits du travail humain à comprimer les producteurs et à étouffer « leurs plus légitimes réclamations ; si vous pouvez vous « glorifier d'avoir fait frapper les plus courageux d'entre « eux de condamnations généralement réprouvées, vous « n'aurez pu au moins affamer les femmes et les enfants, « que vous avez privés de leurs soutiens ; les républicains « y ont mis bon ordre.

« Le présent est à vous, qui représentez la force ; mais « nous représentons la justice et la solidarité, et l'avenir « nous appartient.

« En attendant, vous êtes démasqué (1) Malon. »

Mais la cessation de la grève ne devait pas arrêter l'envoi des fonds : il fallait secourir les familles des condamnés d'Autun. En présence de cette situation, le Conseil général belge envoyait aux houilleurs du Creuzot l'adresse suivante :

## AUX TRAVAILLEURS DU CREUZOT.

« Compagnons,

« Après plusieurs semaine d'une lutte héroïque, sou- « tenue en dépit des menaces, de la présence des troupes, « des tribunaux, enfin, des nombreux moyens d'intimida- « tion dont disposent les hauts barons de l'industrie, la « misère, la faim seules ont pu vous contraindre à céder.

« Les journaux réactionnaires de toutes nuances battent « des mains et chantent victoire : il se sont trop pressés « de chanter.

« Ce qu'ils considèrent comme une bataille décisive, ce

(1) Le 7 avril, Malon écrivait à Combault : « J'espère, avant de « partir, asseoir sur des bases solides la section de l'Internationale « commencée par Varlin. (*Gazette des tribunaux*, 1er juillet 1870.) Le 19 du même mois, de Fourchambault, il lui annonçait que des sections nombreuses étaient fondées au Creuzot.

« n'est qu'un simple engagement d'avant-garde. Battus au-
« jourd'hui, les socialistes recommencent la lutte demain,
« et après-demain, et encore et toujours.

« Les deux grèves du Creuzot, bien loin que leur non-
« réussite puisse nuire en quoi que ce soit à la cause
« ouvrière, ont au contraire servi à montrer, dans toute sa
« nudité cynique, ce despotisme industriel auprès duquel
« le despotisme politique n'est qu'un fantôme, et qui, ici, se
« combine avec le despotisme politique. Toute l'Europe a
« su qu'en France il y a des localités industrielles où l'on
« est redescendu plus bas qu'avant 89; qu'au Creuzot, un
« *M. Schneider, qui a ramassé une fortune scandaleuse*
« *dans le sang des misérables*, est seul maître souverain au
« milieu de milliers d'esclaves; que, caricature grotesque
« d'Auguste qui avait réuni en lui toutes les magistratures,
« seul, il distribue le travail, c'est-à-dire la source de vie;
« seul, il décide des salaires; seul, il décrète les impôts;
« seul, il donne à loger, à manger, à boire. C'est lui qui
« dresse les plans des rues et des routes, comme des juge-
« ments des magistrats ou des agissements de la police.
« C'est lui qui fait mouvoir les troupes, et, au besoin, com-
« mandera le feu. C'est lui qui nomme son conseil muni-
« cipal, comme il se nomme lui-même député. Ce serait
« risible, si ce n'était horrible : des milliers d'hommes sont
« livrés *pieds et poings liés à un vampire.*

« C'est grâce à votre courageuse fermeté que la France et
« l'Europe ont connu ces turpitudes, si honteusement glo-
« rifiées par un jury, qui a déclaré M. Schneider *hors con-*
« *cours* pour sa sollicitude envers les ouvriers.

« Cette considération diminuera, nous l'espérons, les
« douleurs et les angoisses de la défaite; elle soutiendra
« dans leurs épreuves les victimes de la partialité des tri-
« bunaux. La solidarité ouvrière, qui étend déjà ses ra-
« meaux partout, s'efforcera autant que possible de soula-
« ger les maux résultant de la grève. A l'exemple de nos
« frères de France, nous avons ouvert des souscriptions
« pour vous venir en aide. Nous vous adressons un pre-
« mier envoi de 50 francs, provenant : 15 francs d'une
« collecte faite parmi les houilleurs du Borinage; 19 francs

« d'une collecte faite parmi les houilleurs du Centre (1) ; « 16 francs comme première souscription de la section « bruxelloise.

« Nous comptons pouvoir vous envoyer prochainement « une plus forte somme.

« Nous terminons en vous souhaitant bon courage, et avec « l'espoir que bientôt viendra le jour de la revanche.

« Salut et fraternité,

« Au nom du Conseil général belge de l'Association in- « ternationale des Travailleurs,

« *Le Secrétaire général*,

« Eugène Hins. »

Bruxelles, le 19 avril 1870.

(*Internationale* du 24 avril 1870) (2).

Les ouvrières de Lyon envoyaient, elles aussi, leur adresse; elles y exposaient le programme de la Révolution sociale, et le rôle que les femmes sont appelées à y jouer. Cette adresse a été reproduite dans la *Marseillaise* et dans le journal la *Solidarité* du 16 avril 1870.

« Citoyennes,

« Votre attitude ferme et énergique, en face des insolentes « provocations de la féodalité du jour, est vivement appré- « ciée par les travailleurs de tous les pays, et nous, nous « éprouvons le besoin de vous adresser nos félicitations.

« Ne faiblissez pas, citoyennes; montrez à cette aristo- « cratie impudente et rapace que les exploités, aujourd'hui « unis et solidaires, ne se laisseront plus intimider par ses « odieux procédés; on peut, encore aujourd'hui, les affa-

---

(1) Dans une réunion des sections du Centre, à la Louvière, le 18 avril 1870.

(2) Ce manifeste a paru dans la *Marseillaise* du 23 avril 1870.

« mer, les emprisonner, mais non pas les dompter, car ils « savent que la dernière victoire leur appartient.

« Ce jour-là, les oppresseurs de toutes races auront « accumulé tant de griefs, soulevé tant d'indignation, que, « sans être prophète, on peut prévoir une éclatante re- « vanche.

« Et cependant nos gouvernants pouvaient parer à ces « éventualités, en acceptant les réformes sociales et éco- « nomiques à mesure qu'elles s'imposaient. Mais non; « pour régler les différends entre les exploiteurs et les « exploités, entre les parasites et les producteurs, l'Em- « pire n'a rien trouvé de mieux que le chassepot, qu'il « vient de mettre à la disposition de la classe des capita- « listes, sa complice et son alliée, et celle-ci, derrière un « rempart de 800,000 poitrines de soldats, jette insolem- « ment le défi au monde travailleur!

« Eh bien! le défi est relevé, la guerre est désormais dé- « clarée, et elle ne cessera que le jour où le prolétariat sera « vainqueur, où les mineurs pourront dire : A nous les « mines! les cultivateurs : A nous la terre! et les ouvriers « de tous les métiers : A nous l'atelier (1)!

« Vous le voyez, amies, cette lutte que vous soutenez si « vaillamment n'est que la première phase d'une révolu- « tion économique et sociale gigantesque dont l'histoire « n'offre aucun exemple; car sa devise est : Plus d'exploi- « teurs, rien que des travailleurs!

« Permettez-nous un conseil, citoyennes : vous êtes éner- « giques, n'oubliez pas que vous êtes filles du peuple, « mères de famille. Parlez le langage de la vérité aux « soldats qui vous entourent, victimes du malheur, courbés « comme vous sous le joug du despotisme. Dites à ces « malheureux enfants du peuple que ces hommes qu'ils « ont l'ordre de poursuivre ne sont pas, comme on le « leur fait entendre, des fauteurs de troubles, gens sus- « pects, soudoyés par un parti politique quelconque, mais « bien vos pères, vos frères, vos époux, vos amis, d'hon- « nêtes citoyens, leurs frères dans l'ordre social, et « n'ayant commis d'autre crime que celui de revendiquer

---

(1) Ce passage a été reproduit par M. Jules Favre dans sa circu-culaire.

« le droit le plus sacré de l'homme, celui de vivre en tra-
« vaillant. De telles paroles, soyez-en certaines, les im-
« pressionneront, les feront réfléchir sur le triste rôle
« qu'on leur impose vis-à-vis de vous, et si vous parvenez
« à gagner à la cause des opprimés, qui est la leur, les
« cinq mille soldats campés au Creuzot, vous aurez bien
« mérité du prolétariat.

« Et maintenant, citoyennes, en attendant le triomphe
« de la cause des travailleurs, nous vous serrons fra-
« ternellement les mains et vous crions : Courage et
« espoir!

« Ont signé :

« Virginie Barbet. — Anaïs Aury. — Marie Guillot. — Louise Tailland. — Marie Pingeon. — Clotilde Comte. — Anne Jacquier. — Louise Jacquier. — Félicie Jacquier. — Marie Macon. — P. Macon. — Eléonore Berlioz. — Marie Picoud. — Marguerite Robergeon. — Femme Prost. — Femme Palix, etc. — (*Solidarité*, 16 avril 1870.) »

Pendant la grève de Fourchambault, Malon se rendait encore auprès des grévistes; le 19 avril, il écrivait de cette ville à son ami Combault « que la grève était perdue, mais que des sections nombreuses étaient fondées à Fourchambault (1).

Tous ces documents sont une preuve irrécusable du rôle que l'Internationale joue chaque jour dans les grèves.

Nous avons prétendu que, pour faire réussir les grèves, les ateliers étaient mis en interdit, que des amendes étaient prononcées contre les patrons, que les fabriques étaient mises à l'index et qu'il était défendu aux ouvriers de s'y embaucher avant le payement des amendes encourues par

---

(1) Nous devons ajouter que, le 27 janvier 1870, le Conseil général envoyait 3,000 francs aux ouvriers du Creuzot, et que plus de 50,000 francs ont été fournis par lui pour alimenter cette grève.

les chefs. Nos allégations sur ce point sont confirmées par cette pièce :

« La Commission exécutive..... dans la séance du..... a pris la résolution suivante :

« Considérant la conduite que M... tient vis-à-vis des ouvriers en les renvoyant pour le seul motif qu'*ils font partie de la Société*, déclare à tous les ouvriers de la corporation que *son atelier est interdit*, et les prie en même temps de s'abstenir de se présenter chez lui.

« Avec l'autorisation de la Commission, les délégués soussignés (*Suivent les signatures*). »

Lorsque des ouvriers essaient de reprendre leur travail, ils sont déclarés traîtres; cette déclaration est rendue publique par la voie des journaux de l'Internationale (1) et autres feuilles. Voilà la situation qui est faite aux ouvriers timides ou laborieux. On les enchaîne par la peur et par des menaces.

Nous aurions pu examiner encore d'autres grèves, étudier l'action de l'Internationale se traduisant par des appels aux sections, des subventions, etc. ; mais comme ses procédés sont partout les mêmes, il suffira d'avoir cité quelques faits et rapporté quelques exemples pour que tout le monde soit convaincu des menées de l'Internationale en matière de grèves.

Un mot, en terminant, sur le mode d'emprunt contracté par les corporations qui se mettent en grève. Quand un appel de fonds est fait, le secrétaire correspondant de la fédération convoque immédiatement le Comité fédéral composé des délégués de toutes les corporations; séance tenante, le Comité se prononce, puis convoque toute la fédération, si c'est nécessaire ; le plus souvent on communique la demande à toutes les corporations affiliées et aux sections comprises dans le ressort de la fédération. Le prêt

---

(1) Une déclaration de ce genre a été insérée, lors de la grève des graveurs et guillocheurs du Locle, dans le *Progrès* de cette ville (numéro du 7 août 1869). Il s'agissait de sept ouvriers qui avaient eu le *courage de rentrer dans leurs ateliers*.

effectué, c'est la fédération tout entière qui se déclare garante de son remboursement, et non pas seulement la corporation qui emprunte.

## VI

## Statuts de l'Internationale.

Nous avons déjà indiqué que, lors de l'organisation de l'Internationale, au mois de septembre 1864, un comité fut élu avec mission d'élaborer les statuts de l'Association; nous avons reproduit plus haut le règlement provisoire qui fut alors adopté.

Les statuts généraux, encore un vigueur, ont été discutés et acceptés au Congrès de Genève de 1866, dans la séance du mercredi 5 septembre.

On nomma une commission composée de 13 membres, qui fut chargée d'élaborer le projet de statuts. Ces statuts furent discutés en séance publique. Une vive discussion s'engagea sur le point de savoir si les ouvriers de la pensée pouvaient être assimilés aux travailleurs et, à ce titre, admis dans l'Association. Les délégués français s'opposaient à leur admission; ils faisaient valoir la différence qui existe entre ces deux ordres du travail, et représentaient le danger qu'il y avait à laisser envahir l'Association par des ambitieux, par des hommes de partis, des avocats, des journalistes, etc. Les délégués anglais, les délégués allemands et M. Vuillemier, délégué de la Chaux-de-Fonds, protestaient énergiquement contre cette exclusion; leur opinion prévalut.

Voici les statuts présentés par la Commission et adoptés définitivement par le Congrès. Nous ferons connaître également le règlement qui fut alors établi.

## Statuts généraux

### *de l'Association internationale des travailleurs, adoptés par le Congrès de Genève*, 1866.

Considérant :

Que l'émancipation des travailleurs doit être l'œuvre des travailleurs eux-mêmes, que les efforts des travailleurs pour conquérir leur émancipation ne doivent pas tendre à constituer de nouveaux priviléges, mais à établir pour tous les mêmes droits et les mêmes devoirs ;

Que l'assujettissement du travailleur au capital est la source de toute servitude politique, morale et matérielle ;

Que, pour cette raison, l'émancipation économique des travailleurs est le grand but auquel doit être subordonné tout mouvement politique ;

Que tous les efforts faits jusqu'ici ont échoué, faute de solidarité entre les ouvriers des diverses professions dans chaque pays, et d'une union fraternelle entre les travailleurs des diverses contrées ;

Que l'émancipation des travailleurs n'est pas un problème simplement local ou national ; qu'au contraire ce problème intéresse toutes les nations civilisées, sa solution étant nécessairement subordonnée à leur concours théorique et pratique ;

Que le mouvement qui s'accomplit parmi les ouvriers des pays les plus industrieux de l'Europe, en faisant naître de nouvelles espérances, donne un solennel avertissement de ne pas retomber dans les vieilles erreurs et conseille de combiner tous les efforts encore isolés ;

Par ces raisons :

Le Congrès de l'*Association internationale des travailleurs*, tenu à Genève le 3 septembre 1866, déclare que cette association, ainsi que toutes les sociétés ou individus y adhérents, reconnaîtront comme devant être la base de leur conduite envers tous les hommes, la *Vérité*, la *Justice*, la *Morale*, sans distinction de couleur, de croyance ou de nationalité.

Le Congrès considère comme un devoir de réclamer non-seulement pour les membres de l'Association les droits de l'homme et du citoyen, mais encore pour quiconque accomplit ses devoirs. *Pas de devoirs sans droits, pas de droits sans devoirs.*

C'est dans cet esprit que le Congrès a adopté définitivement les statuts suivants de l'*Association internationale des Travailleurs* :

Article premier. — Une association est établie pour procurer un point central de communication et de coopération entre les ouvriers des différents pays aspirant au même but, savoir : le concours mutuel, le progrès et le complet affranchissement de la classe ouvrière.

Art. 2. — Le nom de cette association sera : *Association internationale des Travailleurs.*

Art. 3. — Le Conseil général se composera d'ouvriers représentant les différentes nations faisant partie de l'*Association internationale*. Il prendra dans son sein, selon les besoins de l'Association, les membres du bureau, tels que président, secrétaire général, trésorier et secrétaires particuliers pour différents pays.

Tous les ans, le Congrès réuni indiquera le siége du Conseil général, nommera ses membres et choisira le lieu de la prochaine réunion. A l'époque fixée pour le Congrès, et sans qu'il soit nécessaire d'une convocation spéciale, les délégués se réuniront de plein droit aux lieux et jours désignés. En cas d'impossibilité, le Conseil général pourra changer le lieu du Congrès, sans en changer toutefois la date.

Art. 4. — A chaque Congrès annuel, le Conseil général fera un rapport public des travaux de l'année. En cas d'urgence, il pourra convoquer le Congrès avant le terme fixé.

Art. 5. — Le Conseil général établira des relations avec les différentes associations ouvrières, de telle sorte que les ouvriers de chaque pays soient constamment au courant des mouvements de leur classe dans les autres pays. —

Qu'une enquête sur l'état social soit faite simultanément et dans un même esprit. — Que les questions proposées par une Société et dont la discussion est d'un intérêt général, soient examinées par toutes, et que, lorsqu'une idée pratique ou une difficulté internationale réclame l'action de l'association, celle-ci puisse agir d'une manière uniforme. — Lorsque cela lui semblera nécessaire, le Conseil général prendra l'initiative des propositions à soumettre aux Sociétés locales ou nationales.

Il publiera un bulletin pour faciliter ses communications avec les sections.

Art. 6. — Puisque le succès du mouvement ouvrier ne peut être assuré dans chaque pays que par la force résultant de l'union et de l'association;

Que, d'autre part, l'utilité du Conseil général dépend de ses rapports avec les Sociétés ouvrières, soit nationales, soit locales, les membres de l'*Association internationale* devront faire tous leurs efforts, chacun dans son pays, pour réunir en une association nationale les diverses sociétés ouvrières existantes. Il est bien entendu, toutefois, que l'application de cet article est subordonnée aux lois particulières qui régissent chaque nation; mais, sauf les obstacles légaux, aucune Société locale n'est dispensée de correspondre directement avec le Conseil général à Londres.

Art. 7. — Chaque membre de l'*Association internationale* en changeant de pays recevra l'appui fraternel des membres de l'association. Par cet appui il a droit : *a*) aux renseignements relatifs à sa profession dans la localité où il se rend; *b*) au crédit dans les conditions déterminées par le règlement de section, et sous la garantie de cette même section.

Art. 8. — Quiconque adopte et défend les principes de l'association peut en être reçu membre; mais cela, toutefois, sous la responsabilité de la section qui le recevra.

Art. 9. — Chaque section est souveraine pour nommer ses correspondants au Conseil général.

Art. 10. — Quoique unies par un lien fraternel de solidarité et de coopération, les Sociétés ouvrières n'en continueront pas moins d'exister sur les bases qui leur sont particulières.

Art. 11. — Tout ce qui n'est pas prévu par les statuts sera déterminé par les règlements revisibles à chaque congrès.

## RÈGLEMENT.

Article premier. — Le Conseil général est obligé d'exécuter les résolutions du Congrès.

A. Il rassemble dans ce but tous les documents que les sections centrales des différents pays lui envoient et ceux qu'il sait se procurer par une autre voie.

B. Il est chargé d'organiser le Congrès et de mettre son programme à la connaissance de toutes les sections par l'intermédiaire des sections centrales des différents pays.

Art. 2. — Le Conseil général publiera, autant et aussi souvent que ses moyens le lui permettront, un bulletin qui embrassera tout ce qui peut intéresser l'Association internationale, et qui doit s'occuper avant tout de l'offre et de la demande de travail dans les différentes localités, des Sociétés coopératives et de l'état des classes laborieuses dans tous les pays.

Art. 3. — Ce bulletin, rédigé dans plusieurs langues, sera envoyé gratis aux sections centrales, qui en communiqueront un exemplaire à chacune de leurs sections.

Art. 4. — Pour faciliter au Conseil général l'exécution des devoirs qui lui sont imposés par les articles ci-dessus, tout membre de l'Association et des sociétés adhérentes versera, par année, une cotisation fixe de 10 centimes.

Cette cotisation est destinée à couvrir les différentes dépenses du Conseil général, comme la pension du secrétaire général, les frais de la correspondance, des publications, des travaux préparatoires pour le Congrès, etc.

Art. 5. — Partout où les circonstances le permettront, les bureaux centraux d'un groupe d'un certain nombre de sections de la même langue seront établis. Les membres de ces bureaux centraux élus et révocables à chaque moment par leurs sections respectives, doivent envoyer leurs rapports au Conseil général une fois par mois et plus souvent s'il est nécessaire.

Art. 6. — Les frais d'administration de ces bureaux centraux seront supportés par les sections qui les ont établis.

Art. 7. — Les bureaux centraux, non moins que le Conseil général de l'Association, sont obligés de faire honneur au crédit qui sera donné aux membres de l'Association par leurs sections respectives, mais autant seulement que leurs carnets seront visés par le secrétaire de la section à laquelle appartient le membre qui demande le crédit.

Art. 8. — Les bureaux centraux et les sections sont obligés d'admettre tout membre de l'Association à prendre connaissance du bulletin du Conseil général.

Art. 9. — Chaque section, nombreuse ou non, a droit d'envoyer un délégué au Congrès. Si la section n'est pas en état d'envoyer un délégué, elle s'unira avec les sections voisines en un groupe qui nommera un délégué commun pour tout le groupe.

Art. 10. — Les délégués recevront l'indemnité de la section ou du groupe de section qui les ont nommés.

Art. 11. — Chaque membre de l'Association internationale a le droit de vote aux élections et est éligible.

Art. 12. — Chaque section ou groupe de section qui compte plus de 500 membres a le droit d'envoyer un délégué pour 500 membres au-dessus de ce nombre primitif.

Art. 13. — Chaque délégué n'a qu'une voix au Congrès.

Art. 14. — Il est libre à chaque section de rédiger ses statuts particuliers et des règlements conformément aux circonstances locales et aux lois de son pays; mais il ne doivent en rien être contraires aux statuts et aux règlements généraux.

Art. 15. — La révision des statuts et des règlements présents peut être faite par chaque Congrès, à la demande de deux des délégués présents.

Pour le Conseil général établi à Londres :

*Le Président,* — *Le Secrétaire général,*

ODGER, *menuisier.* — ECCARIUS, *tailleur.*

Ces statuts et règlements sont revisibles à chaque Congrès, à la demande de deux des délégués présents (art. 15 du règlement).

Des dispositions supplémentaires votées dans les différents congrès internationaux sont déjà venues compléter ou modifier quelques-unes des obligations imposées par ce règlement et par ces statuts généraux.

Ainsi, le Congrès de Lausanne (septembre 1867) a voté les dispositions suivantes :

« 1° Les sections doivent non-seulement prêter leur
« concours à toute idée de progrès, mais aussi prendre
« l'initiative pour la création d'institutions de production
« ou de toute autre nature qui présentent une utilité
« directe pour la classe ouvrière.
« Les Comités centraux devront les soutenir dans leurs
« tentatives.
« 2° Si le Conseil général ne peut pas publier un bulle-
« tin, il fera, chaque trimestre, une communication écrite
« (art. 2. du règlement) au bureau central de chaque pays,
« qui sera chargé de la faire reproduire par les journaux
« du pays et avant tout par les journaux des sections.
« 3° La cotisation centrale pour l'année sera de 10 cen-
« times pour tous les membres de l'Association internatio-
« nale ou des sociétés affiliées. Elle sera payée par tri-
« mestres.
« 4° Les délégués des branches et des sections qui n'au-
« ront pas payé leur cotisation centrale ne pourront pas
« prendre part au Congrès. »

En 1868, le Congrès de Bruxelles décidait :

1° Que pour pouvoir participer aux conclusions des Congrès à venir par l'intermédiaire de leurs délégués respectifs, les sections doivent se conformer à l'article des statuts relativement aux cotisations à payer au Conseil général de Londres.

2° Que les comités centraux des différents groupes des sections sont tenus d'envoyer, chaque trimestre, au Conseil général de Londres un rapport touchant l'administration et l'état financier des sections situées dans leur ressort.

En 1869, le Congrès de Bâle adoptait les résolutions administratives suivantes :

*Résolutions administratives votées par le Congrès de Bâle.*

« I. Considérant qu'il n'est pas digne d'une société ou-
« vrière de maintenir dans son sein un principe monar-
« chique et autoritaire en admettant des présidents, lors
« même que ceux-ci ne seraient investis d'aucun pouvoir,
« les distinctions purement honorifiques étant encore une
« atteinte aux principes démocratiques;

« Le Congrès engage toutes les sections et sociétés ou-
« vrières affiliées à l'Internationale à abolir la présidence
« dans leur sein.

« II. Tous les journaux contenant des attaques contre
« l'Association doivent être aussitôt envoyés au Conseil gé-
« néral par les sections respectives.

« III. Les adresses des bureaux et du Conseil général
« seront publiées tous les trois mois dans les journaux de
« l'Association.

« IV. Chaque nouvelle section ou société qui se forme
« et veut faire partie de l'Internationale doit annoncer im-
« médiatement son adhésion au Conseil général.

« V. Le Conseil général a le droit d'admettre ou de re-
« fuser l'affiliation de toute nouvelle société ou groupe,
« sauf l'appel au prochain Congrès.

« Toutefois, où il existe des fédéraux, le Conseil géné-
« ral, avant d'admettre ou de refuser l'affiliation d'une
« nouvelle section ou société, devra consulter le groupe,
« tout en conservant son droit de décision provisoire.

« VI. Le Conseil général a également le droit de sus-
« pendre, jusqu'au prochain Congrès, une section de l'In-
« ternationale.

« Tout groupe, de son côté, pourra exclure de son sein
« une section ou une société, sans toutefois pouvoir la pri-
« ver de son caractère d'internationalité, mais il pourra en
« demander la suppression au Conseil général.

« VII. Lorsque des démêlés s'élèveront entre des socié-
« tés ou branches d'un groupe national, ou entre des
« groupes des différentes nationalités, le Conseil général
« aura le droit de décider sur le différend, sauf appel au
« Congrès prochain, qui décidera définitivement.

« VIII. A l'avenir, ne seront admis à siéger à voter « dans le Congrès, que les délégués des sociétés, « sections ou groupes affilés à l'Internationale et qui sont « en règle avec le Conseil général pour le payement de « leurs cotisations.

« Toutefois, pour les pays où l'Association internatio- « nale rencontre des difficultés pour s'établir, à cause des « lois, les délégués des sociétés ouvrières corporatives se- « ront admis à discuter les questions de principes, mais « ne pourront discuter ni voter les questions administra- « tives.

« IX. La cotisation est fixée, pour l'année 1869-70, à « 10 centimes par adhérent. »

*Résolution sur la question de la propriété foncière.*

« I. Le congrès déclare que la société a le droit d'abo- « lir la propriété individuelle du sol et de faire rentrer le « sol à la communauté.

« II. Il déclare encore qu'il y a nécessité de faire ren- « trer la propriété du sol à la propriété collective. »

*Résolution sur la question des Sociétés de résistance.*

« Le Congrès est d'avis que tous les travailleurs doi- « vent s'employer activement à créer des sociétés de ré- « sistance dans les différents corps de métiers.

« A mesure que ces sociétés se formeront, il invite les « sections, groupes fédéraux, ou conseils centraux, à en « donner avis aux sociétés de la même profession, afin de « provoquer à la formation d'unions internationales de « corps de métiers. Ces fédérations seront chargées de réu- « nir tous les renseignements intéressant leur industrie « respective ; de diriger les mesures à prendre en commun; « de régulariser les grèves et de travailler activement à « leur réussite, en attendant que le salariat soit remplacé « par la fédération des producteurs libres.

« Le Congrès invite, en outre, le Conseil général à ser-

« vir, en cas de besoin, d'intermédiaire à la fédération des « sociétés de résistance de tous les pays. »

*Résolutions sur les cahiers du travail.*

« Considérant que tout en discutant les questions théo- « riques le Congrès doit prendre des mesures pratiques « pour porter à la connaissance de tous les adhérents la « situation des travailleurs et celle de l'industrie dans cha- « que pays.

« Se fondant sur l'article 5 du règlement général, le Con- « grès invite les sociétés ouvrières à faire parvenir au Con- « seil général, dans le courant de l'année, une statistique « aussi détaillée que possible sur le nombre des ouvriers « de chaque spécialité, sur le taux des salaires, sur le prix « de revient des produits, sur le prix de vente, sur les « griefs des ouvriers, ainsi que tous les renseignements qui « pourront être recueillis sur les matières premières et les « débouchés dans chaque industrie. »

Indépendamment de ces statuts généraux et de ces règlements modifiés et complétés, chaque section ou groupe de sections (c'est-à-dire fédération) a ses statuts particuliers et ses règlements ; elle est libre de les rédiger conformément aux circonstances locales et aux lois de son pays, mais sous la réserve expresse qu'*ils ne seront en rien contraires aux statuts et règlements généraux*. Ces statuts ont pour objet de régler la constitution du Conseil fédéral, d'indiquer le but et le siége de la Fédération, les rapports des différents membres entre eux et du Conseil fédéral avec le Conseil central et les sections fédérées. Ils fixent la cotisation mensuelle et les attributions de chaque membre. Nous allons en reproduire quelques-uns, spécialement ceux des sections françaises ; ils ont d'ailleurs entre eux la plus grande analogie ; l'examen de deux ou trois suffira pour donner une idée complète de toutes les dispositions qui peuvent d'une manière générale être insérées dans ceux des autres fédérations ou sections. Tous ces statuts sont revisibles suivant des cas prévus à l'avance et sous des conditions déterminées.

### 1° *Statuts de la Fédération parisienne.*

Ces statuts ont été discutés et adoptés dans une réunion générale des sections parisiennes, tenue le 19 avril 1870, sous la présidence de Varlin ; ils ont été insérés dans l'*Internationale* du 24 avril 1870 et dans la *Réforme sociale* du même jour. Le projet de ces statuts avait été arrêté dans une réunion du 18 mars, à laquelle assistaient les délégués suivants : Mangold (section de Belleville), — Féron (cordonniers), — Foucault (Clichy), — Malon (Puteaux), — Combault, Chalin (Vaugirard), — Giot (peintres), — Delvincourt, Chanteau, Franquin, Raynard, Rivière, Mézière (lithographes), — Robin, Avrial, Langevin (Cercle d'études sociales), — Berden (Meudon), — Delacour (relieurs). — (*Réforme sociale*, numéro du 24 avril 1870).

#### STATUTS DE LA FÉDÉRATION

#### *Entre les sections parisiennes de l'Internationale.*

1. Il est établi entre les sections parisiennes de l'INTERNATIONALE une FÉDÉRATION ayant pour but de faciliter les relations de toute nature entre les divers groupes de travailleurs.

Cette fédération est administrée et représentée par un Conseil fédéral.

#### CONSTITUTION DU CONSEIL FÉDÉRAL.

2. Le Conseil fédéral est composé des délégués des diverses sections fédérées.

Le nombre des délégués est réglé comme il suit :

Une section comprenant 50 membres au plus est représentée par 1 délégué; — de 51 à 100, par 2; — de 101 à 500, par 3; — de 501 à 1,000, par 4; — de plus de 1,000, par 5.

Chaque section choisit un nombre égal de délégués suppléants.

Chaque section nomme et change ses délégués comme il lui convient. Chacun d'eux doit, au commencement de la séance, se faire inscrire auprès du secrétaire d'intérieur, qui vérifie son mandat avec appel à l'assemblée, si le secrétaire ou tout autre membre en fait la demande.

3. Aux premières séances d'avril et d'octobre, le Conseil fédéral nommera son bureau, formé de : un trésorier, un secrétaire des séances, deux correspondants pour l'extérieur, trois pour la France. Ces nombres pourront être augmentés s'il est nécessaire.

Les membres du bureau sont constamment révocables par le Conseil. Les vacances doivent être immédiatement remplies.

### RAPPORT DU CONSEIL FÉDÉRAL

*Avec le Conseil central.*

4. Conformément à l'article 6 des statuts généraux et à l'article 5 du règlement annexé, le Conseil fédéral se mettra en communication avec le Conseil central ; il lui enverra tous les mois un exposé de l'état de l'Internationale à Paris.

Réciproquement, conformément aux articles 5 des statuts, 2, 3, 8 du Règlement, ces derniers modifiés par l'article 3 des résolutions administratives votées à Bâle, le Conseil central devra envoyer tous les trois mois au Conseil fédéral parisien un exposé de la situation de l'Association internationale dans tous les pays.

### RAPPORTS DU CONSEIL FÉDÉRAL

*Avec les sections fédérées.*

5. Toute section voulant faire partie de la Fédération parisienne doit déposer deux exemplaires de ses statuts

et de son règlement particulier, l'un destiné au Conseil central. (Règ. gén. art. 14.)

6. Conformément à la résolution 5 de Bâle, le Conseil central, avant d'admettre ou de refuser l'affiliation d'une nouvelle section ou société formée à Paris, devra consulter la Fédération parisienne.

7. Conformément à la résolution 6 de Bâle, la Fédération parisienne peut refuser l'affiliation d'une section ou société, l'expulser de son sein, sans pouvoir la priver de son caractère d'internationalité, le Conseil central pouvant seul en prononcer la suspension, le Congrès la suppression.

8. Le Conseil fédéral dispose, pour ses diverses dépenses : correspondances, propagande, etc., du budget suivant :

Chaque section adhérente à la Fédération lui paye 30 centimes par membre et par mois. (Il pourra y avoir transaction pour ce chiffre avec les sociétés ouvrières contribuant déjà aux frais d'une fédération.)

L'un des délégués de la section doit verser à la première assemblée du mois la somme calculée entre les mains du trésorier. Celui-ci fait connaître à la troisième réunion mensuelle, par une note affichée dans le local, les sections qui ne sont pas en règle.

Après un mois de retard, la suspension de la section est de droit ; ses délégués n'ont plus voix au Conseil ; après trois mois, la radiation est prononcée.

9. Le Conseil peut, avec motifs à l'appui, voter des dépenses supérieures à son budget, et fixer proportionnellement la contribution supplémentaire de chaque section. Mais, dans ce cas, la contribution reste purement facultive.

## RAPPORT DU CONSEIL FÉDÉRAL

### *Avec les membres.*

10. Peuvent assister comme auditeurs aux séances du Conseil les membres des sections parisiennes fédérées et les membres des sections étrangères de passage à Paris.

Les membres de l'Internationale n'appartenant régulièrement à aucune section n'ont pas droit d'être admis aux séances.

11. Les actes du Conseil fédéral seront soumis à l'approbation des assemblées générales des sections parisiennes, qui auront lieu au moins tous les trois mois.

Si ce contrôle présentait dans la pratique quelques difficultés, l'assemblée générale pourrait être remplacée par une réunion de délégués spéciaux, en nombre triple des délégués au Conseil fédéral.

### RÉVISION DES STATUTS.

12. Les statuts pourront être revisés par l'assemblée générale sur la demande d'un ou de plusieurs groupes, communiquée au moins un mois d'avance aux sections fédérées. (*Internationale*, 24 avril 1870.)

## 2° *Statuts de la fédération ouvrière lyonnaise.*

Ces statuts ont été élaborés d'abord par une commission d'initiative, nommée dans une réunion privée, le 23 janvier 1870, et composée de vingt membres ; ils ont été discutés au sein de cette même commission. Le projet fut ensuite communiqué officiellement à toutes les corporations adhérentes : elles étaient invitées à l'étudier et à soumettre à la commission les modifications qu'elles jugeraient nécessaire d'y apporter. Voici la rédaction de ces statuts, telle qu'elle a été définitivement arrêtée :

ASSOCIATION INTERNATIONALE DES TRAVAILLEURS.

## FÉDÉRATION OUVRIÈRE LYONNAISE.

### *Statuts* (1).

Article premier.

Il est formé une Fédération de sociétés ouvrières lyonnaises adhérentes aux principes de l'Association internationale des travailleurs et dont les clauses et conditions suivent ci-après.

Art. 2.

Sont admises à faire partie de la Fédération toutes les sociétés ouvrières indépendantes, quelle que soit leur forme, sociétés de résistance, de prévoyance, chambres syndicales, sociétés coopératives, de consommation, de production et de crédit, cercles, sociétés d'études, etc.

Toutefois, l'admission d'une société dans la Fédération est soumise à la discussion de la commission fédérale dont il est parlé à l'article 4.

Art. 3.

La Fédération a pour but de coordonner l'action morale et matérielle des travailleurs en vue :

1° De la défense de leurs salaires et des intérêts divers de leurs corporations ;

---

(1) Ces statuts ont été insérés dans le journal *le Progrès*, le 19 mars 1870.

2° De l'étude des questions économiques et sociales ;
3° De l'affranchissement définitif de la classe ouvrière.

Art. 4.

La Fédération est représentée et administrée par une commission composée d'un noyau initiateur de quinze membres nommés toutes les années en assemblée générale et auquel viendront s'adjoindre deux délégués de chaque corporation ou branche de corporation.

Art. 5.

Les sociétés adhérentes conservent leur complète autonomie pour tout ce qui regarde la gestion de leurs fonds et l'administration de leurs affaires. Elles s'engagent seulement à payer à la commission fédérale une *cotisation mensuelle de dix centimes* pour chacun de leurs membres.

Cette cotisation servira à payer les frais de local, de correspondance, de délégation, d'impression de circulaires, de réunions, etc., et à constituer une caisse fédérale qui servira de garantie pour les emprunts à contracter ou pour les prêts à faire. Dans cette cotisation seront compris les dix centimes que tous les membres de la Fédération doivent par an au Conseil général.

De plus, chaque société devra, en entrant dans la Fédération, prendre un nombre de cartes d'adhésion individuelles aux principes de l'Association internationale des travailleurs, égal au nombre de ses membres, au prix de cinquante centimes. Ces cartes, une fois prises, seront renouvelées gratuitement tous les ans.

Art. 6.

La commission fédérale est appelée à statuer sur les demandes d'emprunt adressées à la Fédération, sur l'opportunité de soutenir les grèves, de contracter un emprunt spécial auprès d'une société adhérente ou de l'extérieur, d'envoyer des délégués dans un congrès ou ailleurs. Ses décisions sont révocables si la majorité des sociétés adhérentes les repoussent. La commission doit prêter son concours aux corporations ouvrières qui veulent s'organiser en sociétés régulières.

### Art. 7.

Quelque nombreux que soient les membres de la commission fédérale, ils sont tous solidaires et parfaitement égaux. Leurs attributions sont de quatre sortes : rédaction, comptabilité, contrôle et propagande. Ils se les répartissent suivant les aptitudes de chacun d'eux. La commission n'a pas de président, mais un secrétaire spécial et un trésorier (1).

## 3° *Statuts de la Fédération marseillaise.*

Le projet suivant de statuts pour la Fédération marseillaise est encore plus complet ; il précise le but du Conseil fédéral, ses attributions, ses rapports avec les sociétés adhérentes, la manière dont les prêts sont effectués et l'obligation pour chaque société de verser la somme pour laquelle elle a été appelée à contribuer. Il indique l'époque des réunions, fixe le mode de convocation et de répartition des frais généraux, et assure, en cas de grèves, aux corporations situées dans le département ou en dehors l'appui collectif de toutes les sections. Ces statuts, il faut bien le

---

(1) Lorsqu'une section de l'Internationale fut organisée à Lyon, en 1867, elle avait pris le titre de *Société industrielle et commerciale des travailleurs lyonnais adhérents à l'Internationale*. Les statuts rédigés à cette époque par la commission exécutive de la section comprenaient cinq titres, se référant : 1° à la formation de la société ; 2° au capital social ; 3° aux opérations de la Société et répartitions des bénéfices ; 4° à l'administration ; 5° à des prescriptions diverses.

reconnaître, ne sont pas l'œuvre de la Fédération marseillaise, ils ont été copiés à peu près *textuellement* dans un projet de statuts élaboré, pour la Chambre fédérale des sociétés ouvrières de Paris, par Drouchon, Soliveau et Theiz, et dont la discussion a eu lieu dans une réunion privée, le 11 avril 1869, au siége du syndicat des ouvriers mécaniciens, rue du Grand-Chantier, 5.

## PROJET DE STATUTS

### *D'une Chambre fédérale des corporations ouvrières de Marseille.*

Considérant que le but que se proposent d'atteindre les sociétés ouvrières est de substituer la justice à l'arbitraire en créant le crédit basé sur la solidarité de toutes les corporations des travailleurs ;

Considérant que ces réformes ne peuvent se réaliser qu'avec le concours de tous les intéressés ;

Considérant qu'en présence de l'entente qui s'établit entre les possesseurs du capital pour neutraliser les efforts des travailleurs, il est du devoir de ceux-ci de se grouper ;

Considérant que pour rendre leur union *fructueuse*, les chambres syndicales doivent s'efforcer de faire disparaître toutes les formes centralisatrices qui n'ont servi qu'à maintenir les travailleurs dans un état de sujétion absolue, en établissant des rapports basés sur la réciprocité des services, tout en laissant à chacune des corporations adhérentes la liberté à laquelle elles ont droit, avec la responsabilité de leurs actes;

Par ces motifs, les soussignés proposent aux chambres syndicales, etc., etc., l'adoption des clauses suivantes :

#### Article 1er.

Il est conclu entre les diverses sociétés ouvrières (chambres syndicales) qui adhèrent aux présents statuts un pacte fédératif.

Art. 2.

Le pacte fédératif a pour objet la recherche et la mise en œuvre des moyens reconnus justes par les travailleurs de toutes professions pour les rendre possesseurs de tout leur outillage et les créditer, afin qu'ils puissent se soustraire à l'arbitraire du patronat et aux exigences du capital.

Il a aussi pour objet de développer le sentiment de la solidarité parmi les travailleurs de tous métiers et de tous pays, sans lequel tout effort individuel de chaque corporation (pour arrêter le flot toujours montant du parasitisme appuyé sur le capital) ne pourra donner que des résultats médiocres et souvent des déceptions cruelles.

Pour étudier, enfin, toutes les questions intéressant le travail.

Art. 3.

La fédération a également pour but d'assurer à chacune des sociétés adhérentes, dans le cas de grèves, l'appui moral et matériel des autres groupes au moyen de prêts faits sous la responsabilité des sociétés emprunteuses.

Art. 4.

Les sociétés conservent toute indépendance dans leur administration et dans la gérance de leurs fonds; elles ne sont tenues qu'à faire connaître tous les mois leur encaisse disponible et leur nombre, et tous les trois mois, leur actif et leur passif.

Art. 5.

Chacune des sociétés contractantes est représentée dans le Conseil fédéral par deux délégués.

Art. 6.

Le Conseil est appelé à statuer sur toutes les demandes d'emprunt adressées à la fédération, et sur la valeur des sociétés qui les formulent ; il donne avis immédiatement aux commissions des sociétés adhérentes des résolutions qu'il a adoptées, ainsi que de la somme pour laquelle chaque société est appelée à contribuer ; lorsque la demande d'emprunt est prise en considération, cette somme est proportionnée au nombre des sociétaires effectifs.

Le Conseil fournit en outre tous les renseignements nécessaires aux professions qui se constituent en sociétés.

Art. 7.

Les sociétés adhérentes sont engagées moralement à verser la demande d'emprunt que le Conseil leur a adressée ; néanmoins, si l'une de ces sociétés se trouvait dans une position à ne pouvoir satisfaire à cette demande, elle porterait à la connaissance du Conseil le motif de son refus ; celui-ci, à son tour, en aviserait les commissions qui pourraient, sur ordre du jour du Conseil, voter, s'il y a lieu, un blâme ou telles mesures disciplinaires qu'elles jugeraient convenable. Dans l'un ou l'autre cas, il faut toujours la majorité des commissions de chaque corporation comptant comme voix l'unité de leur vote.

Art. 8.

Lorsque le conflit sera terminé, le Conseil formulera un rapport comprenant l'historique de la grève et le compte rendu des prêts faits par chaque société avec indication des sommes qui lui avaient été demandées et des observations qu'elle a présentées. Ce rapport sera adressé à toutes les sociétés adhérentes.

Art. 9.

Le Conseil se réunit ordinairement au moins deux fois par mois au siége de la Fédération ; chaque procès-verbal doit contenir l'ordre du jour pour la réunion suivante.

Les réunions extraordinaires sont convoquées par lettres à domicile contenant l'ordre du jour et adressées par un des sociétaires. Une de ces deux formalités accomplies, le Conseil assemblé aura le droit de délibérer, quel que soit le nombre des sociétées représentées.

Les votes n'auront lieu seulement que sur les ordres du jour donnés, au cas où le Conseil serait en minorité.

Si la discussion et le vote d'une question non portée à l'ordre du jour sont admis d'urgence, il ẏ sera procédé avant toute autre question, mais, dans ce cas, il faut que la Chambre fédérale soit réunie en majorité.

Art. 10.

Chacun des remboursements effectués par les sociétés emprunteuses est réparti proportionnellement aux sommes prêtées; les pertes sont supportées par les sociétés suivant cette même proportion.

Art. 11.

Toutes sociétés débitrices ou créancières ne faisant plus partie de la Fédérationpar suite d'une décision volontaire de leur assemblée générale ou par l'exclusion motivée qu'aurait prononcée contre elle la Chambre fédérale, se conformeront quand même à l'article 10 dans toute sa teneur.

Art. 12.

Chaque trimestre, le Conseil soumet à la discussion des sociétés adhérentes un programme sur les questions sociales indiquées à l'article 2, et il résume dans un rapport les opinions émises dans les divers groupes.

Art. 13.

Les frais généraux de la Fédération sont répartis également entre les sociétés contractantes.

Art. 14.

Le Conseil fédéral verrait avec plaisir toute corporation se former en Chambre syndicale; néanmoins il s'efforcera d'établir dans le département ou en dehors des relations avec toutes sociétés établies qui donneraient leur adhésion au principe fédératif. Il leur communiquera, avec ses décisions, un rapport sur la situation morale et matérielle des adhérents, et contribuera à leur procurer l'appui collectif dans le cas de grève, à charge d'engagement réciproque de la part de ces groupes.

Il est entendu que les décisions prises dans chaque centre de fédération n'engagent en aucune manière les décisions des autres groupes.

Article additionnel.

Le Conseil fédéral nomme son bureau, et la pensée des délégués, pour l'élaboration des statuts, était de mettre trois secrétaires pour l'administration de la Chambre fédérale.

Nous reproduisons encore les statuts de la Fédération des sections du Centre, adoptés dans un congrès tenu à la Louvière (Belgique), le 18 avril 1870, et où étaient représentées neuf de ces sections Le projet en avait été élaboré dans un premier congrès de ces mêmes sections, le 17 février, et reproduit dans l'*Internationale* du 27 février.

## STATUTS DE LA FÉDÉRATION (1)

### DES SECTIONS DU CENTRE.

*But et siége de la Fédération.*

Art. 1er. Il est établi une fédération entre les sections suivantes, ainsi qu'entre toutes celles qui se formeront ultérieurement dans le bassin houiller du Centre :

La Louvière, les Deux-Houdeng, Haine-Saint-Pierre-et-Saint-Paul, Carnières, Morlanwelz, Fayt, La Hestre, Mont-Sainte-Aldegonde, Besonrieux.

Art. 2. Le but de cette fédération est :

1° D'établir l'union entre tous les ouvriers du bassin, dans leur lutte contre les exploiteurs, et de leur permettre ainsi d'arriver plus tôt à leur émancipation;

2° De leur fournir la facilité d'acheter en gros les marchandises, pour les répartir ensuite entre les différents magasins;

3° D'établir des rapports entre les sociétés de secours mutuels et autres institutions ouvrières;

4° D'organiser une propagande active parmi les ouvriers.

Art. 3. Le siége de la fédération est établi à la Louvière.

Art. 4. Les rapports entre les sections sont établis par un Conseil fédéral et des Congrès.

*Du Conseil fédéral.*

Art. 5. La section de l'endroit où se trouve fixé le siége de la fédération choisira dans son sein un secrétaire, un

---

(1) Ces statuts ont été reproduits dans l'*Internationale* du 24 avril 1870.

trésorier et un contrôleur fédéraux, qui formeront un comité permanent.

Art. 6. Chaque section nommera deux commissaires, qui, avec le comité permanent, formeront le Conseil fédéral.

Art. 7. Le Conseil fédéral se réunira le premier dimanche de chaque mois.

Art. 8. Il s'occupera d'organiser la propagande. Il tiendra note des demandes des sections, et fera les commandes, qu'il livrera ensuite aux sections contre remboursement.

Art. 9. La durée du mandat des membres du Conseil fédéral est d'un an. Ils peuvent être déposés par leurs sections respectives ou par un congrès.

Art. 10. En cas d'empêchement d'un commissaire d'une section, celle-ci peut déléguer ses pouvoirs à un autre.

Art. 11. La Caisse fédérale sera alimentée au moyen d'une imposition par tête, qui sera votée en congrès.

Art. 12. Quand une nouvelle section se formera, elle devra en donner avis au Conseil féréral et nommer deux commissaires pour siéger audit Conseil.

*Des Congrès.*

Art. 13. Toutes les fois qu'il s'agira de modifications au règlement, ou de nouvelles dispositions à y ajouter, de voter des cotisations fédérales, de révoquer un ou plusieurs membres du Conseil, ou de discuter sur des mesures d'intérêt général, ces questions devront être soumises à un congrès.

Art. 14. Ces congrès auront lieu, soit par l'initiative du Conseil fédéral, soit par suite d'une demande formelle faite par trois sections au moins.

Art. 15. Chaque section enverra trois délégués au congrès.

Art. 16. Les lettres de convocation devront être envoyées au moins quinze jours d'avance, et porter l'ordre du jour du congrès.

*Caisse de secours.*

Art. 17. Les sections sont invitées à adopter provisoirement le règlement des Deux-Houdeng ; lorsqu'un règlement commun à tous les bassins houillers sera proposé, la fédération le discutera en congrès.

Art. 18. Tout membre d'une section, qui va se fixer dans une autre section du même bassin, continuera pendant deux ans à être secouru en cas de maladie ou de blessure par la section d'où il vient, tout en versant à la section de la même résidence. Au bout de deux ans, c'est la deuxième section qui devra le soutenir, et il aura les mêmes droits que si tous les versements qu'il a faits avaient été faits à la caisse de cette dernière section.

Pour compléter cet exposé, il importe de faire connaître que certaines sections de l'Internationale n'ont pas de statuts particuliers ; elles possèdent des règlements généraux qui leur en tiennent lieu. Telles sont la section centrale et la section de l'Alliance de Genève ; tel est encore le groupe des sections allemandes établi dans la même ville. Nous reproduisons le règlement fédératif des sections romandes (1).

## RÈGLEMENT FÉDÉRATIF DES SECTIONS ROMANDES.

1° La fédération a pour but de relier les sections romandes et d'imprimer une direction commune à leurs efforts, afin que la solidarité pratique devienne une réalité.

2° Les sections peuvent parfaitement rester en dehors de la fédération romande, tout en conservant leur caractère de sections internationales.

3° Les sections conservent leur autonomie pourvu que,

(1) Ce règlement fédératif a été élaboré et discuté dans le premier Congrès romand, tenu à Genève, au Cercle des Quatre-Saisons, du 2 au 4 janvier 1869.

dans leurs actes et règlements, il n'y ait rien de contraire aux statuts généraux et fédéraux.

Les sections doivent veiller à ce que chacun de leurs membres soit constamment au courant de tout ce qui concerne l'Association internationale. Elles travailleront activement à l'établissement de toutes les institutions capables d'améliorer la position des ouvriers ; ces institutions ne doivent rien avoir de contraire aux principes proclamés par l'Internationale.

En cas de conflit, ce sera ou un conseil d'arbitres, ou le Congrès romand et au besoin le Congrès général qui decidera.

Les sections sont moralement obligées de soutenir le journal.

4° Dans les localités où il y a plusieurs sections, elles doivent constituer un comité local, qui est l'intermédiaire entre les sections et le comité fédéral.

Les comités locaux ou cantonaux, là où il y aura lieu d'en établir, doivent faire une propagande active, en vue du triomphe de la cause internationale, dans leur localité ou canton.

5° Les sections d'une localité peuvent se réunir en assemblée générale aussi souvent qu'elles le jugeront convenable ; les décisions de ces assemblées sont supérieures à celles des sections isolées, tant qu'elles ne sont pas contraires aux intérêts particuliers de ladite section.

6° La direction générale de la fédération est confiée à un comité fédéral composé de sept membres, nommé chaque année par le Congrès romand. Le secrétaire général reçoit une rétribution annuelle fixée par le Congrès.

Le comité fédéral correspondra partout où besoin sera dans l'intérêt de l'Association et des sections. Il donnera, soit au Conseil général, soit aux sections, tous les renseignements qui lui seront demandés.

Il a la surveillance morale du journal. En cas d'une grève dépassant les limites d'une localité, il en prend la direction sous le contrôle d'une commission de neuf membres nommés par les localités belligérantes.

Le comité fédéral est responsable devant le Congrès romand et peut être révoqué par lui.

Le Congrès fixera chaque année une cotisation pour subvenir aux frais généraux.

7° Tous les ans il y aura un Congrès romand ; chaque section a le droit d'envoyer deux délégués.

Telles sont les principales dispositions du règlement fédératif adopté par le Congrès de Genève.

La cotisation fédérale annuelle a été fixée à 10 centimes par membre.

Le traitement du secrétaire général est fixé, pour la première année, à la somme de cent francs.

Il est décidé, à l'unanimité, que le prochain Congrès romand aura lieu à la Chaux-de-Fonds, le premier lundi d'avril 1870.

Genève est désigné comme siége fédéral.

Il est procédé à la constitution du comité fédéral ; sont nommés :

Brosset. — Duval. — Chénaz. — Perret, Napoléon. — Guilmaud. — Martin, Louis.

(Extrait du journal l'*Égalité*, numéro du 10 avril 1869.)

## VII

## Des Congrès.

Les congrès ou meetings, avons-nous dit plus haut, sont un des moyens d'action de l'Internationale. « Il est cer-« tain, écrivait le général Cluseret (1) (*Démocratie* du

(1) Le soi-disant général Cluseret est membre de l'Association internationale, section de New-York, depuis 1865 ; l'article dont nous reproduisons des extraits a été inséré dans le *Progrès* du Locle du 1er mai 1869 et l'*Internationale* du 15 mai 1869. Le soi-disant général Cluseret, chevalier d'industrie du plus haut mérite, ex-lieutenant au 14e de ligne, était un espion prussien : pendant son séjour en Suisse, au mois de décembre 1870, des sommes d'argent lui ont été remises par M. Rader, ambassadeur de Prusse. Il est devenu plus tard délégué de la Commune au ministère de la guerre. — Nos lecteurs n'ont pas oublié le rôle qu'il a joué pendant l'insurrection du 18 mars.

« 11 avril 1869), que c'est de ces assemblées vraiment « populaires que doit sortir l'avenir social. Lorsque l'on « compare, ajoutait-il, la discussion *savante*, *morale*, *pratique* des questions économiques, dans ces meetings, avec « l'esprit superficiel des écoles bourgeoises, l'on peut se « rendre compte de tout l'espace parcouru, comme de la « distance qui sépare le passé économique de l'avenir « social. »

Avant de présenter l'historique des différents congrès internationaux, il convient d'indiquer leur mode de réunion et de composition, et de faire connaître leurs attributions et le rôle qui, en cette matière, est dévolu au Conseil général.

Un congrès international a lieu chaque année ; c'est au Conseil général qu'appartient le soin de l'organiser et d'en arrêter le programme définitif. Il est tenu de porter le programme de chaque congrès à la connaissance de toutes les sections par l'intermédiaire des diverses fédérations et des secrétaires correspondants. Ce programme est publié dans tous les journaux de l'Internationale. A chaque Congrès, le Conseil général doit faire un rapport public sur les travaux et la situation de l'Association dans les différents pays ; il présente un résumé des principales grèves qui se sont produites en Europe depuis le dernier Congrès et constate en même temps les progrès qu'a faits l'Internationale pendant cette période.

Le Congrès annuel représente le pouvoir législatif ; c'est le Conseil général qui remplit le rôle du pouvoir exécutif.

Le Congrès réuni indique le siége du Conseil général, nomme ses membres et choisit le lieu de la prochaine réunion. A l'époque fixée et sans qu'il soit nécessaire d'une convocation spéciale, tous les délégués se réunissent aux lieu et jour désignés. Si des circonstances imprévues ne permettaient pas de se rendre dans la ville où doit se tenir le Congrès, le Conseil général est investi du pouvoir de désigner un autre endroit ; mais il ne peut, en aucun cas, changer l'époque de la réunion. Il reste libre, en cas d'urgence, de convoquer le Congrès avant le terme fixé. C'est le Conseil général provisoire élu par l'assemblée du 28 septembre 1864, à Saint-Martin's Hall, qui avait décidé qu'un premier Congrès aurait lieu à Genève le 3 septembre 1866.

La révision des statuts et règlements de l'Internationale peut être faite par chaque Congrès à la demande de deux des délégués présents. (Art. 15 du règlement.)

Chaque section a le droit d'envoyer un délégué au Congrès. Si la section n'est pas en état d'envoyer un délégué, elle peut s'unir avec les sections voisines et choisir un délégué commun pour tout le groupe. (Art. 9.)

Les délégués reçoivent une indemnité de la section qui les a nommés. (Art. 10.)

Chaque délégué n'a qu'une voix au Congrès. (Art. 13.) Les délégués ne peuvent prendre part aux délibérations qu'autant que les sections qu'ils représentent ont payé leur cotisation annuelle au Conseil central de Londres.

Étudions maintenant chaque Congrès en particulier, et présentons un résumé de leurs travaux.

## I. *Congrès de Genève* (1).

Le premier Congrès international a été tenu à Genève, le 3 septembre 1866, dans la salle de la brasserie Treiber, sous la présidence de Jung, membre et délégué du Conseil central de Londres. Le nombre total des délégués était de soixante. Étaient présents : Dupleix, président de la section française de Genève ; Becker, président de la section allemande de Genève ; Heilt, délégué de la même section ; Coullery, président de la section de la Chaux-de-Fonds; Card, délégué de la section française de Genève ; Moll, délégué de la section de Cologne et de celle de Solingen; Cremer, Dupont, Odgers, Eccarius, délégués du Comité central de Londres ; Vuilleumier et Peter, délégués de la section de la Chaux-de-Fonds ; Cornaz, délégué de la section de Lausanne ; Müller, de la section de Stuttgard ; Bütter, de la section de Magdebourg ; Schlaifer, de la société des ouvriers allemands de Lausanne ; Bürkli, des sec-

(1) Un rapport sur ce Congrès sous ce titre : *Congrès ouvrier de l'Association internationale des Travailleurs tenu à Genève du 3 au 8 septembre* 1866, a été publié à Genève en 1866, Imprimerie J.-C. Ducommun et Ce, route de Carouge.

tions de Zurich et de Wezikon; Murat, Varlin, Bourdoin, Tolain, Guillard, Malon, Perrachon, Camelinat, Culin, Chémalé et Fribourg, de la section de Paris; Aubry, de la section de Rouen; Schettel, Richard, Secrétan, Bondy, délégués de la section de Lyon, et Bocquin, délégué de Montreux. Le bureau fut ainsi composé : Jung, président; vice-présidents : Dupleix et Becker; secrétaires : Coullery, Card, Bourdon et Moll (1).

A l'ouverture du Congrès, des discours furent prononcés par Dupleix, Becker et Coullery ; il fut procédé le même jour à la constitution du bureau.

La séance du 4 septembre fut presque entièrement remplie par la lecture de deux énormes mémoires relatifs à la situation de l'Internationale et aux questions soumises à la discussion du Congrès, émanant l'un du Conseil central de Londres, l'autre de la section de Paris.

La séance du 5 fut consacrée à la discussion des statuts de l'Internationale, statuts qui sont encore en vigueur et que nous avons reproduits plus haut (2).

Les questions suivantes furent successivement discutées :

1° *Combinaisons d'efforts à organiser au moyen de l'Association dans les différentes luttes entre le capital et le travail.*— Après des débats auxquels prennent part Tolain, Fribourg, Coullery, Card, Becker, Dupont, l'assemblée décide que le Conseil central dressera, au moyen des rapports des différentes sections, une statistique exacte des conditions du travail dans tous les pays, et qu'un bulletin mensuel portera cette statistique à la connaissance de toutes les sections.

2° *Réduction des heures de travail.* — Une vive discussion s'engage sur cette question entre Vuilleumier, Odgers, Coullery, Butter, Murat, Cornaz, Schlaifer, Becker, Müller et Hoppenworth. Le Congrès décide que la réduction des

---

(1) Quelques étudiants, tels que Protot, Rey, Calevaz, Jeunesse et Humbert prirent part à ces discussions. Protot est le même que celui qui est devenu plus tard ministre de la justice pendant le règne des communards parisiens.

(2) Page 97.

heures de travail doit être le premier pas en vue de l'émancipation de l'ouvrier; qu'en principe, un travail de huit heures par jour doit être considéré comme suffisant, et que le travail de nuit ne doit être permis qu'exceptionnellement par la loi.

3° *Travail des femmes et des enfants.* — Eugène Dupont présente un rapport sur cette question, au nom du Comité central de Londres; ses conclusions sont adoptées. Elles condamnent en principe le travail de la femme dans les manufactures, comme une cause de la dégénérescence de la race humaine et de la démoralisation; elles condamnent également le travail excessif des enfants. (Pag. 9 et 20.) Coullery, Butter, Chémalé, Tolain et Fribourg parlent dans le même sens que Dupont.

4° *Sociétés ouvrières* (Trade's-Unions), *leur passé, leur présent, leur avenir.* — L'assemblée reproche à ces sociétés de s'occuper trop exclusivement des luttes immédiates; elles doivent agir contre le système capitaliste lui-même et viser au grand but, celui de l'émancipation de la classe ouvrière tout entière. Leurs différents délégués, réunis à Sheffield, ont recommandé à leurs sociétés de s'affilier à l'Internationale.

5° *Travail coopératif.* — Eccarius, Cremer, Fribourg et les autres délégués prennent part à la discussion, et démontrent péremptoirement que l'Association doit tendre à généraliser le mouvement coopératif, mais non à le diriger ou à lui donner une certaine forme.

6° *Impôts directs et indirects.* — Le Congrès, sur la proposition des délégués français, émet le vœu que l'impôt soit direct, comme cela existe dans la République de Neuchâtel.

7° *Institution internationale du crédit.* — Sur la proposition des délégués français, le Congrès met à l'étude, dans toutes les sections, le crédit international, et propose une fédération de toutes les banques ouvrières, créées ou à créer, pour les relier plus tard en un établissement central de l'Association internationale des travailleurs.

8° *De la nécessité d'anéantir l'influence du despotisme russe en Europe par l'application du droit des peuples de disposer d'eux-mêmes, et la reconstitution d'une Pologne sur des bases démocratiques et sociales.* — Aucun vote n'eut lieu sur cette question, malgré la réclamation de Becker et des délégués anglais; le Congrès se borna à protester contre toute espèce de despotisme, à souhaiter l'émancipation en Russie comme en Pologne, et à repousser la vieille politique, qui oppose les peuples les uns aux autres. (Pag. 23 et 24.) Une déclaration dans ce sens, signée par tous les membres, fut jointe au procès-verbal.

9° *Des armées permanentes dans leurs rapports avec la production.* — Le rapport du Conseil central conclut à la condamnation des armées permanentes, *à l'armement général du peuple* et à son instruction dans le maniement des armes. Vuilleumier, Coullery, Chémalé, Butter, Hoppenworth et Heilt parlent dans le même sens. Tous les membres du Congrès se rangent à cette opinion.

10° *Des idées religieuses, leur influence sur le mouvement social, politique et intellectuel.* — Le Congrès passe à l'ordre du jour sur cette question, en ordonnant d'insérer dans le procès-verbal toutes les opinions émises par Péter, Coullery, Müller, Odgers, Schlaifer et Tolain.

11° *Etablissement des sociétés de secours mutuels. Appui moral et matériel accordé aux orphelins de l'Association.* — Cette proposition est due à l'initiative de la section de Genève; le Congrès décide la mise à l'étude des moyens d'universaliser les secours mutuels et propose que toutes les sections soient invitées à fournir des renseignements dans ce but.

Le Congrès, sur la proposition de Cornaz, choisit Lausanne pour la prochaine réunion du Congrès, qui s'ouvrira le premier lundi du mois de septembre 1867 (2 septembre).

## II. *Congrès de Lausanne.*

Ce Congrès a eu lieu à Lausanne, le 2 septembre 1867, dans la grande salle du Casino, sous la présidence d'Eugène Dupont. Voici la liste exacte des délégués qui y assistaient : Carter (James), parfumeur, membre du Conseil général; Eccarius (Georges), Lessner et Dupont, membres du Conseil général ; Walton, architecte, président de la *National Reform League*, à Brecon, South Wales (Angleterre) ; Swan (Daniel), rubanier à Coventry; Marly, Fribourg, Garbe, Pioley, Reymond, Chémalé, Murat, Tolain et de Beaumont, délégués de la section de Paris; Longuet (Charles), journaliste, des sections de Caen et de Condé-sur-Noireau ; Schetell et Palix, de la section de Lyon ; Rubaud, de la section de Neuville (Rhône) ; Chassin, de la section de Villefranche (Rhône) ; Ailloud, de la section de Vienne; Vézinaud, de la section de Bordeaux ; Aubry, de la section de Rouen ; Vasseur, des sections de Marseille et de Fuveau ; de Paepe, des sections belges ; Tanari (Sébastiano), délégué des sociétés de Bologne et de Bazzano ; Klein, des sections de Cologne et de Solingen; Tréboux, Quinet, Monchal, Perron, Dupleix, Blanc, Becker et Müller, de la section de Genève; Gret, Favrat, Aviolat, Kastner, Liwenthal, Kircher, Schlaifer et Raoux, de la section de Lausanne; Cuendet-Kung, de Sainte-Croix (Vaud) ; Guillaume James, de la section du Locle; Vanza, de la section de Saint-Imier ; Bürkly et Krebser, de la section de Zurich; Kugelmann, du Hanovre ; Büchner (Louis), de Darmstadt; Neubrand et Coullery, de la section allemande de la Chaux-de-Fonds ; Frey, de la section de Bâle ; Hafner, journaliste, de la section de Morat; Roth, de la section de Bienne ; Gries, délégué de l'Arbeiter Bildungs Verein ; Forderer et Specht d'Yverdon (Vaud) ; Kunkel, de la section allemande de Neuchâtel; Gaspard Stampa, délégué du Comité central des associations ouvrières italiennes de Milan ; Lombard (Martin), professeur, délégué de la société du Grütli de Délémont ; Hoffmann-Rittener, Juat Sessler, Bory-Mollard, Kaiser, Ruchonnet, et Charton-Rochat, délégués de la Société industrielle et commerciale de Lausanne ; Ladendorf, de la section de Magdebourg ; Allemann, délégué de l'Arbeiter Verein de Berne ; Lange, délégué de Duisburg (Prusse rhénane) ; Stump, des sections de Mayence et de Wiesbaden. (Total, 71 délégués.)

Le bureau était ainsi composé : Dupont, président ; vice-présidents, Eccarius et Becker ; secrétaires, Vasseur, Guillaume, Büchner et Bürkly.

Les premières séances furent consacrées à la lecture du rapport du Conseil général sur sa gestion, et des rapports particuliers des comités centraux et des différentes sections sur leur activité et leur situation respective. Ces rapports furent présentés par les délégués des sections de Bruxelles, de Paris, de Neuville-sur-Saône, de Marseille, de Vienne, de Rouen, de Caen et de Condé-sur-Noireau, de Morat, de Saint-Imier, du Locle, de Villefranche (Rhône), de Bâle, de Vevey, de Cologne et de Solingen, de Lausanne, de Neuchâtel, de Bienne, de Bologne et Bazzano, du Comité central italien, de la Chaux-de-Fonds et de Genève.

Le Congrès aborde ensuite les questions soumises à sa discussion (1).

1° *Quels sont les moyens pratiques de rendre l'Association internationale un centre commun d'action pour la classe ouvrière dans la lutte qu'elle soutient pour s'affranchir du capital ?* — Le Congrès, après une longue discussion, adopte, sous forme de résolutions, les dispositions réglementaires que nous avons reproduites plus haut. (P. 103.)

2° *Comment les classes ouvrières peuvent-elles utiliser pour leur émancipation le crédit qu'elles donnent à la bourgeoisie et aux gouvernements ? — Crédits et banques populaires. — Monnaie et papier monnaie. — Assurances mutuelles. — Sociétés ouvrières.*

Cette question fut soumise à l'examen d'une commission composée de neuf membres : Walton, Longuet, Monchal,

(1) Un rapport officiel de ce Congrès a été publié, en 1867, à la Chaux-de-Fonds, imprimerie de la *Voix de l'Avenir*, 18, rue Léopold-Robert.

Aubry, Ailloud, Kugelmann, Bürkly, Schlaifer et Stampa.

Le rapport de la commission fut présenté par Longuet. De Paepe, de Bruxelles, donna également lecture d'un travail sur la même question, dû à la section belge. Schlaifer, Chémalé, Walton, Eccarius, Aubry, Longuet, Lessner, Carter, Murat et de Paepe prennent part à la discussion. Le Congrès adopte les résolutions suivantes, sur la proposition d'Eccarius : « Le Congrès invite d'une manière pres-« sante les membres de l'Association internationale, dans « les différents pays, à user de leur influence pour ame-« ner les sociétés de métier à appliquer leurs fonds à la « coopération de production, comme le meilleur moyen « d'utiliser, dans le but de l'émancipation des classes ou-« vrières, le crédit qu'elles donnent maintenant à la classe « moyenne et aux gouvernements. »

3° *Les efforts tentés aujourd'hui par les associations, pour l'émancipation du quatrième état (classe ouvrière), ne peuvent-ils pas avoir pour résultat la création d'un cinquième état, dont la situation serait plus misérable encore? La mutualité ou réciprocité, considérée comme base des rapports sociaux. — Equivalence des fonctions. — Solidarité. — Sociétés ouvrières.*

Büchner, de Paepe, Murat, Müller et Garbe étaient membres de la commission chargée de l'examen de cette question. De Paepe fut nommé rapporteur. De Beaumont, Murat, Eccarius, Becker, Chémalé, Coullery, Tolain développèrent successivement leurs théories en cette matière. 1° Le Congrès reconnut que les efforts tentés aujourd'hui par les associations ouvrières (si elles tendent à se généraliser en conservant leur forme actuelle) tendent à constituer un quatrième état ayant au-dessous de lui un cinquième état plus misérable encore.

« Le danger supposé de la création d'un cinquième état « amené par les efforts actuels des associations ouvrières « s'évanouirait à mesure que le développement de l'indus-« trie moderne rendrait impossible la production sur une « petite échelle. La production moderne sur une grande « échelle fusionne les efforts individuels et fait du travail « coopératif une nécessité pour tous.

« 2° Pour obvier à ce danger, le Congrès pense qu'il est « nécessaire que le prolétariat se convainque bien de cette « idée : que la transformation sociale ne pourra s'opérer « d'une manière radicale et définitive que par des moyens « agissant sur l'ensemble de la société et conformes à la « réciprocité et à la justice.

« 3° Néanmoins, le Congrès pense que tous les efforts « des associations ouvrières doivent être encouragés, sauf « à faire disparaître autant que possible du sein de ces » associations le prélèvement du capital sur le travail, « c'est-à-dire à y faire pénétrer l'idée de mutualité et de « fédération. »

4° *Travail et capital. — Chômage. — Les machines et leurs effets. — Réduction des heures de travail. — Division du travail. — Transformation et extinction du salariat. — Répartition des produits.* Membres de la commission : Dupleix, Quinet, Marly, Schettel et de Beaumont. Murat, Coullery, Tolain, Chémalé, Dupont, Perron et Eccarius prennent la parole sur le rapport présenté, au nom de la commission, par Quinet. Le Congrès déclare que dans l'état actuel de l'industrie qui est la guerre, « on doit se « prêter aide mutuelle pour la défense du-salaire, mais « qu'il croit de son devoir de déclarer qu'il y a un but plus « élevé à atteindre, qui est la suppression du salariat. Il « recommande l'étude des moyens économiques basés sur « la justice et la réciprocité. »

5° *Fonctions sociales. — Rôle de l'homme et de la femme dans la société. — Education des enfants. — Enseignement intégral. — Phonographie.* Membres de la commission, Cuendet-Kuntz, Guillaume, Coullery, Blanc et Vanza. Deux rapports furent présentés à la commission : l'un par Guillaume, ne traitant qu'une question particulière, *la phonographie*, et faisant ressortir les vices de l'écriture en général, de l'orthographe française en particulier, et les avantages que procurerait à la classe ouvrière une réforme rendant l'écriture et la lecture accessibles à tous. Il est donné communication d'un travail sur le même sujet par la section belge. Une vive discussion s'engage sur la phonographie entre Burkly, Longuet, Chémalé, Vanza, Tolain,

Guillaume, Eccarius, de Paepe, Lombard-Martin, Walton, Carter, Perron, Murat et Coullery. Le Congrès adopte les résolutions suivantes :

1° Enseignement scientifique, professionnel et productif et la mise à l'étude d'un programme d'enseignement intégral.

2° Organisation de l'école-atelier.

« 3° Considérant que le mot *enseignement gratuit* est un « non-sens, puisque l'impôt prélevé sur les citoyens en fait « les frais ; mais que l'enseignement est indispensable et « que nul père de famille n'a le droit d'en priver son « enfant,

« Le Congrès n'accorde à l'Etat que le droit de se subs- « tituer au père de famille, alors que celui-ci est impuis- « sant à remplir son devoir.

« En tout cas, *tout enseignement religieux doit être « écarté du programme.* »

4° Le Congrès est d'avis qu'une langue universelle et une « réforme de l'orthographe seraient un bienfait général, « et contribueraient puissamment à l'unité des peuples et à « la fraternité des nations. »

6° *Définition des rôles de l'Etat. — Services publics, transport et circulation. — Intérêts collectifs et individuels — L'Etat considéré comme justicier et gardien des contrats. — Droit de punir.* Membres de la commission, Krebser, Chassin, Vasseur, Neubrand, Favrat et Liwenthal. Les conclusions suivantes du rapport présenté par Vasseur sont adoptées :

« 1° L'Etat n'est et ne doit être que le strict exécuteur « des lois votées et reconnues par les citoyens.

« 2° Les efforts des nations doivent tendre à rendre « l'Etat propriétaire des moyens de transport et de circu- « lation, afin d'anéantir le puissant monopole des grandes « compagnies qui, en soumettant la classe ouvrière à leurs « lois arbitraires, attaquent à la fois et la dignité de « l'homme et la liberté individuelle. Par cette voie, on arri- « vera à donner satisfaction à l'intérêt collectif et à l'in- « térêt individuel.

« 3° Nous formulons le vœu que l'homme coupable soit « jugé par des citoyens nommés par le suffrage universel ; « que les citoyens juges connaissent à fond le coupable, et « qu'ils aient à rechercher les principales causes qui ont « amené l'homme au crime ou à l'erreur.

« Nous demandons également qu'aucun coupable ne « soit jugé en dehors de son pays, afin qu'on puisse exa- « miner les principales causes qui ont pu le détourner de « ses devoirs, car la société tout entière est trop souvent « le seul coupable. Le manque d'instruction mène à la « misère, la misère à l'abrutissement, l'abrutissement au « crime, le crime au bagne, et le bagne à l'avilissement qui « est pire que la mort. »

7° *La privation des libertés politiques n'est-elle pas un obstacle à l'émancipation sociale des travailleurs et l'une des principales causes des perturbations sociales (Chômage)? — Quels sont les moyens de hâter le rétablissement des libertés politiques? Ne serait-ce pas la revendication par tous les travailleurs du droit illimité de réunion et de la liberté illimitée de la presse?*

Membres de la commission. — Perron, Pioley, Reymond, Vézinaud et Tréboux. Perron est chargé de lire le rapport de la commission, et sur ses conclusions, le Congrès fait la déclaration suivante.

« Le Congrès international des Travailleurs réunis à « Lausanne en septembre 1867,

« Considérant :

« Que la privation des libertés politiques est un obstacle à l'instruction sociale du peuple et à l'émancipation du prolétariat,

« Déclare :

« 1° Que l'émancipation sociale des travailleurs est insé- « parable de leur émancipation politique ;

« 2° Que l'établissement des libertés politiques est une « mesure première d'une absolue nécessité ;

« 3° Que cette même déclaration sera renouvelée chaque « année ;

« 4° Qu'il sera donné communication officielle de ces ré-« solutions à tous les membres de l'Association interna-« tionale des Travailleurs, ainsi qu'à ceux du Congrès de « la Paix, en leur demandant leur concours énergique pour « investir tous les peuples des droits imprescriptibles de « 1789. »

8° *Adresse collective au Congrès de la Paix à Genève de la part des travailleurs réunis en congrès à Lausanne.* Membres de la commission, Dupont, Klein, Burkly, Hafner et Rubaud.

Après le rapport de la commission lu par Hafner, et la discussion à laquelle prennent part Chémalé, de Paëpe, Eccarius, Tolain, Murat, Perron, Coullery, Müller, Schlaifer, Carter, Buchner, Dupleix et Lombard-Martin, le Congrès décide « à l'unanimité d'adhérer pleinement et entiè-« rement au Congrès de la Paix, de le soutenir énergique-« ment et de participer à tout ce qu'il pourrait entreprendre « pour réaliser l'abolition des armées permanentes et le « maintien de la paix dans le but d'arriver le plus promp-« tement possible à l'émancipation de la classe ouvrière et « à son affranchissement du pouvoir et de l'influence du « capital, ainsi qu'à la formation d'une confédération « d'États libres dans toute l'Europe. »

Enfin, le Congrès désigne de nouveau Londres pour le siége du Conseil général, et confirme dans leurs fonctions tous les membres actuels. Après une courte discussion, il est décidé à l'unanimité moins deux voix que le prochain Congrès aura lieu à Bruxelles.

## III. *Congrès de Bruxelles* (1).

(Du 6 au 13 septembre 1868.)

Le Congrès s'est ouvert le 6 septembre 1868, sous la présidence de Yung de Londres, dans la salle du théâtre national du Cirque ; le nombre des délégués présents était plus considérable qu'à Lausanne. Les poursuites dont l'Internationale avait été l'objet en France n'étaient pas étrangères à ce résultat ; cet empressement était encore la preuve que la propagande n'avait pas été stérile et que les idées de l'Association avaient déjà pénétré profondément dans la classe ouvrière.

Il s'agissait, d'ailleurs, d'étudier les moyens de mettre en pratique les résolutions adoptées dans les Congrès antérieurs. Voici la liste complète des délégués qui ont assisté à ce meeting international :

## LISTE COMPLÈTE DES DÉLÉGUÉS AU CONGRÈS.

### ANGLETERRE.

LUCRAFF, menuisier en chaises, délégué du Conseil général et de l'Association des Fabricants de chaises, de Londres.

SHAW, peintre en bâtiment, délégué du Conseil général et de l'Association des ouvriers peintres, de Londres.

G. ECCARIUS, tailleur, délégué du Conseil général et de l'Association des Tailleurs, de Londres.

---

(1) Un compte rendu officiel de ce Congrès a été publié à cette époque par l'administration du journal le *Peuple belge*, rue de Ligne, 50, imprimerie Lemoine.

Des comptes rendus ont paru dans l'*Egalité*, numéros des 8 mai 1869 et 28 mars 1869.

H. IUNG, horloger, délégué du Conseil général, de Londres.

COWELL STEPNEY, rédacteur du *Social Économist*, délégué de la *Reforme league.*

COHN, cigarier, délégué de l'Association des Cigariers, de Londres.

Ph. MATENS, mécanicien, délégué de la Branche française de Londres.

Fr. LESSNER, tailleur, délégué des Branches allemandes d'Angleterre.

Frédéric DEAN, forgeron, des Forgerons de Hull.

John FORSTER père, charpentier, délégué des Sociétés coopératives de Hull.

John FORSTER fils, mécanicien, délégué des Sociétés coopératives de Hull.

### ALLEMAGNE.

KLEIN, coutelier, délégué de la Société des ouvriers en fer et en acier (Association de production), de Solingen.

MORITZ HESS, collaborateur du *Social Democrat* de Berlin, délégué de la section de Cologne.

Ph. BECKER, faiseur de balais, ex-colonel de l'armée révolutionnaire allemande, délégué du Conseil central du groupe des Sections allemandes.

SCHEPPLER, charpentier, délégué de la Section de Mayence.

Fr. BUTTER, délégué par le Congrès de Nuremberg.

### FRANCE.

Alexandre LEMONNIER, tailleur, délégué de la Section de Marseille.

Henri TOLAIN, graveur, délégué de l'Association des Balanciers, de Paris (1).

MURAT, mécanicien, délégué de l'Association des Mécaniciens, de Paris.

---

(1) Tolain est actuellement membre de l'Assemblée nationale.

Albert THEIZ, bronzier, délégué de l'Association des Bronziers, de Paris.

Édouard ROUSSEL, ferblantier, délégué de l'Association des Ferblantiers, Tourneurs et Repousseurs, de Paris.

Gustave DURAND, bijoutier, délégué de l'Association des Bijoutiers, de Paris.

Louis PINDY, menuisier, délégué de l'Union syndicale des Ouvriers du bâtiment, de Paris.

Gabriel ANSEL, porcelainier, délégué de la Société céramique, de Paris.

Alphonse DELACOUR, relieur, délégué de l'Association des Relieurs, de Paris (Section de l'Internationale).

Irénée DAUTHIER, sellier, délégué de l'Association des Selliers-Bourreliers, de Paris.

Émile DOSBOURG, imprimeur, délégué de l'Association des Imprimeurs sur étoffe, de Paris.

FLAHAUT, marbrier, délégué de l'Association des Marbriers, de Paris.

Eugène TARTARET, ébéniste, délégué de la Commission ouvrière de l'Exposition, de Paris.

HENRY, mécanicien, président de la Commission ouvrière de l'Exposition et délégué de l'Association des Robinettiers, de Paris.

Aimé GRINAND, tissseur, délégué de la Section de Lyon.

Albert RICHARD, tisseur, délégué des Sections de Lyon et de Neuville-sur-Saône.

Émile AUBRY, imprimeur-typographe, délégué de la Section de Rouen.

Ch. LONGUET, journaliste, délégué des Sections de Caen et de Condé-sur-Noirot (1).

## SUISSE.

MERMILLIOD, monteur de boîtes de montres. — GRAGLIA, *idem*. — QUINET, tailleur de pierres. — PERRON, peintre sur émail, tous délégués des 24 Sections réunies de Genève et de Carouge.

---

(1) Charles Longuet est devenu, au mois de mars 1871, délégué rédacteur en chef du *Journal officiel* de la Commune de Paris.

Catalan, délégué de l'Association du Sou, pour l'affranchissement de la pensée et de l'individu.

Hess, délégué de la Section de Bâle (déjà nommé).

Fritz Robert, professeur, délégué des Sections de la Chaux-de-Fonds, du Locle, du vallon de Saint-Imier, de Bienne, de Morat et Moutier-Grand-Val.

Hébert, délégué des ouvriers en papiers peints.

## ITALIE.

Eugène Dupont, ouvrier luthier, membre du Conseil général, délégué des Associations ouvrières de Naples.

*N. B.* — Le Dr Saverio Frisica, délégué de Catane (Sicile), n'a pu arriver à temps au Congrès, faute d'indications suffisantes.

## ESPAGNE.

Sarro Magallan, mécanicien, délégué de la *Legion iberica del Trabajo* et des Associations ouvrières de la Catalogne.

## BELGIQUE.

Eug. Hins, professeur, et D. Brismée, imprimeur, tous deux délégués de la *Fédération*, section bruxelloise de l'*Internationale*.

Tique, peintre en bâtiment, délégué de l'Association des Peintres, de Bruxelles.

Walthère Lepourque, houilleur, délégué de l'Association des Mineurs de Seraing.

Modeste, houilleur, et Noël Embyse, houilleur, tous deux délégués des sections de Marchiennes-au-Pont et de Monceau-sur-Sambre.

Maximilien Maljean, houilleur, délégué de la section de Charleroi.

Cassian MARÉCHAL, bijoutier, délégué de la section de Liége.

A. HERMAN, sculpteur, délégué de la section de Montégnée.

J.-B. LOUIS, tailleur, délégué de la section d'Oubois.

Joseph ROMAIN, houilleur, délégué de la section de Montigny-sur-Sambre.

ELSBACH, professeur, délégué de la ligue ouvrière d'enseignement mutuel, de Bruxelles.

DE PAEPE, typographe, délégué du Cercle d'Émulation, société ouvrières d'études et de propagande socialistes.

VANSCHAFTINGEN, lamier, délégué de l'Association des Lamiers (Kamslagers), de Gand.

POTELSBERG, tailleur, délégué du *Werkersbond* et de l'Association des Tailleurs, de Gand.

Fr. VANDENBERGHE, typographe, délégué de la section de Bruges.

J. SERANE, tisserand, délégué de l'Association des Tisserands, de Gand.

EBERHARD, tailleur, délégué de l'Association des Tailleurs, de Bruxelles.

Nicolas DUBOIS, verrier, délégué de la section de Dampremy.

Maximilien TRICOT, houilleur, délégué de la section de Gilly.

Grégoire PAULUS, houilleur, délégué de la section de Châtelineau.

Ph. COENEN, cordonnier, délégué du *Wolksverbond*, section anversoise de l'Internationale.

LABAER, graveur sur métaux, délégué du *Wolksverbond*, section anversoise de l'Internationale.

SPEHL, horloger, délégué de l'Union, Association des ouvriers travaillant le fer et le cuivre, de Bruxelles.

François HERREMANS, menuisier, délégué de l'Association des Menuisiers et Charpentiers, de Bruxelles.

BREDENHORST, menuisier, délégué de l'Association des Menuisiers et Charpentiers, d'Anvers.

CAMMAERT, cordonnier, délégué des Cordonniers, de Bruxelles.

Ch. MAETENS, teinturier, délégué de l'Association des Mégissiers et Teinturiers en peaux, de Bruxelles.

Jacques MAES, passementier, de l'Association des Passemontiers, délégué de la Générale ouvrière, de Bruxelles.

Camille Standaert, gantier, de l'Association des Gantiers, délégué de la Générale ouvrière, de Bruxelles.

Honoré Saillant, délégué du Cercle des Conférences, de Bruxelles.

Adrien Tordeur, pressier, délégué de l'Association des Imprimeurs-Typographes, de Bruxelles.

Ernest Planson, marbrier, délégué de l'Union protectrice des Marbriers, de Bruxelles.

Léon Fontaine, journaliste, délégué des *Solidaires* (Société rationaliste et de secours mutuels).

J. Pellering, cordonnier, délégué de l'*Affranchissement* (Société rationaliste).

Prosper Voglet, musicien ambulant, délégué de la Société des *Libres Penseurs*.

J.-B. Frère, houilleur, délégué des *Affranchis*, Section de Jumet.

Louis Swolfs, houilleur, délégué des *Affranchis*, Section de Jumet.

H.-I. Leclercq, tisserand, délégué de la Section de Pepinster (l'*Alliance des prolétaires*).

Édouard Lallemand, tisserand, délégué de la Section d'Ensival.

P. Fluse, tisserand, délégué des *Francs Ouvriers*, de Verviers.

Ch. Devarewaere, houilleur, délégué de la Section de Marcinelle.

Eug. Steens, voyageur de commerce, délégué du *Peuple*, Association de la démocratie militante.

Ch. Granshoff, négociant, délégué de la *Ruche*, Association coopérative de consommation.

Laurent Verryken, ouvrier boulanger, délégué de la *Fourmi*, Association coopérative de consommation.

Nicolas Coulon, tailleur, délégué du Cercle populaire de Bruxelles.

Léopold Verheggen, mécanicien, délégué de l'Association des ouvriers mécaniciens du chemin de fer du Luxembourg.

André Larondelle, tisserand, délégué des *Francs Ouvriers* de Hodimont-lez-Verviers.

Debroux, tisserand, délégué des *Francs Ouvriers* de Dison.

Adolphe Teirlinck, instituteur, délégué de la Section de Gand.

Englebert, géomètre, délégué de la Section des travailleurs agricoles de Perwez (Brabant).

Dethier, mécanicien, } délégués des *Francs Ouvriers* de
Morizot, houilleur, } Gilly.

Bastin, verrier, délégué des verriers de Goy-Sart (Jumet).

Louis Marenne, cultivateur, délégué des cultivateurs de Warnifontaine (province de Luxembourg).

Joseph Henry, cultivateur, délégué du Cercle des campagnards de Patignies (province de Namur).

*N. B.* — Un grand nombre de délégués des Sections belges et des Associations ouvrières de Belgique n'ont pu prendre part qu'aux séances du dimanche 6, lundi 7 et dimanche 13 septembre.

Les membres du bureau étaient : Yung, président; Dupont et Becker, vice-présidents; secrétaires, Cœne et Maetens pour la Belgique; Grinand et Theiz pour la France; Klein et Scheppler pour l'Allemagne, et Schaw pour l'Angleterre; à partir de la sixième séance et par suite du départ de Yung, la présidence fut donnée à Dupont et la vice-présidence à Murat.

A la première séance, le président fait l'historique de la naissance et du développement de l'Internationale en Europe; les citoyens Brismée, de la section de Bruxelles, Tolain, de la section de Paris, Graglia, de la section genevoise, Klein, de la section de Solingen, Bredenhorst, de la section d'Anvers, Sarro Magallan, de Barcelone, Serane, de la section de Gand, Maréchal, de la section liégeoise, Frère, de la section de Jumet, Fluse, de la section de Verviers, et Vanden Berghe, de la section de Bruges, rendent successivement compte de la marche et de la situation de leurs sections. Après la lecture du rapport du Conseil général de Londres par Dupont, la discussion est ouverte sur la première question du programme :

1re question. — *De la guerre. — Quelle devrait être l'attitude des travailleurs dans le cas d'une guerre entre les puissances européennes?* — Catalan, Henri, de Paepe,

Hins, Spehl, Pellering, Lucraft et Tolain s'élèvent contre la guerre. — Le Congrès déclare protester avec la plus grande énergie et inviter toutes les sections de l'Association, chacune dans son pays respectif, à se rallier à sa résolution.

2e question. — *Des grèves, de la fédération entre les sociétés de résistance et de la création d'un Conseil d'arbitrage pour les grèves éventuelles.* — Il est lu plusieurs rapports sur cette question : l'un, au nom des sections genevoises, par Graglia; l'autre, au nom de la section liégeoise, par Maréchal; le troisième, au nom de la section bruxelloise, par de Paepe. Tartaret, Tolain, Brismée et Dupont prennent part à la discussion. Le Congrès reconnaît la légitimité et la nécessité de la grève dans la situation actuelle de lutte entre le capital et le travail; il déclare qu'il y a lieu de la soumettre à certaines règles, à des conditions d'organisation et d'opportunité, et décide la création, au sein de chaque fédération, d'un Conseil d'arbitrage chargé de statuer sur l'opportunité et la légitimité des grèves éventuelles. — (*Egalité*, numéro du 17 avril 1869.)

3e question. — *De l'effet des machines sur la situation et le salaire des travailleurs* (1). — Il est donné lecture des rapports de la section de Bruxelles, de Liége et des relieurs de Paris. Lessner, Coulon, Pellering, Eccarius, Cohm, Scheppler, Hins, Steens, Tolain, de Paepe et Murat discutent sur l'importance du rôle que jouent les machines dans l'organisation actuelle de la société. Le Congrès déclare que les machines, comme tous les autres instruments de travail, doivent appartenir aux travailleurs eux-mêmes, et fonctionner à leur profit; que ce n'est que par les associations coopératives et par une organisation du crédit mutuel que le producteur peut arriver à la possession des machines; qu'il y a lieu, dès à présent, d'intervenir dans l'introduction des machines dans les ateliers, pour que

---

(1) Un compte rendu de la discussion a été publié dans l'*Egalité* (numéro du 24 avril 1869).

cette introduction n'ait lieu qu'avec certaines garanties ou compensations pour l'ouvrier.

4e question. — *De l'instruction intégrale.* — Cette importante question faisait l'objet de plusieurs rapports élaborés par la section Bruxelloise, la section Liégeoise, le Cercle des études économiques de Rouen, celui des relieurs de Paris et les sections Genévoises (rapports d'ailleurs très incomplets)(1) Albert Richard, Dauthier, Elbasch, Murat, Becker, Lesner, Catalan, Henri, Coenen, Tartaret, Durant, Tolain et Ansel insistent sur la nécessité d'une instruction obligatoire et intégrale, c'est-à-dire comprenant à la fois *l'enseignement scientifique dégagé de toute idée religieuse* et l'enseignement professionnel. Le Congrès « reconnaissant qu'il est pour le moment impossible d'or-« ganiser un enseignement rationnel, invite les différentes « sections à établir des cours publics, suivant un pro-« gramme d'enseignement scientifique, professionnel et « productif, pour remédier autant que possible à l'insuf-« fisance de l'instruction que les ouvriers reçoivent ac-« tuellement. Il est entendu que la réduction des heures « de travail est considérée comme une condition préalable « indispensable. »

5e question. — *Du crédit mutuel entre les travailleurs.* — Le citoyen Richard lit les conclusions de la Commission qui propose la fondation d'une banque ayant pour but de rendre le crédit démocratique et égalitaire et de simplifier les rapports du producteur au consommateur; les rapports de la section Liégeoise et Bruxelloise sont également lus. Eccarius, Hins, Tartaret, Tolain, Longuet, Brismée, Pellering, Cohm et Moritz Hess prennent part à la discussion.

Il est décidé que le *projet de statuts sur la création d'une banque d'échange au prix de revient présenté par la section de Bruxelles*, sera communiqué à toutes les sections pour y être l'objet d'un examen approfondi, et qu'une décision à cet égard sera prise par le prochain Congrès.

(1) Une appréciation de ces rapports a été publiée dans l'*Internationale*, numéro du 23 janvier 1869. La question de l'enseignement intégral a été traitée par ce journal, numéro du 1er mai 1869.

6e Question (1). — *De la propriété.* — La section de Rouen et celle de Bruxelles ont présenté un rapport sur cette importante question. Tolain, Pellering, Longuet, Coulon, Eccarius, Murat, Lessner, Hins, Fontaine, Coenen et de Paepe développent leurs théories sur cette matière. — Le Congrès décide que les voies de communication (canaux, routes, voies télégraphiques) et forêts doivent rester à la collectivité sociale; même décision quant au sol, aux mines, carrières, houillères, chemins de fer.

7e question. — *Réduction des heures de travail.* — Aubry et Tartaret donnent lecture d'un travail élaboré par leurs sections. Le Congrès déclare se référer aux conclusions votées en 1866 par le Congrès de Genève et se prononcer unanimement pour la réduction des heures de travail.

8e question. — *De la coopération.* — Grignant, Verrycken, Larondelle, Brismée, Durand et Cohm insistent sur la nécessité de créer des associations de production et de consommation. Le Congrès émet le vœu que tous les membres de l'Association internationale entrent dans les diverses sociétés coopératives.

9e question. — *Des cahiers de travail.* — Des mémoires ont été déposés par la Fédération bruxelloise, les menuisiers de Bruxelles, les sections de Liége, Verviers, Gand et les cultivateurs ardennais. Maréchal, Ansel, Fluse et Richard retracent en termes indignés les griefs de la classe ouvrière, diminution continue des salaires, chômage, augmentation des heures de travail, abus et brutalité ordinaire des patrons.

Le Congrès renouvelle sa protestation contre la guerre, conformément au vœu émis au Congrès de Lausanne; il est procédé à la composition du Conseil général. La ville de Bâle est désignée comme lieu de réunion du prochain Congrès international.

---

(1) Un compte rendu de cette question et un résumé des rapports ont été publiés dans l'*Egalité*, numéros des 8, 15, 29 mai, 5 et 12 juin 1869.

## IV. *Congrès international de Bâle* (1).

Les questions agitées dans ce Congrès donnent la mesure exacte des tendances de l'Internationale : *Abolition du droit d'héritage, collectivité de la propriété, liquidation sociale*, etc.

Ce Congrès s'ouvrit le lundi 6 septembre 1869 : l'Allemagne, l'Angleterre, l'Amérique, la Belgique, l'Autriche, la France, la Suisse, l'Italie et l'Espagne y étaient représentées.

Quatre-vingts délégués prirent part à ses travaux. Voici leurs noms et la désignation des sections qu'ils représentaient :

### *Liste des délégués au 4e Congrès de l'Association internationale des travailleurs, tenu à Bâle en* 1869.

#### AMÉRIQUE.

CAMERON, délégué de la *National Labor Union* des Etats-Unis et du Congrès ouvrier de Philadelphie (au journal *Workingmans advocat*, à Chicago, *représentait* 800,000 *travailleurs*).

#### ANGLETERRE.

APPLEGARTH, charpentier, délégué du Conseil général de Londres et de l'Union générale des charpentiers et menuisiers de la Grande-Bretagne (113, Stamford-street, London. S. E.).

LUCRAFT, chaisier, délégué du Conseil général et de

(1) Un rapport sur ce Congrès a été publié par Mollin, délégué du Cercle parisien des prolétaires positivistes. Chez Armand Le Chevalier, mars 1870.

l'Association des chaisiers de Londres (13, Saint-James-street Islington, London).

Cowel Tepney, rédacteur du *Social Economist*, délégué du Conseil général (9, Belton-street, Piccadilly, London).

Jung (Hermann), horloger, délégué du Conseil général de Londres (4, Lower-Charles-strett, Northampton-square, Clerkenwell, C. E. London).

Eccarius (Georges), tailleur, délégué du Conseil général et de l'Association des tailleurs de Londres (10, Great-Chapel-street, S.-W. London).

Lessner (Frédéric), tailleur, délégué du Conseil général de Londres et des branches allemandes d'Angleterre (4, Francis-street, Gower-street, W. C., London).

FRANCE.

Aubry (Emile), lithographe, délégué de la Fédération ouvrière de l'arrondissement de Rouen (rue de l'Amitié, 12, à Rouen).

Creusot, fileur, délégué de l'Association des fileurs de l'arrondissement de Rouen (Sotteville-lez-Rouen, rue du Carrefour, 110).

Piéton, tisseur, délégué du Cercle ouvrier des études économiques d'Elbeuf (rue du Neubourg, 71, à Elbeuf).

Varlin, relieur, délégué de la section des Ouvriers relieurs de Paris (rue Dauphine, 33, à Paris).

Landrin, monteur en bronze, délégué des Ouvriers bronziers de Paris (rue de Belleyme, 12, à Paris).

Dosbourg, imprimeur sur étoffes, délégué du Crédit mutuel des imprimeurs sur étoffes de Saint-Denis (rue de la Paix, 58, à Saint-Denis).

Durand, bijoutier, délégué de la Société de prévoyance et solidarité de la bijouterie parisienne (rue Ramponneau, 15, à Belleville-lez-Paris).

Roussel, ferblantier, délégué de la Société de résistance des ferblantiers de Paris (rue du Vert-Bois, 22, à Paris).

Flahaut, marbrier, délégué de la Chambre syndicale des marbriers de Paris (boulevard Ménilmontant, 61).

Murat, mécanicien, délégué de la Chambre syndicale des mécaniciens de Paris (rue Saint-Maur, 200, Paris).

Pindy, menuisier, délégué de la Chambre syndicale des menuisiers de Paris (rue du Faubourg-du-Temple, 17).

Franquin, imprimeur-lithographe, délégué de la Société de résistance des imprimeurs-lithographes (Paris, rue de la Verrerie, 42).

J.-A. Langlois, publiciste, délégué de la Chambre syndicale des tourneurs sur métaux de Paris (rue Mansart, 8, Paris).

Dereure, cordonnier, délégué de la Chambre syndicale et professionnelle des cordonniers de Paris (rue Clignancourt, 17, Montmartre) (1).

Chemalé, maître dessinateur, délégué des adhérents parisiens de l'Internationale (Paris, rue Vavin, 10).

Fruneau, charpentier, délégué de l'Association *la Liberté des charpentiers de Paris* (Paris, rue de Charenton, 154).

Tartaret, ébéniste pour marbriers, délégué des marbriers de Paris (rue du Faubourg-Saint-Antoine, 232).

Bourseau, bronzier, délégué de l'Association des bronziers et des fondeurs de Lyon (rue des Remparts-d'Ainay, 24, à Lyon).

Outhier, menuisier, délégué de l'Association des menuisiers de Lyon (rue Saint-Hélène, 55, à Lyon) (2).

Albert Richard, tisseur, délégué des corporations des ovalistes et des passementiers de Lyon (quai de Serin, 20, à Lyon).

Palix, tailleur, délégué des corporations des ovalistes et des tailleurs de Lyon (cours Vitton, 41).

Ch. Monier, chapelier, délégué de la section des ovalistes de Saint-Symphorien d'Ozon (rue Montesquieu, 53, à Saint-Symphorien (Isère).

Bakounine, publicite, délégué des ouvrières ovalistes de Lyon (Genève, 125, rue Montbrillant).

Fourreau, menuisier, délégué des sociétés des menui-

---

(1) Murat, Pindy et Dereure ont joué un rôle important à Paris pendant la période insurrectionnelle.

(2) Outhier a été élu membre du Conseil municipal à Lyon, de septembre 1870 au 7 mai 1871.

siers, des tailleurs de pierres, des maçons et des vanniers, etc., de Marseille (rue Navarin, 15, Marseille).

Tolain, graveur, délégué de l'Association des boulangers de Marseille.

Boudet, fabricant de flanelle, délégué de la section de Limoges.

BELGIQUE.

Hins, professeur, délégué du Conseil général des sections belges (Bruxelles, au Cygne, Grand'Place).

Robin, professeur, délégué de la section liégoise (actuellement à Genève, Montbrillant, E. 43).

Bastin, tisserand, délégué de la Fédération de la vallée de la Vesdre (Nessonvaux-lez-Verviers).

Brismée, imprimeur, délégué de la section bruxelloise (rue des Alexiens, 13, à Bruxelles).

De Paepe, correcteur typographe, délégué des sections du bassin de Charleroi, Fédération de l'Est (rue de Terre-Neuve, 47, à Bruxelles).

ALLEMAGNE.

Spier, instituteur, délégué de l'Internationale de Brunswick (Wolfenbuttel, en Brunswick).

Rittinghaussen, publiciste, délégué des sections de Cologne et de Solingen (Cologne, rue Gédéon, 36).

Liebknecht, rédacteur du *Demokratisch Wochenblatt*, délégué du Congrès d'Eisenach (Leipzig, 11, Braustrasse).

Hess, publiciste, délégué de la section de Berlin, actuellement à Paris (boulevard de Courcelles, 50).

Janash, professeur d'économie sociale, délégué de la section de Magdebourg (Bâle, Grenzacherstrasse, in Fischergarten).

Becker, faiseur de balais, délégué du Comité central du groupe des sections de langue allemande (rue du Pré-l'Evêque, 33, à Genève).

Krieger, journaliste, délégué de la section de Dresde.

Bracke, délégué de la section de Brunswick.

Scherer, étudiant, délégué de la section de Barmen-Elberfeld.

Burger, tanneur, délégué de la section de Leurach (grand-duché de Bade).

Bastin, tisserand, délégué de la Chambre allemande de Verviers (déjà nommé).

Lessner, tailleur, délégué des branches allemandes en Angleterre (déjà nommé).

## AUTRICHE.

Neumayer, rédacteur du *Neusstadter Wochenblatt*, délégué de la section de Neustadt et des sections de la Bohême (Neustadt, 387, Hautplatz).

Oberwinder, journaliste, délégué de la section de Vienne.

## SUISSE.

Perret, graveur, délégué des sections de la fabrique d'horlogerie, bijouterie et pièces à musique de Genève (rue du Cendrier, 14, à Genève).

Grosselin, monteur de boîtes, délégué des sections internationales de Genève (rue Caroline, 23, Carouge).

Goegg, rédacteur du *Das Felelisin*, délégué des Sociétés ouvrières allemandes de la Suisse (rue du Mont-Blanc, 25, à Genève).

Heng, graveur, délégué des sections internationales de Genève (rue de l'Entrepôt, 14, à Genève).

Brosset, serrurier, délégué des sections genevoises (rue de la Nouvelle-Tour-Maîtresse, à Genève).

Fritz Robert, professeur, délégué de la section de la Chaux-de-Fonds (à la Chaux-de-Fonds).

Floquet, monteur de boîtes, délégué de la section centrale du Locle (rue du Collége, au Locle, canton de Neuchâtel).

Jaillet, corroyeur, délégué de la section de Lausanne (rue du Pré, 44, à Lausanne).

Schwitzguebel, graveur, délégué des sections du district de Courtelary (à Sonvilliers, Jura bernois).

James Guillaume, professeur, délégué de la section du Locle et de la Société des graveurs (à Neuchâtel).

Gorgé, horloger, délégué de la section de Moutier-Grand-Val (à Moutier-Grand-Val).

Martinaud, typographe, délégué de la section de Neuchâtel (chez M. Guillaume, à Mail, près Neuchâtel).

Burkli, président et délégué de la Société de consommation de Zurich (Konsumhalle, à Zurich).

Greulich, relieur, délégué de la section de Zurich (Neumunster, à Zurich).

Eschbach, mécanicien, délégué des ouvriers métallurgistes de Zurich.

Frey, ouvrier de la fabrique et membre du Grand Conseil de la République baloise, délégué de Lutzel-Flû.

Bruhin, publiciste et procureur général de la République baloise, délégué des sections réunies de Bâle-Ville et Bâle-Campagne (rue des Jardins, 63, à Bâle).

Bohny, négociant, délégué de la section de Bâle-Ville (Hutgasse, 8, à Bâle).

Leisinger, tailleur, délégué de l'*Arbeiter Verein* de Bâle (Gasthaus zur Kanne, à Bâle).

Holeiber, serrurier, *idem* (*idem*).

Starke, teinturier, délégué de la section des cordonniers de Bâle.

Collin, marchand, délégué de la section de Bâle-Ville (Freinstrasse, à Bâle).

Quinche, rubannier, délégué de la section des rubanniers bâlois (rue Saint-Aubin, à Bâle).

Gut Gerold, tailleur, délégué des sections des tailleurs de Lausanne et de Bâle (à Bâle, Kromen-gasse, 10).

### ITALIE.

Caporusso, tailleur, délégué de la section centrale de l'Internationale à Naples (vico due Porte al Toledo, 10, Napoli).

Bakounine (déjà nommé), délégué de la section des mécaniciens de Naples.

Heng (déjà nommé), délégué de la section italienne de Genève.

ESPAGNE.

•Farga Pellicer, typographe, délégué du Centre fédéral des sociétés ouvrières de la Catalogne, affilié à l'Internationale (rue Caders, 22, Barcelone).

Sentinion, médecin, délégué de la Section internationale de Barcelone et de l'Alliance de la démocratie socialiste (Calle de los Mercaders, Barcelone).

*N. B.* Deux autres délégués n'ont pu arriver à Bâle pour prendre part aux travaux du Congrès, savoir :

Fanelli, délégué des associations ouvrières de Florence (Italie) ; ce délégué, s'étant trouvé malade pendant son voyage pour Bâle, n'a pu arriver jusqu'au Congrès où son mandat de délégation est parvenu seul.

Balzer, délégué de la section allemande de San-Francisco (Amérique). Des circonstances imprévues l'ont arrêté en route, de manière qu'il n'est arrivé à Bâle que le 18 septembre (1).

Yung fut nommé président du Congrès ; Brismée et Bruhin, vice-présidents ; secrétaires pour la France, Varlin, Aubry et Robert ; pour l'Allemagne, Liebknect, Hess et Spier ; pour l'Angleterre, Eccarius ; pour l'Espagne, Farga-Pellicer (*Mirabeau*, numéro du 3 octobre 1869).

Les premières séances du Congrès furent consacrées à la lecture du rapport du Conseil général et des nombreux rapports des groupes ou sections sur l'état et le développement de l'Internationale dans les différents pays (Hins, rapporteur de la section belge ; Richard, de la section lyonnaises ; Caporusso, de la section de Naples ; Murat, des sections parisiennes ; Floquet, des sections allemandes).

La première question du programme, *la propriété fon-*

---

(1) Cette liste a paru également dans l'*Internationale* (numéro du 19 septembre 1869.

*cière*, ne fut mise à l'ordre du jour qu'à la quatrième séance (9 septembre) ; de Paepe lut un rapport très-détaillé et fit connaître les résolutions de la Commission chargée de l'étude de cette question ; il proposait au Congrès de déclarer : 1° *Que la société a le droit d'abolir la propriété individuelle du sol et de faire rentrer le sol à la communauté* ; 2° *Qu'il y a nécessité de faire entrer le sol à la propriété collective.* Rittinghausen, Aubry et Richard s'élèvent avec force contre la propriété individuelle ; ils la considèrent comme la source de toutes les misères et inégalités sociales : « Née de la violence et de l'usurpation, elle doit « disparaître devant la propriété foncière réglée par les « communes organisées fédérativement. » Henri Fritz, Cowel Stepney, Armand Gœgg, Lucraft, Robin, Bakounine, Lessner et Hins soutiennent la même thèse ; Chémalé, Tolain, Mollin et Murat se déclarent partisans de l'individualité de la propriété.

Le premier paragraphe des résolutions de la Commission mis aux voix, est adopté par 54 oui contre 4 non. Le vote du second paragraphe donne pour résultat 53 voix pour, et 4 voix contre.

2e question. — *Du droit d'héritage.*

Brismée, rapporteur de la Commission, donne lecture des conclusions suivantes adoptées par elle à l'unanimité. (Voir *Internationale,* numéro du 19 septembre 1869 ; *Mirabeau,* numéro du 7 novembre 1869.)

« Considérant que le droit d'héritage, qui est un élé-« ment inséparable de la propriété individuelle, contribue « à aliéner la propriété foncière et la richesse sociale au « profit de quelques-uns et au détriment du plus grand « nombre ; que, par conséquent, le droit d'héritage est un « obstacle à l'entrée du sol et de la richesse sociale dans « la propriété collective ;

» Que d'autre part, le droit d'héritage, quelque res-« treinte que soit son action, constitue un privilége dont le « plus ou moins d'importance ne détruit point *l'iniquité en « droit, et qui est une menace permanente au droit social* ;

« Qu'en outre, le droit d'héritage, dans toutes ses mani-« festations, dans l'ordre politique comme dans l'ordre éco-

« nomique, est un élément essentiel de toutes les inégalités,
« parce qu'il empêche que les individus aient les mêmes
« moyens de développement moral et matériel ;

« Considérant enfin que le Congrès s'est prononcé pour
« la propriété collective foncière, et que cette déclaration
« serait illogique si elle n'était corroborée par celle qui va
« suivre :

« Le Congrès reconnaît que le *droit d'héritage doit*
« *être complétement et radicalement aboli*, et que cette
« abolition est une des conditions les plus indispensables
« de l'affranchissement du travail. »

Eccarius propose, en attendant la réalisation de la propriété collective, d'adopter des mesures transitoires consistant dans la revendication d'une élévation considérable des droits de succession, et l'application de la plus value de l'impôt, ainsi produite, à des améliorations sociales.

Richard, Bakounine et Varlin se prononcent contre le droit d'héritage : Murat combat l'abolition de ce droit. De Paepe, au nom de la section bruxelloise, présente un rapport sur cette question qu'il considère comme très-importante : 1° en tant que remède contre le paupérisme ; 2° en tant que moyen d'opérer la transition de la propriété individuelle à la propriété collective.

Il admet que le droit d'héritage doit être restreint quant aux degrés de parenté qui donnent accès à la succession ;
« qu'épuré, dépouillé de tout ce qui le rendait inique, li-
« mité en lui-même et par le milieu social, réduit enfin à
« son minimum, l'héritage individuel n'est plus qu'un élé-
« ment de progrès et de moralité. Il ne croit pas à l'effica-
« cité de son abolition comme moyen de liquidation so-
« ciale (1).

Les conclusions de la Commission sont mises aux voix : 32 délégués se prononcent pour l'abolition du droit d'héritage ; 23 contre, et 17 s'abstiennent. Le résultat ne donne pas de majorité ; on soumet au Congrès un amendement proposé par Eccarius consistant à limiter le droit de tester

---

(1) Ce rapport a été publié par l'*Internationale*, numéro du 22 août 1869. — *Féderacion*, numéro du 6 décembre 1869.

et à augmenter l'impôt sur l'hérédité directe déjà existant dans certains pays. Cet amendement est rejeté à une forte majorité.

3e question. — *De l'influence des sociétés de résistance (Trades-Unions) pour l'émancipation des travailleurs.* — Pindy donne connaissance du rapport de la commission qui considère la société de résistance comme ayant pour objet de préparer l'avenir et d'assurer le présent : « *Le groupe-* « *ment des sociétés de résistance formera la commune de* « *l'avenir, et le gouvernement sera remplacé par les conseils* « *des corps de métiers.* » Il propose au Congrès d'adopter les conclusions suivantes :

« Le Congrès est d'avis que tous les travailleurs doivent « s'employer activement à créer des sociétés de résistance « dans les différents corps de métiers.

« A mesure que ces sociétés se formeront, il invite les « sections, groupes fédéraux ou conseils centraux, à en « donner avis aux sociétés de la même profession, afin de « provoquer à la formation d'unions internationales du « corps de métiers. Ces fédérations seront chargées de « réunir tous les renseignements intéressant leur industrie « respective ; de diriger les mesures à prendre en commun ; « de régulariser les grèves et de travailler activement à « leur réussite, en attendant que le salariat soit remplacé « par la fédération des producteurs libres.

« Le Congrès invite, en outre, le conseil général à ser- « vir, en cas de besoin, d'intermédiaire à la fédération des « sociétés de résistance de tous les pays. »

Chémalé, Hins, Flahaut, Durand, Tolain, Tartaret, Greulich, Brismé, Grosselin et Applegarth démontrent la nécessité de la formation et du développement des sociétés de résistance (1).

Les conclusions de la commission sont adoptées à l'unanimité.

---

(1) Un rapport sur cette question lu en assemblée générale de la section de Bruxelles a été reproduit dans l'*Internationale* du 29 août 1869.

Deux autres questions, le *crédit* et l'*éducation intégrale*, étaient comprises dans le programme ; mais elles n'ont pu être traitées, et leur discussion a été renvoyée au prochain Congrès. Sur la proposition du compagnon Hins et à l'unanimité des voix, la ville de Paris a été choisie pour lieu de réunion de ce Congrès, qui se réunira le premier lundi du mois de septembre 1870 (*Internationale*, numéro du 19 septembre 1869) ; mais il est probable que les poursuites dont l'Internationale vient d'être l'objet en France détermineront le Conseil général à modifier cette décision et à désigner une autre ville (Art. 3 des statuts).

Indépendamment de ces Congrès internationaux, les fédérations d'un même pays tiennent, à des périodes déterminées par leurs statuts, des congrès que l'on peut qualifier de *nationaux* ou même *provinciaux*, lorsqu'ils sont organisés par les soins d'une seule fédération ou d'un seul groupe de sections. Nous avons vu que les Congrès généraux ont pour but d'élaborer les principes de l'Association et de poser les questions pratiques de l'organisation ouvrière aux sections internationales, afin qu'elles les étudient et les mettent en vigueur : c'est principalement pour s'entendre sur les moyens pratiques de l'organisation qu'ont été créés les Congrès régionaux : telle a été toujours leur constante préoccupation.

Aux termes des statuts de la fédération des sections belges (Art. 2), un congrès doit avoir lieu tous les six mois (1) : ce délai est réduit à trois mois pour les sections de la vallée de la Vesdre. En Suisse, la fédération romande tient tous les ans un Congrès (Art. 7 des statuts) : un premier Congrès s'est réuni à Genève, le 2 janvier 1869, pour élaborer

---

(1) Des Congrès ont eu lieu les 16 et 17 mai 1869 et du 31 octobre au 10 novembre 1869.

Au Congrès tenu à Bruxelles les 16 et 17 mai 1869, se trouvaient des délégués des sections suivantes : Bruges, Gand, Anvers, Bruxelles, Houtain-le-Val (Brabant), Carnières, Jemmapes, Gouy-Lez-Pieton, Courcelles, Roux, Bayemond, Jumet-Oubois, Heine-sous-Jumet, Ransart, Gilly, Montigny-sur-Sambre, Charleroi (faubourg), Dampremy, Monceau-sur-Sambre, Forcies-la-Marche, Chatelineau, Montigny-le-Tilleul, Marcinelle, Baulet, Nalines (Namur), Lize et Seraing, Dison, Pépinster, Ensival, Nessonvaux, Tisserands gantois, Francs-ouvriers de Verviers, Branche allemande, Tisserands verviétois (*Internationale*, numéro du 30 mai 1869).

un règlement fédératif; le second Congrès s'est ouvert à la Chaux-de-Fonds, le 5 avril 1870, sous la présidence du citoyen Dupleix de Genève. Une scission complète s'y est produite entre les sections genevoises, celles du Locle et de la Chaux-de-Fonds au sujet de l'admission dans la fédération romande de la section de l'Alliance de la démocratie socialiste et de l'attitude de l'Internationale dans la question politique et vis-à-vis des gouvernements.

Le programme de ce Congrès contenait ces trois questions : *De la fédération des caisses de résistance; des sociétés coopératives*, et *de l'attitude de l'Internationale vis-à-vis des gouvernements*. Il importe de faire connaître les résolutions qui ont été adoptées sur la dernière de ces questions, et qui rejettent l'abstention politique comme contraire à tous les intérêts des travailleurs.

### RÉSOLUTIONS (1)

*du Congrès de la Chaux-de-Fonds, concernant la question de l'attitude de l'Internationale envers les gouvernements.*

« 1. Nous combattons l'abstention politique comme fu-
« neste par ses conséquences pour notre œuvre commune.

« 2. Quand nous professons l'intervention politique et
« les candidatures ouvrières, il est bien entendu que nous
« ne croyons point que nous puissions arriver à notre
« émancipation par la voie de la représentation ouvrière
« dans les conseils législatifs et exécutifs. Nous savons fort
« bien que les régimes actuels doivent nécessairement être
« supprimés ; nous voulons seulement *nous servir de cette*
« *représentation comme d'un moyen d'agitation* qui ne
« doit pas être négligé par la tactique que nous avons à
« suivre dans notre lutte.

« 3. L'intervention dans la politique étant pour nous un

(1) Un compte rendu de ce congrès a été publié par l'*Egalité* (numéro du 16 avril 1870) et par la *Solidarité* des 16 et 23 avril 1870.

« *moyen d'agitation*, il est évident que notre grand but « tend à la transformation intégrale des rapports sociaux, « et que, pour nous, toute agitation est subordonnée au « mouvement socialiste et ne lui sert que de moyen, ce qui « du reste est confirmé par les statuts généraux de notre « Association, avec lesquels nous ne devons pas être en « contradiction.

« 4. Ceci admis, il est bien entendu que l'*Internationale « doit poursuivre énergiquement son organisation à elle, « qui n'est que la forme préparatoire de l'avenir*, et que « cette organisation doit embrasser toutes les manifesta- « tions de la vie ouvrière. C'est en ce sens que nous adhé- « rons pleinement à l'idée de la *Représentation du travail*, « affirmant en principe que dans l'organisation sociale d'un « proche avenir, il ne peut et ne doit exister qu'une seule « représentation dirigeant ou statuant les intérêts géné- « raux, et cette représentation est celle du travail.

« 5. Nous ne croyons pas, vu la situation de l'Interna- « tionale, qu'elle doive intervenir comme *corporation* dans « la politique actuelle, ce qui du reste est matériellement « impossible, attendu que, dans tous les pays, un grand « nombre de membres de l'Internationale étant étrangers, « ne sont pas, d'après la loi, reconnus comme citoyens du « pays où ils se trouvent ; mais nous croyons qu'*indivi- « duellement* chaque membre doit intervenir, autant que « faire se peut, dans la politique, en se conformant aux « principes que nous venons d'exposer. »

Un Congrès provincial a été tenu le 20 février 1870, à Verviers, sous la présidence du compagnon Van Messe, de Liége (1). Nous citerons encore le Congrès néerlandais d'Anvers, le Congrès du centre à la Louvière (18 avril 1870), les Congrès allemands, le Congrès espagnol réuni à Madrid au mois de mai dernier, etc., etc.

Nous devons ajouter que la Fédération rouennaise avait pris l'initiative d'un Congrès français qui devait s'ouvrir à Rouen le 15 mai, mais dont la réunion a dû être ajournée.

---

(1) *Mirabeau*, du 6 mars 1870.

Voici l'appel adressé par le Comité fédéral à toutes les sociétés ouvrières de France :

## Congrès national des Sociétés ouvrières de France.

*La Fédération ouvrière rouennaise*
*à toutes les Fédérations et Sociétés ouvrières de la France*

« Chers Camarades

« La Fédération ouvrière rouennaise, désirant prouver à « ses nombreux adversaires que la question sociale occupe « aujourd'hui le premier plan parmi toutes celles qui agi- « tent la vieille société, et voulant poser carrément en face « de la Bourgeoisie sceptique la solution du grave pro- « blème — *l'affranchissement du prolétariat,* — s'em- « presse de faire part à toutes les sociétés ouvrières de « France qu'elle ouvrira à Rouen un Congrès, le dimanche « 15 mai prochain, auquel elle prie toutes lesdites Sociétés « de vouloir bien envoyer des délégations, afin de donner « à cette grande manifestation du Travail le plus de solen- « nité possible.

« La Fédération rouennaise est convaincue qu'un grand « nombre de Sociétés seront jalouses de concourir à ce « grand acte, qui achèvera de désiller les yeux des plus « indifférents sur la valeur des questions que les travail- « leurs de tous les pays agitent depuis quelques années.

« Voici le programme des questions à étudier, que le « comité fédéral a arrêté dans sa dernière séance :

« 1° Des causes de la misère ;
« 2° Des moyens d'y remédier ;
« 3° De la solidarité ;
« 4° De la grève ;
« 5° Des ateliers corporatifs, dits de résistance ;
« 6° Du crédit et de l'échange ;
« La durée du Congrès est d'une semaine. La Fédération

« prendra les mesures nécessaires pour que le séjour des « délégués soit pour chacun d'eux le moins onéreux.

« Dans l'espoir que son appel sera entendu, elle a l'hon- « neur de présenter son salut fraternel à toutes les Sociétés « ouvrières.

« Pour le Comité fédéral :

« *Les Secrétaires*,

« PAQUES, FRISCH, CORNILLOT,
« SAVAL et E. AUBRY.

« Nota. Les personnes n'appartenant à aucune organi- « sation ouvrière pourront adresser des mémoires sur les « questions à l'étude, qui seront lus si la commission « nommée *ad hoc* le juge opportun. »

(Extrait de l'*Egalité*, du 9 avril 1870 — *Réforme sociale*, 3 avril 1870 — *Solidaridad*, 23 avril 1870.)

D'ailleurs, les sections d'une localité peuvent se réunir en assemblée générale aussi souvent qu'elles le jugent utile et y prendre les décisions qui leur paraissent intéresser l'avenir de l'œuvre dont elles poursuivent le triomphe. C'est ainsi que les sections du bassin de Liége tiennent quatre assemblées fédérales par an. (*Internationale*, numéro du 21 mars 1870.)

## VIII.

### Développement de l'Internationale. — Tableau de la situation actuelle de cette association en France, en Europe et en Amérique.

L'Internationale a rapidement progressé. Grâce à son active propagande, au zèle infatigable de ses membres, aux nombreuses grèves dont elle a assuré le succès, à ses meetings, à ses journaux, à ses manifestes, à sa puissante organisation, à ses procédés d'affiliation et aux ressources dont elle dispose, elle a agrandi successivement le cercle de son influence et augmenté le nombre de ses adhérents. C'est en Suisse qu'elle avait établi dès le principe son principal centre d'action ; les conditions politiques de ce pays devaient lui permettre de s'y généraliser et d'y obtenir des résultats possitifs ; dès 1867, des groupes étaient formés à Genève, Carouge, Lausanne, Vevey, Montreux, Neutchâtel, la Chaux-de-Fonds, le Locle, Sainte-Croix, Saint-Imier, Verviers, Sonvillier, Bienne, Moutier, Beaucourt, Zurich, Bâle, Berne, Tramelan, Wetzikon, les Breuleux et les Bois.

Les adhésions se multipliaient, les Sociétés ouvrières s'organisaient et l'union des travailleurs s'affirmait chaque jour davantage. Les Congrès de Genève et de Lausanne venaient encore resserrer ces liens et donner une nouvelle impulsion au développement de l'Internationale.

A la même époque, des tentatives étaient faites en Belgique ; la grève des vanniers et des cigariers belges était le point de départ. Des relations s'établissaient entre Bruxelles et le Conseil général ; une section dite *Fédération bruxelloise* était fondée dans cette ville ; les ouvriers de Liége, Bruges, Gand et Anvers suivaient la même voie. Les événements survenus dans les bassins houillers de Charleroi, et plus tard, « les massacres de Seraing et du Borinage » venaient à leur tour hâter la marche de l'Internationale. Des meetings étaient donnés dans toutes les villes et villages industriels ; à Gand, une fédération de 23 sociétés ouvrières s'affiliait à l'Internationale ; la section bruxelloise prenait chaque jour une nouvelle extension, et ses délégués aux Congrès de 1868 et de 1869 témoignaient par leurs nombreux rapports de l'activité de cette section. Un journal fondé par ses soins initiait les travailleurs au mouvement de la classe ouvrière et aux progrès déjà réalisés. Aujourd'hui, la Belgique est de toutes les contrées celle où l'Internationale compte le plus de sections, comme nous l'établirons plus loin.

En 1865, les ouvriers français, qui avaient eu l'idée mère de cette vaste association, établissaient un centre d'action à

Paris; mais le rôle de l'Internationale, en France, devait être difficile. La liberté de réunion et d'association n'existait pas, il fallait agir avec prudence et circonspection. Toutes les tentatives faites par le Conseil général pour faire entrer en France les carnets contenant les statuts et les règlements de l'association étaient demeurées sans résultat, et l'administration française multipliait les obstacles à son développement. Cependant une seconde section se formait à Rouen sous l'impulsion d'Aubry. Ces deux sections étaient représentées au Congrès de Genève, et quelques adhésions étaient même recueillies à Lyon par les soins d'un comité. En 1867, les membres de l'Internationale commençaient à affirmer leurs principes et à répandre dans la classe ouvrière les idées de mutualité et de solidarité. La cause du prolétariat gagnait du terrain ; des groupes se formaient à Marseille, Fuveau, Bordeaux, Neuville-sur-Saône, Caen, Condé-sur-Noireau, Vienne, Villefranche (Rhône); chacune de ces sections envoyait un délégué à Lausanne. Bientôt le pouvoir croissant de cette association se manifestait dans les grèves de Paris, d'Amiens, de Roubaix et de Genève; l'attention du gouvernement était éveillée sur les manœuvres occultes de l'Internationale; deux Commissions de la fédération Parisienne furent successivement condamnées. Cette poursuite amena la dissolution de la plupart des autres; un temps d'arrêt se produisit. Mais cette période ne pouvait être de longue durée, bientôt les sections se réorganisèrent. D'ailleurs, il faut bien le reconnaître, l'agitation des esprits, la loi nouvelle sur le droit de réunion, les efforts des socialistes, la multiplicité des grèves, les événements politiques, la tolérance du gouvernement, les difficultés toujours croissantes de la situation, le succès des candidatures radicales et la nécessité d'assurer le triomphe d'une révolution dont on prévoyait la possibilité, furent autant de causes qui contribuèrent à précipiter le mouvement. Lyon, Marseille, Rouen, Saint-Étienne, la Ciotat, Aix, Paris, Elbeuf, Rethel, Limoges, Lille, Besançon, Roubaix, Mulhouse, Brest, le Creuzot, Fourchambauld, deviennent le siége de sections importantes. Nous verrons tout à l'heure avec quelle prodigieuse rapidité s'est développé et généralisé l'esprit d'association.

Pendant ce temps, l'Internationale s'implantait en Italie,

et Naples devenait le centre d'une forte section ; en Angleterre, les Trades-Unions s'affiliaient à l'Internationale : le Conseil général entrait en relations avec le Labour-Union des Etats-Unis et avec l'Union Internationale des fondeurs de fer.

La Hollande sortait de son apathie ; Amsterdam, après la grande grève des charpentiers et typographes, voyait se fonder dans ses murs la première section de l'Internationale.

En Autriche et en Prusse, les associations ouvrières empêchées par les lois s'affiliaient individuellement. L'Union générale des ouvriers allemands agissait de concert avec l'Internationale dont elle hésitait encore à adopter officiellement les principes. En Espagne, des fédérations ouvrières se formaient sur tous les points, Barcelone était le foyer de ce mouvement; Madrid, Cadix et Palma, les principaux centres.

Présentons maintenant le tableau de la situation actuelle de l'Internationale en France et en Europe.

## § Ier. — EN FRANCE.

Des sections existent à Paris, Marseille, Rouen, Roubaix, Besançon, Lille, Limoges, Aix, la Ciotat, Lyon, Saint-Etienne, Elbeuf, Gonfaron (Var), Brest, le Mans, Fourchambault, le Creuzot, Vienne, etc., etc. On ne compte encore que quatre fédérations : *Les Fédérations parisienne, marseillaise, rouennaise et lyonnaise.* Ces fédérations et celles qui seront organisées dans la suite sont destinées à être reliées entre elles par un bureau central dont le siége sera probablement établi à Paris, et qui seul sera chargé de correspondre avec le Conseil général de Londres et d'en recevoir les communications.

1° *Fédération Parisienne.* Une section fut définitivement constituée à Paris, au commencement de 1865; elle avait établi son siége rue des Gravilliers, n° 44. Au 1er décembre 1866, elle ne comptait que 600 membres ; elle était alors dirigée par Murat, Varlin, Tolain, Fribourg et Chémalé, qu'elle avait délégués quelques jours auparavant au Congrès de Genève (1).

Au Congrès de Lausanne, le nombre de ses délégués était encore plus considérable : Chémalé y donnait lecture de deux rapports, l'un sur l'équivalence des fonctions et l'autre relatif à l'influence des machines à coudre sur la vie des ouvrières ; Tolain, Murat, de Beaumont, Marly, Garbe, Pioley et Raymond se signalaient par la manière dont ils revendiquaient les droits des travailleurs. Les poursuites dirigées contre l'Internationale, en 1868, eurent pour résultat la dissolution de la commission parisienne; mais l'Association n'en continua pas moins d'exister, seulement les affiliations ne pouvaient se produire que très-difficilement. Tous les membres, dans leur impossibilité d'agir en collectivité, résolurent de continuer leur œuvre *individuellement* : Tolain, Flahaut, Dosbourg, Murat, Delacour, Ansel, Pindy, Durand, Roussel et Theiz se rendirent à Bruxelles pour protester contre les condamnations prononcées par le tribunal de Paris, et affirmer que les tracasseries gouvernementales, loin de tuer l'Internationale en France, avaient contribué à lui donner un nouvel essor. Delacour et Tolain y discutaient l'effet des machines sur le salaire et la situation des travailleurs, et donnaient lecture d'un rapport présenté par la commission des relieurs de Paris sur l'éducation des classes ouvrières et la nécessité de l'instruction intégrale. Murat présidait la séance du 13 septembre.

Au mois de mars 1869, Drouchon, Soliveau et Theiz (2) élaboraient un projet de statuts de chambre fédérale entre les diverses sociétés ouvrières. Cette chambre fédérale n'était définitivement constituée qu'au mois de décembre

---

(1) Tolain, Perrachon et Limousin assistaient au meeting tenu à Londres, le 28 septembre 1864. En 1867, le bureau de Paris était composé de Chémalé, Murat, Tolain, Camelinat, Fribourg, Héligon, Bastien, Perrachon, Bellamy, Guillard, Gérardin, Gauthier, Dauthier, Fournaise, Delorme, Delalaye.

Camelinat est devenu au mois de mars 1871 Directeur *communard* de la Monnaie, et Delalaye, comptable de la Bibliothèque nationale.

(2) Theisz avait été nommé par la Commune directeur des Postes; il a rempli ces fonctions jusqu'au 23 mai.

suivant. Les préoccupations politiques des mois de mai et juin détournèrent alors les esprits en fournissant une utile diversion qui devait faciliter l'œuvre de propagande socialiste et révolutionnaire et préparer les masses au travail de fédération dont on avait jeté les bases.

En attendant cette constitution définitive, Varlin, Landrin, Dosbourg, Durand, Roussel, Flahaut, Murat, Pindy, Mollin, Franquin, Langlois, Dereure, Chémalé, Fruneau et Tartaret prenaient part aux discussions du Congrès de Bâle.

De nouvelles corporations s'étaient organisées en sociétés et s'affiliaient à l'Internationale. Une seule section ne suffisait plus : on avait celles de Vaugirard, Meudon, Clichy, Puteaux, Batignolles, Belleville, le Panthéon, Montmartre, Grenelle, La Villette, Montrouge, de l'Est (faubourg Saint-Denis), la-Maison-Blanche, le Cercle d'études sociales, le Cercle socialiste, le Cercle positiviste. Une fédération était désormais nécessaire pour relier toutes ces sections : ses statuts furent adoptés dans une réunion, au mois de mars 1870, discutés et soumis à une assemblée générale tenue le 18 avril 1870, sous la présidence de Varlin (1). La puissance des sections parisiennes s'était déjà affirmée lors de la grève de Creuzot : elles étaient en relations avec les sections des autres villes. Varlin assistait à la réunion générale de la fédération lyonnaise (13 mars 1870), dont il était nommé président par acclamation : il apportait à ses membres des carnets de l'Internationale qu'il avait fait imprimer à Paris. La tolérance et la longanimité du gouvernement produisait ses fruits (2).

Paris possède une chambre fédérale des sociétés ouvrières, une caisse fédérative des cinq centimes et une fédération des sections parisiennes. La chambre fédérale (Theisz, rue de Jessaint, 12, secrétaire) compte quarante sociétés : la caisse fédérative (Lombart, secrétaire, rue Saint-Martin,

(1) Ces statuts ont été publiés dans la *Réforme sociale*, numéro du 24 avril 1870; nous les avons reproduits, pages 110 et suiv.

Un compte rendu de cette assemblée générale a été publié par la *Solidarité* du 23 avril 1870.

(2) La fédération parisienne avait établi son siége place de la Corderie-du-Temple.

318), vingt sociétés; et la fédération (Langevin, secrétaire, rue de l'Eglise, 60), vingt-cinq sociétés.

Presque toutes les sociétés ouvrières se sont fédérées et adhèrent à l'Internationale. Nous citerons les imprimeurs-lithographes, les imprimeurs sur étoffes, les ferblantiers, les mécaniciens, les balanciers, les bronziers, les bijoutiers, les dessinateurs, les ouvriers en bâtiment, les relieurs, les tourneurs sur métaux et repousseurs, les selliers, les bourreliers, les marbriers, les robinettiers, les mégissiers, les menuisiers, les porcelainiers, les ébénistes, les cordonniers, les charpentiers, les passementiers, les dessinateurs sur étoffes, les opticiens, les cuisiniers, les décatisseurs, les peintres, les argileurs-mineurs, les tailleurs de pierre, le syndicat des ouvriers tapissiers, le cercle d'études sociales, des travailleurs unis, le Cercle parisien des prolétaires positivistes (adhésion du 23 janvier 1870). Il existe à la fois à Paris des sections et des groupes corporatifs; les groupes corporatifs tels que : relieurs, lithographes, cordonniers, etc., etc., n'admettent que des ouvriers d'une même profession; les sections, au contraire, comprennent les travailleurs de toutes professions, habitant un même quartier.

Une section Allemande vient d'être constituée à Paris : elle a fait paraître l'adresse suivante :

« L'Association Internationale des Travailleurs aux ou-
« vriers allemands :

« Des travailleurs allemands résidant à Paris ont pris la résolution d'adhérer au programme de l'Association internationale des Travailleurs en formant une section, convaincus qu'ils sont que ce n'est que par l'union fraternelle des travailleurs que la classe ouvrière pourra s'émanciper de son assujettissement au capital et de la servitude morale et matérielle qui en résulte. Un motif particulier nous appelle vers cette association : c'est que son prochain Congrès doit se tenir à Paris, selon la résolution du Congrès de Bâle. Ce Congrès au profit du travail sera plus important que tous les Congrès tenus *par les faiseurs politiques*. Les admissions sont reçues chez Peterson, quai d'Anjou, 29; Stade, rue de la Michaudière, 3; Ratz, rue de la

Victoire, 21 ; Bachrück, rue de l'Echiquier, 23 ; Frankel, (Léon), rue Saint-Sébastien, 37.—(*Réforme sociale*, 3 avril 1870) (1). »

Les membres influents de l'Internationale à Paris sont : Varlin, Landrin, Henri, Durand, Roussel, Mangold, Féron, Foucault, Malon, Combault, Chalin, Héligon, Giot, Delvincourt, Chanteau, Franquin, Reynard, Rivière, Mézière, Robin, Avrial, Langevin, Berden, Delacour, Frankel, Murat et Bachbruck (section allemande), Mollin, Granjon, Charbonnaud, Chémalé, Tolain, Pindy, Marly, Garbe, Humbert, Piolcy, Raymond, Flahaut, Dosbourg, Pindy, Theisz, Ansel, Carle, Alard, Leblanc, Fournaise, J. Johannard (2), Labourdy, Pagnerre, Bobin (3), Fribourg, Bourdon, Dereure, Fruneau, Tartaret, Soliveau, Drouchon, Lévy (Lazare), Jaillen, Houel, Avizard, Gauthier, Harlé, Parent, Terret, Langlois, Collot, Lafargue, Rocher, Chalain, Laporte, l'Heureux et Aymanin, du cercle positiviste.

La plupart de ces individus ont fait partie de la Commune au mois de mars 1871 : Varlin, Pindy, Murat, Avrial, Dereure, Frankel, Malon, notamment, ont joué un rôle très-important. Deux d'entre eux avaient été envoyés comme émissaires à Lyon, Albert Leblanc, actuellement détenu (4), et Rocher, ex-rédacteur de la *Marseillaise*, com-

---

(1) Le 17 février 1870, cette section a adressé au citoyen Barberet, gérant de la *Marseillaise*, une protestation contre l'arrestation de Varlin; elle a été reproduite dans l'*Égalité* du 26 février 1870.

Voici les noms des signataires :

Henri Bachrutch, 12, rue de l'Echiquier; Léo Frankel, rue Saint-Sébastien, 37 ; L. Péterzen; Ladwig; Wytzka; Otto Tietze; Ernest Lange ; Philippe Petera; Auguste Funke; F Stade; Haubold ; Stober; A Curtaz ; H. Lampe; E. Hunger; J. Ratz ; C. Schmidt; Edouard Ludwig ; Frédéric Villner; Jos. Werding; Otto Ludwig; Stossel , Winkl.

(2) Johannard était secrétaire-correspondant pour l'Italie ; il a signé en cette qualité un grand nombre de cartes d'affiliation.

(3) Bobin, ancien secrétaire du Conseil général belge, a été expulsé de Belgique à l'occasion des événements de Seraing et du Borinage. Un meeting contre cette expulsion a été tenu à Bruxelles par le Conseil général belge, le 2 août 1869.

(4) Albert Leblanc était porteur d'un mandat imprimé sur parchemin lui donnant pleins pouvoirs pour s'entendre avec *les groupes révolutionnaires de la province*. Ce mandat est signé au nom du Conseil fédéral des sections parisiennes par Henri Goullé, secrétaire.

promis dans l'insurrection du 23 mars et arrêté plus tard à Issoudun.

*Fédération lyonnaise. — Historique.* En 1866, un comité s'était formé à Lyon : la direction en avait été confiée à une commission exécutive composée d'Albert Richard, (délégué au congrès de Genève); Blanc, Schettel, Palix, Faure et Doublé; Blanc, Chanoz, Carnaï, Vindry, Bret, et Aristide Cormier étaient à cette époque les membres importants de la section.

La section Lyonnaise avait songé à s'organiser *en société industrielle et commerciale des Travailleurs lyonnais adhérents à l'Association internationale* : un projet de statuts avait été élaboré par la commission exécutive, mais cette idée n'eut pas de suite. Fn 1867, Schettel et Palix étaient délégués au Congrès de Lausanne. A cette époque, l'Internationale comptait à Lyon sept ou huit cents adhérents, appartenant à des corporations diverses et formant dix-huit groupes (*groupes de la Buire, de la rue de Chartres, de la Villette, des Chartreux, de la rue Sainte-Elisabeth, de Pierre-Scize, du nord de Serin, de Saint-Just, de la Cité du Rhône, de Saint-Clair*, etc., etc. Ces groupes qui avaient pour correspondant à Londres Schettel se réunissaient dans leurs quartiers respectifs; mais cette organisation ne pouvait manquer de péricliter. Les réunions générales n'étaient plus permises; l'isolement des groupes et surtout le manque de direction devaient rendre l'œuvre de l'Internationale bien difficile. Bientôt la division se mit dans les rangs de ses membres : la commission exécutive abdiqua ses pouvoirs et fut remplacée par une nouvelle (1). Dès lors, la scission devint complète : le Conseil général s'en émut, et Eugène Dupont fut chargé d'intervenir; il écrivit au correspondant lyonnais une lettre, communiquée à tous les membres, dans laquelle il déplorait une scission aussi regrettable, de nature à compromettre l'ave-

(1) Nous devons observer que les éléments qui composaient alors l'Internationale à Lyon, étaient beaucoup plus politiques que socialistes : les réunions étaient pour la plupart consacrées à la discussion des événements du jour et de l'attitude de la classe ouvrière vis-à-vis de la question Romaine.

nir de l'Internationale en France (1). Ces observations furent impuissantes à empêcher la désorganisation de la section lyonnaise ; ses discordes journalières l'avaient rendue inévitable, et lorsque le jugement du tribunal de Paris des 6 mars et 22 mai 1868 eut condamné la Commission Parisienne, la section de Lyon cessa de fonctionner, et les divers éléments qui la composaient ne tardèrent pas à se séparer. Tout se borna désormais à des rapports verbaux entre les chefs de quelques groupes ; mais bientôt ceux-ci se désagrégèrent à leur tour, et quelques citoyens à peine restèrent fidèles à l'Internationale. Aucun lien n'existait plus entre eux ; ils agissaient isolément, individuellement, se communiquant mutuellement tout ce qui pouvait intéresser l'association. Albert Richard, qui aspirait à jouer un rôle important dans l'Internationale, attendait l'occasion de se mettre à la tête du mouvement ; il correspondait avec le conseil général de Londres, avec les sections Suisses, affirmait ses doctrines socialistes et venait prendre part aux travaux du Congrès de Bruxelles (2).

Une première tentative de réorganisation eut lieu dans les premiers mois de 1869 ; elle devait être plus heureuse que les précédentes, et sous l'impulsion d'un chef aussi actif que Richard, des résultats ne pouvaient manquer d'être obtenus. Les événements, d'ailleurs, devaient faciliter l'œuvre qu'il entreprenait ; les grèves se multipliaient, des secours étaient accordés aux grévistes, et les corporations reconnaissantes s'affiliaient à l'Internationale, dont l'intervention avait assuré le triomphe de leur cause. Au

---

(1) Le groupe de la rue Sainte-Elisabeth se réunissait chez Chalot, cafetier et mécanicien, même rue. Les membres du bureau étaient : Sipel, président ; Résouche, vice-président ; Delauzun, secrétaire.

La Commission exécutive se réunissait chez Gremet, rue Stella ; elle a tenu sa dernière réunion le 11 novembre 1867.

(2) Les premières divergences s'étaient manifestées au sein de la section de Lyon, lors de l'envoi des délégués au Congrès de Lausanne ; il s'agissait de savoir si le correspondant devait être délégué de droit au Congrès où s'il ne pouvait l'être que sur un vote conforme de la section. Quelques adhérents soutenaient que le correspondant était un simple membre n'ayant pas plus de droit à la délégation que les autres : de là des discussions qui s'envenimèrent et se traduisirent par une rupture complète.

mois de juin 1869, ce sont les ovalistes et les menuisiers; au mois de juillet, les bronziers et les marbriers; au mois d'août, les passementiers dont l'adhésion avait eu lieu à l'unanimité dans une réunion générale de leur corporation. Le Conseil général de Londres ne pouvait rester indifférent; il déléguait ses pleins pouvoirs au citoyen Richard qu'il accréditait auprès des corporations en qualité de représentant. Le 28 août 1869, Dupont lui accusait réception de l'adhésion des passementiers et des cotisations versées par les ovalistes et par ces derniers.

Quatre délégués étaient envoyés au Congrès de Bâle par les corporations nouvellement affiliées; ajoutons que Richard s'y déclarait contre le droit d'héritage et la propriété individuelle. Au mois d'octobre, une réunion générale avait lieu au cercle des menuisiers, rue Grolée, 59. On y agitait la question de la formation d'un comité fédératif de toutes les industries de la ville de Lyon, et les délégués du Congrès de Bâle (1) insistaient sur la nécessité de s'organiser et de réunir en un seul faisceau les forces éparses. Le moment était propice; l'Internationale avait gagné du terrain, et il était temps d'affirmer son existence et son action par une active propagande. Cette proposition fut accueillie avec enthousiasme; on se mit en rapport avec Varlin, Aubry, Bastelica, James Guillaume, Perron; les conciliabules se multiplièrent, et bientôt l'*Egalité* (numéro du 27 novembre 1869), « annonçait que toutes les sociétés « ouvrières de Lyon venaient de former une fédération « dans le but de solidariser leurs intérêts moraux et ma- « tériels : *c'était sans bruit et sans ostentation*, ajoutait- « elle, *que cette idée depuis longtemps méditée avait été* « *mise à exécution* (*Fédéracion*, 6 décembre 1869). »

Quelques jours plus tard, le 5 décembre, les adeptes lyonnais recevaient la visite de Guillaume et de Bastélica, qui venaient stimuler leur zèle, leur expliquer les moyens à mettre en œuvre et leur démontrer combien leur concours pourrait être utile, si les événements répondaient à leur attente. Les grèves ne discontinuaient pas et la tension des

(1) Ces délégués étaient Bourseau, Outhier, Richard et Palix.

rapports entre le capital et le travail s'accroissait tous les jours. Toutes les corporations travaillaient à se constituer en sociétés pour s'affilier ensuite à l'Internationale et lui apporter un nouvel élément de force; l'avenir de l'Internationale était assuré à Lyon. On lisait, en effet, dans l'*Internationale* (numéro du 2 janvier 1870) ce passage : « l'As-
« sociation à Lyon a déjà, dans la fleur de son âge, conquis
« une si brillante renommée et une si redoutable puissance
« que nous pouvons tout attendre d'elle. Ce qu'il faut à
« Lyon pour la faire réussir, c'est avant tout et surtout *de*
« *la prudence*, puis une attitude digne, calme, ferme. Par
« des agissements répétés, par des sollicitations, des ma-
« nœuvres, nous aurions compromis son succès. »

Le 23 janvier, les adhérents lyonnais aux principes de l'Association Internationale, assemblés en réunion privée, rue Charlemagne, 75, désignaient une commission d'initiative composée de 20 membres et chargée de diriger et de développer *dans la mesure légale* le mouvement d'adhésion aux principes de l'Association; un appel était adressé à tous les citoyens disposés à apporter leur concours à l'œuvre de propagande entreprise par la Commission.

Cette nouvelle commission se réunissait (1) le 25 janvier, et répartissait entre ses membres les fonctions qui lui étaient attribuées.

Furent désignés : pour la rédaction et la correspondance, les citoyens Placet, graveur; G. Blanc, employé; Palix, tailleur; Chol (2), cordonnier et Albert Richard. Pour la comptabilité : les citoyens Louis Martin, passementier; Doublé, tisseur; Marmonnier, passementier; Arthur Martin, sculpteur; Saignier, tisseur. Pour le contrôle : les citoyens Michallet, tenturier; Pulliat, tisseur; Pichot, tulliste; Du-

(1) Les réunions avaient lieu rue Charlemagne, 75; plus tard, elles se tinrent au café Brochier, angle de la place Kléber et de la rue Charlemagne.

(2) Chol, devenu au 4 septembre membre du Comité de salut public, et plus tard commissaire central à Lyon, a été condamné à la déportation perpétuelle pour excitation à la guerre civile (Affaire Arnaud). C'est à lui et à son prédécesseur Timon que revient la gloire de toutes les arrestations illégales opérées à Lyon pendant le mois de septembre 1870.

puis, tailleur; Bret, tisseur. Pour la propagande : les citoyens Bourseau, bronzier; Beauvoir, commerçant; Vernaz, cordonnier; Deville, passementier et Ginet, tulliste.

Les membres de cette Commission étaient étroitement solidaires et parfaitement égaux. Ils n'avaient point de président ordinaire ni de secrétaire général. A chaque séance, un président d'office était nommé; les secrétaires se partageaient le travail. Seuls, les membres désignés pour la comptabilité avaient besoin d'un trésorier spécial. Ce titre fut confié au citoyen Louis Martin, passementier.

Les cinq membres suivants : Chol, cordonnier; G. Blanc (1), employé; Louis Martin, passementier; Bourseau et Albert Richard étaient inamovibles jusqu'à une décision spéciale et non prévue de la section. Les autres étaient révocables aussi bien que rééligibles par la prochaine Assemblée générale. — (*Internationale*, 30 janvier 1870.)

Une communication à cet effet fut adressée aux journaux l'*Egalité*, le *Progrès*, le *Mirabeau*, la *Fédéracion* et l'*Eguaglianza* de Naples.

Le 30 janvier, nouvelle réunion de la Commission : des mandataires sont désignés pour se mettre en relations avec les commissions des diverses sociétés ouvrières et tâcher de les entraîner dans la fédération. A partir de ce moment, la propagande se fait sur une vaste échelle : les corporations se réunissent et adhèrent en masse à l'Internationale ; les membres de la Commission redoublent d'efforts et déploient une activité dévorante. Une première assemblée préparatoire, *dite réunion privée*, a lieu le 13 février, chez Guillerme, rue Sainte-Elisabeth, 108. Plusieurs corporations y sont représentées. On y expose le but, les principes et les moyens d'action de l'Internationale. Une nouvelle réunion est tenue, le 27 février, dans la salle des Folies-Lyonnaises. Il est donné lecture d'un rapport sur les travaux de la Commission, sur les adhésions recueillies, sur les résultats obtenus et le succès toujours croissant de la Fédération lyonnaise. On décide qu'une assemblée générale de toutes les corporations aura

---

(1) Gaspard Blanc est l'un des héros du mouvement insurrectionnel du 28 septembre : au 23 mars, il était à la tête de la commission provisoire installée par la Commune à l'hôtel de ville de Lyon.

lieu à la Rotonde le 13 mars ; que (1) les sections de Paris, Rouen, Marseille, Neuchâtel, Limoges, Bruxelles et Saint-Etienne seront invitées à y envoyer des délégués. La Commission d'initiative multiplie ses séances (1er mars, 4 mars, 8 mars, 11 mars) : son œuvre grandit et se développe. Le 13 mars, une commission fédérale lui succède ; elle est appelée désormais à défendre les intérêts de la Fédération définitivement constituée.

Elle se composait de quinze membres nommés tous les ans en assemblée générale et auxquels devaient venir s'adjoindre deux délégués de chaque corporation déjà affiliée ou qui s'affilierait dans la suite ; enfin des statuts sont élaborés par cette Commission et adoptés par tous les adhérents.

Voici les noms de ces quinze membres :

Doublé, Richard, Placet, Blanc, Busque, Chol, Arthur Martin, Louis Martin, Marmonnier, Garnier, Régipas, Cevelinge, Ginet, Dupuis et Dumartheray (2).

La Fédération Lyonnaise s'était même occupée de la publication d'un organe spécial qui aurait été imprimé à Genève ; mais ce projet paraît avoir été abandonné.

Cet historique de l'organisation de la Fédération Lyonnaise nous montre avec quelle prodigieuse rapidité elle a réuni, dans un vaste faisceau, toutes les corporations. Au mois de juin 1869, l'Internationale comptait à peine quelques adhérents dont l'activité ne s'était encore signalée que par une protestation (3) contre les massacres de Se-

---

(1) L'assemblée générale du 13 mars 1870 était présidée par Varlin de Paris ; L. Martin et Didier étaient assesseurs. Voici la liste des délégués appartenant à des sections ou fédérations étrangères qui assistaient à cette réunion : Aubry, délégué de la Fédération rouennaise ; Pacini, délégué de la Fédération marseillaise ; Bastelica, délégué de la Fédération marseillaise et de la Ciotat ; Coquillat, délégué de la Chambre syndicale des ouvriers chapeliers d'Aix ; Ailloud et Vaganey, de la section de Vienne ; J. Focillon, délégué de Dijon ; Schvitzguébel, délégué des montagnes neuchâteloises.

(*Int.*, 27 mars 1870. — *Égalité*, 2 avril 1870.)

(2) Les noms des membres de cette commission ont été publiés par l'*Internationale* du 27 mars 1870 et la *Réforme sociale* du 3 avril 1870.

(3) Cette protestation a été publiée dans l'*Internationale*, numéro du 2 mai 1869 : elle était signée par Richard, Ch. Monies, Richard père, Bret, Virginie, Barbet, Roset, Jules Beniez, André, Henri, Dupuis, Beniez. Nous l'avons reproduite aux annexes).

raing. La tolérance de l'administration n'a pas été étrangère à son immense développement; elle compte à peine quelques mois d'existence, et déjà le nombre de ses adhérents est très-considérable. Plus de 30 corps de métiers sont actuellement affiliés.

Ce sont :

Les chauffeurs mécaniciens, les ouvriers sur métaux, les sculpteurs, les tailleurs de pierres, les doreurs, les marbriers, les graveurs, les tanneurs, les corroyeurs, les chevriers, les bronziers, les passementiers, les apprêteurs de tulles, les menuisiers en fauteuils, les tapissiers, les menuisiers, les plâtriers, les peintres, les ouvriers apprêteurs et teinturiers en chapeaux, les tullistes, les ouvriers apprêteurs d'étoffes de soie, les peigners, les fondeurs, les tailleurs, les charpentiers, les tisseurs, les relieurs, les verriers et cristalliers, les coupeurs en chaussures, les teinturiers. — (*Internationale*, 27 mars 1870. — *Réforme sociale*, numéro du 27 février 1870.) — Chacune de ces corporations est représentée au sein de la commission fédérale par un ou plusieurs délégués suivant le nombre de ses membres.

Quelques-unes de ces corporations, notamment les passementiers, les verriers, les tisseurs, se sont organisées en sociétés de prévoyance et de solidarité, sous l'impulsion de l'Internationale, et possèdent des statuts particuliers; d'autres sont encore en voie d'organisation. — Des démarches ont été également faites auprès des bijoutiers, des imprimeurs, des chaudronniers, des garçons de salle et des balanciers d'Oullins. Des mandats écrits ont été à cet effet délivrés aux membres de l'Internationale, mais jusqu'ici ces différents corps n'ont pas donné leur adhésion (1).

*Section stéphanoise*. — La ville de Lyon ne suffisait pas à l'activité des Internationaux. Ils avaient désiré établir

(1) Les tullistes dont la corporation est très-nombreuse sont divisés en dix séries : chaque série envoie deux délégués au sein de la Fédération Lyonnaise. Il existe une série centrale des tullistes qui sert de lieu entre toutes les autres.

un centre d'action à *Saint-Etienne*, où ils pouvaient compter sur le concours éventuel d'une énorme population ouvrière. Au mois d'octobre 1869, un comité initiateur y était organisé par les soins du correspondant de la section lyonnaise ; des livrets et des cartes étaient distribués aux nouveaux membres (1).

La nouvelle de la formation de cette section était annoncée en ces termes dans l'*Egalité* (numéro du 27 novembre 1869) : — « Encore une autre bonne nouvèlle : « Nous avons fondé à Saint-Etienne une solide section de « l'Association Internationale. Les premiers éléments de « cette section sont des passementiers et des mineurs, tous « gens dévoués et résolus. Ils ont dû écrire au Conseil « général pour lui annoncer leur formation. » (*Internationale*, numéro du 21 novembre 1869. — *Fédéracion*, numéro du 6 décembre 1869.) (2).

Au mois de décembre, cette section faisait insérer dans le *Progrès du Locle* une protestation contre les calomniateurs d'Albert Richard (numéro du 22 janvier 1870) : elle adressait le montant des cotisations à ce dernier, qui était chargé de les faire parvenir au Conseil général. Plus tard, elle était rattachée définitivement à la Fédération Lyonnaise. Une réunion générale avait lieu, le 10 avril, dans la rotonde Saint-Charles.

La commission Fédérale Lyonnaise y avait délégué deux de ses membres, L. Martin et Richard.

A cette réunion, les principes et les moyens d'action de l'Internationale étaient longuement exposés, et, séance tenante, on adoptait le projet de former une société de

---

(1) Il résulte d'une déclaration insérée dans le *Progrès du Locle* (22 janvier 1870), que les sieurs Blanc, Chanoz, Schettel, Carnal, Vindry et Cormier ont été expulsés des sections stéphanoise et lyonnaise pour *indignité et trahison*, s'étant faits *les sicaires des Bancel, de la franc-maçonnerie, des libres-penseurs bourgeois et autres ennemis du socialisme*. Ce même journal nous fait connaître que les ouvriers stéphanois s'étant réunis au nombre de quinze, en décembre 1868, nommèrent un délégué, le citoyen Gérard, chargé d'aller à Lyon prendre des renseignements sur l'Internationale. Cette protestation est signée par tous les membres de la section stéphanoise et par Chenet, correspondant de cette section.

(2) Correspondance de Lyon (14 novembre 1869), sous la signature Albert Richard.

prévoyance et de solidarité des passementiers stéphanois, adhérente à l'Internationale (*Solidarité*, numéro du 23 avril 1870). — Cette section compte aujourd'hui cent membres environ : à sa tête se trouve un comité central composé de neuf membres, obéissant à l'impulsion d'un correspondant. — (*Solidarité*, 23 avril 1870.)

*Givors* (Rhône).— Lors de leur grève, les ouvriers verriers de Givors ont tenu une réunion générale à laquelle assistaient deux délégués de la Fédération lyonnaise, et où a été nommé un comité initiateur de onze membres chargé d'élaborer un projet de statuts de société de prévoyance *adhérente aux principes* de l'Internationale (1).

*Neuville-sur-Saône* est une des premières villes où l'Internationale ait eu des adhérents lors de son apparition en France. Elle y avait organisé une société coopérative de consommation. Cette section devenait assez importante pour envoyer un délégué au Congrès de Lausanne, chargé d'y émettre plusieurs vœux en faveur de l'avenir de l'Association (2). Elle était représentée à celui de Bruxelles par le citoyen Richard. Cette section avait vu se désorganiser sa sœur aînée, la section de Lyon ; elle en avait ressenti le contre-coup : cet état d'isolement devait nuire à son activité. Elle ne se réveillait de son apathie que pendant la grève des ouvriers imprimeurs : au nom de la solidarité, elle sollicitait des secours de tous côtés. Elle s'adressait au Conseil général, aux sections de la Suisse romande, aux sections belges; nous avons déjà vu les sacrifices que s'étaient imposés les Internationaux Genevois pour soutenir leurs frères de Neuville (3).

A *Vienne*, une section de l'Internationale avait été fon-

(1) L'*Egalité* (numéro du 19 juin 1869) nous annonçait qu'une petite section de l'Internationale venait d'être constituée à Grenoble.

(2) Ce délégué était Louis Rubaud, imprimeur sur étoffes.

(3) Le 22 novembre 1869, Eugène Dupont écrivait à la société des imprimeurs pour leur recommander la nomination d'un correspondant, afin d'être en communication continuelle avec le conseil central de Londres. Ce correspondant a été nommé, c'est le citoyen Nalliod, à qui une lettre était adressée le 3 janvier 1870, en qualité de secrétaire correspondant de la société des imprimeurs sur étoffes près le Conseil général.

dée en 1866 avec un noyau de 52 membres; en 1867, elle comptait déjà 500 membres et envoyait comme délégué au congrès de Lausanne le citoyen Ailloud (Alphonse). A partir de cette époque, nous la voyons péricliter. Le contre-coup des poursuites dirigées contre l'Internationale s'était fait sentir dans toutes les villes où des sections avaient été établies : quelques membres restés fidèles à l'Internationale attendaient le réveil du mouvement des masses ouvrières pour affirmer leurs principes. L'existence d'une section à Vienne se traduisait de nouveau, au mois de mars 1870, par l'envoi de trois délégués à la réunion générale de la fédération lyonnaise : c'étaient les citoyens Vaganey, Cluzel et Ailloud (1). (*Internationale du* 27 *mars* 1870.)

Les ovalistes de Saint-Symphorien d'Ozon s'étaient également organisés en section ; leur délégué, le citoyen Monier, chapelier à Saint-Symphorien (rue Montesquieu, 53), prenait part aux travaux du Congrès de Bâle.

*Fédération rouennaise.* — La ville de Rouen voyait une section se former dans ses murs dès l'année 1866. A la tête de cette section se trouvait un homme énergique, versé depuis longtemps dans l'étude des questions sociales et économiques, et qui devait apporter dans le développement des principes de l'Internationale un dévouement et une activité infatigables. Il assistait aux Congrès de Genève, de Lausanne et de Bruxelles, où il faisait connaître la situation des ouvriers rouennais et présentait des rapports sur les questions soumises à la discussion. Il s'efforçait de répandre les idées de solidarité et de mutualité, de provoquer la fondation de sociétés coopératives et d'organiser sur des bases solides la fédération du travail. La section de Rouen lui doit d'avoir survécu à la dissolution de celle de Paris et à la chute de celle de Lyon, et d'avoir triomphé de

(1) Ce dernier avait reçu une lettre d'invitation de Palix, l'engageant à venir représenter la *section de Vienne*. Ajoutons que l'*Internationale* du 23 janvier 1870 annonçait que la section de Vienne était en train de se réorganiser.

On lit dans le compte rendu publié par ce journal : qu'à la réunion générale du 13 mars 1870, « *la section de Vienne* était représentée par les citoyens Alloud, Vaganez et un autre dont le nom « échappe au correspondant. »

tous les obstacles qui avaient pu pendant quelque temps paralyser son influence : les grèves d'Elbœuf, de Darnetal et de Sotteville-lez-Rouen lui permettaient de montrer la puissance de l'Internationale. Il adressait des appels à toutes les sections, publiait des manifestes et procurait des secours aux grévistes : ces grèves avaient pour résultat d'augmenter le nombre des affiliés.

Une fédération s'organisait sous l'habile impulsion d'Aubry : elle était destinée à relier par un lien commun les diverses corporations déjà affiliées à l'Internationale. C'étaient les calicotiers de l'arrondissement de Rouen, les tisseurs et tisseuses, les tanneurs, les corroyeurs, les charpentiers, les lithographes, les fileurs de coton du canton de Saint-Sever et du canton de Grand-Couronne, les tisseurs de bretelles de l'arrondissement de Rouen, etc. Un journal, la *Réforme sociale*, était fondé par cette section, qui était devenue l'une des plus puissantes de France; elle convoquait même un Congrès national qui devait se tenir à Rouen le 15 mai; Aubry, son secrétaire correspondant, avait puissamment contribué à son succès. Candidat aux élections de 1869, délégué au Congrès de Bâle et à la réunion générale de la Rotonde, à Lyon, le 13 mars 1870, il n'avait cessé un seul instant de se consacrer à « *l'œuvre de l'émancipation du travail* (1) ». Sous ses auspices et avec son concours, les fileurs de laine de Louviers (Eure) s'étaient organisés en corporation; un comité avait été nommé, et une réunion générale avait lieu, le 27 février, au salon de l'Industrie, sous sa présidence, afin d'exposer les principes de la solidarité à tous les ouvriers non encore adhérents (2).

Les membres importants de la Fédération rouennaise sont : Aubry, J. Julien, caissier de la Fédération; Paques, Cornillot, Fritsch, Fouet et Saval, secrétaires du Comité Fédéral; Creuzot, fileur, délégué de l'Association des fileurs de Rouen au Congrès de Bâle; Boulanger, caissier du comité des charpentiers; Mulet. (*Réforme sociale*, 10 avril 1870.)

---

(1) La Fédération rouennaise tient une réunion générale tous les mois, où assistent tous les groupes corporatifs.

(2) Cette assemblée générale était annoncée dans la *Réforme sociale* de Rouen, numéro du 27 février 1870.

*Lille.* — L'Internationale y compte à peine quelques jours d'existence : c'est Varlin lui-même qui, « *désireux de s'assurer du concours de la province* », s'est chargé d'y faire de la propagande. Il résulte, en effet, d'une lettre écrite par lui, le 11 avril dernier, aux compagnons du Conseil général belge, que, dans les réunions privées tenues à Lille, il a exposé aux travailleurs l'organisation des syndicats ouvriers et la nécessité pour eux de se grouper et d'unir leurs efforts pour défendre leurs intérêts contre les détenteurs du capital. On avait décidé, ajoutait-il, la constitution immédiate d'une forte section, destinée à fonder des syndicats ouvriers dans tous les corps de métiers et à servir ensuite de lien fédératif entre les corporations organisées. Cette section devait être administrée par un Conseil fédéral composé de neuf membres élus par l'assemblée générale de tous les adhérents et de deux délégués de chaque corporation fédérée. Les adhérents isolés étaient tenus de verser 10 centimes par semaine; les membres des sociétés, 5 centimes par semaine (*Internationale*, numéro du 17 avril 1870). On lisait quelques mois auparavant dans le journal la *Réforme sociale* (numéro du 27 février), cette lettre adressée à Aubry par le citoyen Vaillant, de Lille : « J'ai reçu tous « les documents relatifs à la formation des corporations « rouennaises..... Je vous annonce officiellement la fonda- « tion du Cercle des ouvriers Lillois, dont le siége est rue « Saint-Nicolas, 21. Il se fait en ce moment un mouvement « sérieux parmi les ouvriers des villes du Nord. C'est le « réveil du lion, fatigué de travailler toujours au profit des « autres. Fraternelles salutations à la Fédération rouen- « naise entière de la part de celle de Lille : *Signé, Vail-* « *lant.* » Le citoyen Patrice est l'un des membres importants de cette section.

*Fédération marseillaise.* — Marseille ne pouvait manquer d'être le point de mire des adeptes de l'Internationale : une section y était organisée au mois de juillet 1867. Ce résultat était dû à la courageuse propagande du citoyen Vasseur, ferblantier, rue des-Petits-Pères, 24; à peine constituée, cette section l'envoyait comme délégué au Congrès de Lausanne. Plus tard, elle se faisait encore représenter à celui de Bruxelles par Alexandre Lemonnier, tailleur. En 1869, le nombre des adhérents s'augmentait : les corporations s'affiliaient, les menuisiers, les boulangers, les maçons, les tailleurs de pierre et les vanniers entraient dans la Fédération : leurs délégués, les citoyens Fourreau et Tolain, témoignaient au Congrès de Bâle des progrès déjà réalisés par l'Internationale à Marseille. A la tête de la Fédération se trouve un employé de commerce, Bastelica, dont le nom a été mêlé aux événements d'avril 1870 (complot Guérin, Roussel et autres) ; il remplit les fonctions de secrétaire correspondant. C'est lui qui, de concert avec Guillaume de Neuchâtel, est venu, le 5 décembre, à Lyon, jeter définitivement les bases de la Fédération lyonnaise; il était fidèle à la ligne de conduite que lui traçait Varlin au mois d'octobre et qui consistait à s'assurer du concours de Lyon. Il visitait en même temps Aix, Auriol et la Ciotat, travaillait à organiser les corporations, sollicitait leurs adhésions et démontrait aux ouvriers la nécessité de s'affirmer en vue du mouvement socialiste dont il fallait à tout prix assurer le triomphe (1).

Au mois d'avril, la Fédération comptait déjà 27 sociétés adhérentes (2) : dans ce nombre se trouvent les cordonniers, les vanniers, les layettiers, les ouvriers paveurs, les tailleurs, la Chambre syndicale des matelots de commerce qui a l'intention de fonder un organe sous le titre de : *la Réforme maritime*, destiné à propager les principes de l'Internationale, et qui a adressé à tous les matelots français un appel pour les engager à imiter son exemple. (*Mirabeau*,

---

(1) Lors de la grève des commis parisiens, la section de Marseille adressait la proclamation suivante aux employés de nouveautés de cette ville : « Vos frères de Paris sont en grève; les journaux con-« tiennent des réclames pompeuses en faveur des jeunes provinciaux « qui voudraient aller remplir les places inoccupées. Les patrons « comptent sans doute sans la solidarité. — Nous engageons donc « vivement les employés de province, au nom de la morale, à ne pas « venir en aide aux patrons parisiens qui ont engagé la lutte avec « leurs salariés. » (*Internationale* du 21 novembre 1869, et *Rappel* du 4 novembre 1869.)

(2) Pacini, délégué de cette fédération, dans un discours prononcé à la réunion générale de la Rotonde, à Lyon, déclarait que : *l'œuvre était bien avancée à Marseille, et que la Fédération comptait 27 corporations adhérentes à l'Association internationale.* (*Internationale*, 27 mars 1870 et 23 janvier 1870.)

13 mars 1870.) Cet appel, signé Massat, matelot, sous la date du 8 novembre 1869, a été reproduit dans le *Travail*, journal de Paris, et dans la *Federacion* (numéro du 6 décembre 1869). — *Egalité*, 2 avril 1870; *Internationale*, 10 octobre 1869; *Federacion*, 13 mars 1870. Le citoyen Combet est secrétaire de la Chambre fédérale des sociétés ouvrières de Marseille. La section de Marseille avait envoyé deux délégués à la réunion générale de la Rotonde, le 13 mars 1870 : Bastelica, et Pacini, tapissier en meubles.

*Aix* possède un Conseil fédéral. La Chambre syndicale des ouvriers chapeliers d'Aix avait envoyé comme délégué à la réunion générale de la Fédération lyonnaise le citoyen Coquillat. A la *Ciotat*, toutes les corporations ont adhéré à l'Internationale. Bastelica avait reçu de cette section un mandat de délégation pour la représenter à Lyon, à la réunion du mois de mars. Bellon est l'un des membres importants de la section de la Ciotat.

La ville de *Brest* a vu une section se former dans ses murs à l'instigation et sous l'impulsion du citoyen Pindy, de Paris : Ledoré est l'âme de cette section dont il est le secrétaire correspondant.

*Mulhouse* possède également une section qui a pour correspondant le citoyen Eugène Weis, rue du Bourg, 3; cette section, lors de la grève du Creuzot, a publié un manifeste reproduit dans la *Marseillaise* du 13 avril 1870.

*Besançon*. — La *Réforme sociale* de Rouen, dans son numéro du 27 février 1870, publiait une lettre des ouvriers de Besançon annonçant leur intention d'adhérer en bloc à l'Internationale. Ce projet ne devait pas tarder à être mis à exécution; à l'instigation du citoyen Robert, une réunion solennelle avait lieu dans cette ville, le 13 mars 1870, pour y exposer les principes de l'Internationale, et un grand nombre d'ouvriers y donnaient leur adhésion. (*Réforme sociale*, 3 avril 1870. — *Federacion*, 17 avril 1870.)

*Elbeuf*. — La grève des fileurs de laine d'Elbeuf, au mois de septembre 1869, fournissait à la Fédération rouennaise le moyen de se mettre en rapport avec les ouvriers de cette ville; elle en profitait pour leur expliquer les principes de la solidarité : une section y était fondée. Le citoyen Piéton, son délégué, assistait au Congrès de Bâle; Thomas, Vimont, Baillemont, Régnier et Piéton sont les membres importants de cette section. (*Réforme sociale*, 10 avril 1870.)

*Limoges*. — La section de Limoges a envoyé comme délégué au Congrès de Bâle, le citoyen Boudet, fabricant de flanelles : les cordonniers font partie de l'Internationale depuis cette époque. Au mois de mars 1870, la Société civile de crédit mutuel et de solidarité des ouvriers de la céramique de Paris (adhérente à l'Internationale) déléguait deux de ses membres, les citoyens Benoît Gillot et Minet, auprès de la corporation des porcelainiers de Limoges, Mehun-sur-Sèvre, Bourges, etc., pour aider ceux-ci à se constituer en association et pour préparer en commun les bases d'une alliance fraternelle entre tous les travailleurs de l'industrie de la céramique. Cette entreprise a été couronnée de succès : à l'instigation des délégués parisiens, les peintres sur porcelaine, les porcelainiers, les ébénistes, les tapissiers, les employés de commerce, les mégissiers, les cordonniers et les sabotiers de Limoges se sont réunis par corporation et se sont constitués en Société de solidarité. (*Egalité*, numéro du 2 avril 1870.)

*Roubaix*. — Pendant que ce mouvement s'accomplissait dans les autres villes, les ouvriers roubaisiens ne restaient pas inactifs. Ils prenaient eux-mêmes l'initiative de leur amélioration morale et intellectuelle. Un Comité d'action était organisé : une réunion avait lieu, le 27 février 1870, sous la présidence de Ch. Junker, et l'on procédait à la constitution définitive d'une association adhérente à l'Internationale. (*Egalité*, numéro du 2 avril 1870.)

Ch. Lécluse, prud'homme ouvrier de Roubaix, est un des membres importants du mouvement ouvrier dans cette ville.

*A Cambrai*, au *Mans*, l'Internationale compte des adhérents. Au mois d'avril, le citoyen Troussard, du Mans, demandait à la Fédération Rouennaise des spécimens de statuts corporatifs pour organiser la solidarité dans sa localité. (*Solidarité*, numéro du 3 avril 1870.)

*Reims.* — Une section de l'Internationale a été organisée dans cette ville ; un comité y a été établi sous la présidence du citoyen Huart. Il compte des adhérents à Rethel et à Saint-Quentin, et propage activement l'Association à Sedan et dans les autres centres industriels, tels que Bazancourt, Boult-sur-Suippe, Pont-Favergé, Heutrégiville. Les organisateurs de cette section sont les nommés Loth, bonnetier à Rethel, rue du Sorbon ; Sauvageot, de Saint-Quentin ; Thomas (Désiré), de Boult-sur-Suippe et Huart, de Reims (1), correspondant de l'Internationale. Les ouvriers de Rethel sont en relation avec Malon, correspondant de l'Internationale à Paris.

Au mois de janvier dernier, une section était en voie de formation à *Gonfaron* (Var) : la Fédération lyonnaise lui envoyait les renseignements nécessaires pour son organisation, et la mettait en rapport avec la Fédération marseillaise pour sa constitution définitive. A la même époque, la chambre syndicale des *employés de Dijon* s'affiliait à l'Internationale et envoyait comme délégué à la réunion de la Rotonde son secrétaire, le citoyen Focillon (Auguste) ; des sections étaient formées à *Cosne*, *Tourcoing*, le *Creuzot*, et *Fourchambault*.

Une section reliée au Comité fédéral de Reims était fondée, au mois d'avril, à *Saint-Quentin*, sous la présidence de Sauvageot ; cette nouvelle section comptait à cette époque cinq cents adhérents ; elle se composait de collecteurs, d'un secrétaire, de deux assesseurs et d'un président.

Ajoutons, pour compléter ce tableau, qu'en 1867 *Bordeaux* et *Villefranche* (Rhône) possédaient une section de l'Internationale, qui réunissait à peine une cinquantaine de membres : ces sections ne sont pas encore réorganisées (2).

A la même époque, *Fuveau* (Bouches-du-Rhône) voyait

(1) Pour les poursuites exercées contre les affiliés de Saint-Quentin, voir *Gazette des Tribunaux*, numéros des 24 et 25 mai 1870.

(2) La section de Bordeaux a été réorganisée depuis le mois de janvier 1871 : elle a pour secrétaire correspondant P. Lafargue, et pour président le citoyen Vésinaud, cordonnier.

les mineurs, dont une récente grève avait éprouvé le courage, adhérer en masse à l'Internationale. Une section se formait également à *Tournon* (Ardèche) et à *Crest* (Drôme) par l'intermédiaire de la section de Lyon et des sections voisines. (*Compte rendu du Congrès de Lausanne.*)

A *Caen*, l'union des travailleurs s'affirmait de jour en jour: les ouvriers de *Condé-sur-Noireau* (Calvados) se groupaient et s'affiliaient. Ces deux sections étaient représentées aux Congrès de Lausanne et de Bruxelles par le journaliste Charles Longuet, ancien rédacteur de la *Rive gauche*, actuellement membre de la section de Paris (1).

L'Internationale, en France, était, comme on le voit, dans une situation des plus prospères, lorsque des poursuites sont venues interrompre le cours de son développement et arrêter la marche de la grande Fédération des travailleurs.

## § II. — SITUATION DE L'INTERNATIONALE EN BELGIQUE.

En Belgique, l'Internationale compte des adhérents par centaines de mille : le mouvement social dans cette contrée prend chaque jour des proportions gigantesques, grâce à l'activité et aux moyens de propagande employés par les sections de ce pays, au zèle et au dévouement d'un grand nombre de ses membres. Nulle part les meetings et les réunions publiques ne sont aussi fréquents : les délégués bruxellois se rendent dans tous les villages industriels et

(1) Nous empruntons au *Compte rendu du Congrès de Lausanne*, le nom des villes de France qui, en 1867, adhéraient à l'Internationale : Paris, Lyon, Caen, Bordeaux, Rouen, Vienne, Neuville-sur-Saône, Pantin, Saint-Denis, Chalon-sur-Saône, Tourcoing, Lille, Amiens, Puteaux, Neufchâteau, Lisieux, Condé-sur-Noireau, Harcourt, Thierry, Granville, Argentan, Castelnaudary, Auch, Orléans, Nantes, Villefranche (Rhône), Marseille, Fuveau, le Havre, Alger et la Guadeloupe. (Cette énumération a été reproduite dans l'*Opinion nationale* du 6 septembre 1867 et le *Courrier français* du 10 septembre 1867.)

dans les bassins houillers pour discuter les graves problèmes de l'affranchissement du prolétariat, et recruter des adhésions. Il ne se passe pas de semaine sans que plusieurs sections ne soient fondées. De son côté, le Conseil général belge met tout en œuvre pour hâter l'émancipation du travail : il stimule le zèle des sections, provoque des grèves là où il lui paraît utile d'en susciter et en assure le succès, afin de montrer aux ouvriers la puissance de l'Internationale et les services qu'elle est appelée à leur rendre. Il suffira d'énumérer les nombreuses sections qui couvrent ce pays pour donner la mesure des progrès accomplis par l'Internationale, surtout lorsque l'on songe que, en 1867, elle y comptait à peine quelques adhérents, et qu'aucun délégué belge n'assistait au Congrès de Lausanne. Dans ces derniers temps, plusieurs fédérations ont été organisées : elles relient entre elles les différentes sections et obéissent à l'impulsion du Conseil général belge. Ce Conseil, par l'intermédiaire de son secrétaire général, est en relations continuelles avec le Conseil central de Londres : il reçoit ses ordres et ses communications, les transmet aux diverses Fédérations qui à leur tour en donnent connaissance aux sections situées dans leur ressort et placées sous leur dépendance.

Ce groupement par bassins ou par grandes agglomérations était nécessaire, car si les sections fédérées n'avaient eu d'autre centre que Bruxelles, toute la vie de l'Association s'y serait portée, et cette Fédération aurait abouti à une véritable centralisation.

Nous trouvons d'abord la *Fédération liégeoise*, constituée depuis le mois de mars 1869 ; elle comprend les sections suivantes : Liége, Jupille, Loring, Ougrée, Tilleur, Ivoz, Lise, Seraing, Herstal et Sainte-Walburge. La Fédération liégeoise a pour organe *le Devoir*. Le Conseil fédéral liégeois, au sein duquel ces sections ont leurs représentants, donne tous les quinze jours des conférences dans toutes les sections du bassin sur les questions d'économie sociale. Il est tenu d'organiser quatre grandes Assemblées fédérales par an et d'y inviter les membres de toutes les sections. Ces assemblées sont présidées par le Conseil et les délégués de chaque section et ont pour but d'examiner les questions d'intérêt général, d'établir des rapports constants entre les différentes sections et de prendre les mesures relatives à l'organisation de l'Internationale dans les localités qui n'ont pas encore compris la nécessité de l'Association. (*Internationale*, numéro du 21 mars 1869.) Il existe à Liége une section flamande de l'Internationale (*Internationale*, 3 avril 1870) (1).

*La Fédération des sections du centre*, dont le siége est à la Louvière, a été formée dans un congrès tenu dans cette ville le 18 avril 1870; elle réunit neuf sections : la Louvière, les deux Houdeng (2), Haine-Saint-Pierre-et-Saint-Paul, Carnières, Fayt, la Hestre, Besonrieux, Morlannvelz, Mont-Sainte-Aldegonde; en dehors de cette Fédération, des sections existent encore à Piéton et Anderlus.

*Bassin de Charleroi.* — Dans un Congrès tenu à Gilly le 28 mars 1869, et où assistaient les compagnons Vandehauten et Hins, délégués du Conseil général Belge, il a été décidé que le bassin de Charleroi, à cause de son immense étendue, serait divisé en quatre Fédérations :

La Fédération du nord comprenant onze sections;

La Fédération de l'ouest comprenant douze sections;

La Fédération centrale comprenant neuf sections;

La Fédération de l'est comprenant dix sections (3).

Le Conseil général Belge désignait quatre de ses membres chargés chacun de correspondre avec l'une des Fédérations du bassin de Charleroi. Chacune de ces Fédérations désigne une Section centrale et tient une Assemblée fédérale le premier dimanche de chaque mois. Lorsque les intérêts communs l'exigent, toutes les sections du bassin se réunissent en Congrès (*Égalité*, numéro du 28 mars 1869). Il existe un règlement commun pour toutes ces sections ; il a été fondé, à la date du 1er avril 1870, une caisse de dé-

---

(1) Les adhérents Liégeois à l'Internationale avaient essayé de se constituer en section vers la fin de l'année 1867 ; mais cette tentative ne put réussir. Ce ne fut qu'à la suite des événements de Charleroi (1868) qu'une section fut définitivement constituée. (Extrait du rapport présenté sur cette section, au Congrès de Bruxelles, par Maréchal, de Liége.)

(2) Houdeng-Aimeries et Houdeng-Goegnies.

(3) En 1870, ces quatre Fédérations ont été réduites à deux : la *Fédération du Centre* et la *Fédération de l'Est* ; les deux autres n'ont pu être utilement maintenues.

pense entre toutes les sections du bassin de Charleroi. Le règlement de cette caisse a été publié dans l'*Internationale* du 3 avril 1870. Sont comprises dans le bassin de Charleroi les sections suivantes : Dampremy, Montigny-sur-Sambre, Montigny-le-Tilleul, Gohissart, Heigne, Châtelineau, Gouy-les-Piéton, Courcelles, Hupe-sous-Roux, Viesville, Ransart, faubourg de Charleroi, la Docherie, Marcinelles, Mont-sur-Marchienne, Pironchamps, Chatelet, Oubois-Jumet, Tailly-Pré, Forchies-la-Marches, Velaine, Gilly, Couillet, Souvret, Farciennes et Nalines. (*Federacion*, 21 novembre 1869.)

Cette Fédération compte aujourd'hui 50 sections ; à l'époque du Congrès de Bruxelles, 22 sections seulement existaient parmi les houilleurs du bassin de Charleroi. On peut juger par là des progrès accomplis.

*Fédération du Borinage.* — Au mois de décembre 1868, le Borinage possédait déjà plusieurs sections très-fortes ; quelques jours plus tard, 30,000 mineurs borains s'affiliaient et venaient ainsi grossir les rangs de l'armée des prolétaires. Le 14 mars 1869, une réunion du comité de la Fédération du Borinage avait lieu à Jemmapes pour l'adoption d'un règlement commun à toutes les sections (sections de Cuesmes, Frameries, Pâturages, Ghlin, Quaregnon, la Bouverie, Jemmapes, Eugies, Elouges, Ciply. (*Internationale*, 21 mars 1869.)

*Fédération des vallées de la Vesdre.* — Le siége du Conseil fédéral se trouve à Verviers : cette Fédération a pour organe le *Mirabeau* ; les tisserands, les ouvriers mécaniciens, les fileurs, les drousseurs et les ourdisseurs de Verviers sont affiliés à l'Internationale.

Voici le tableau des sections et des sociétés dont était composée la Fédération de la vallée de la Vesdre au mois d'août 1869 :

1. *Verviers.* Section de l'Internationale.
   Société de résistance des tisserands.
   id. des fileurs.
   id. des cardeurs.

Société de résistance des ourdisseurs.
id. des laineurs, tondeurs, échardonneurs et laveurs.
id. des mouleurs.
id. des mécaniciens.
id. des menuisiers.

2. *Ensival*. Section de l'Internationale.
Société de résistance des tisserands.
id. des fileurs.
3. *Dison*. Section de l'Internationale.
Société de résistance des tisserands.
id. des fileurs.

Les localités dont les noms suivent renferment des sections sans sociétés particulières :
4. Pepinster, 5. Cornesse, 6. Wegnez, 7. Juslenville, 8. Ouneux, 9. Poleur, 10. Lambermont, 11. Petit-Rechain, 12. Stembert, 13. Nessonvaux (1).

(*Internationale*, 1er août 1869.)
(*Mirabeau*, 7 novembre 1869.)

Les Francs-Ouvriers de Verviers ont constitué dans leur ville une section allemande qui, tout en entrant dans la Fédération belge, est directement en rapport avec le Conseil central allemand de Genève et avec les nombreuses branches allemandes de la Grande-Bretagne, de la Suisse allemande, de l'Angleterre et des Etats-Unis. — (*Egalité*, numéro du 13 février 1869). — Le Comité de l'Association des Francs-Ouvriers de Verviers se compose des citoyens Damseau, Boullard, J. Mawet, Manguette, Th. Piéraux, Fluse, Picard, Maréchal, J. Hansenne — (*Internationale*, 13 juin 1869). — Au mois de décembre 1869, on comptait dans le bassin de la Vesdre quarante associations ouvrières fédérées formant autant de sections. — (*Internationale*,

(1) La ville de Verviers vient d'être le théâtre d'une collision sanglante entre les membres de l'Internationale et la police municipale (mai 1870).

24 décembre 1869). — Le secrétaire de la Fédération est le citoyen J. Jamar.

*Fédération bruxelloise* (1). — Cette Fédération est la plus ancienne de toutes; elle remonte à 1867; la présence du Conseil général lui a communiqué une puissante impulsion. Elle a réussi à entraîner toutes les corporations et à assurer le triomphe de l'Internationale en Belgique. Il n'y a plus actuellement à Bruxelles que cinq sociétés de résistance qui ne soient pas affiliées, et encore beaucoup de membres ont adhéré individuellement. — (*Internationale*, 2 janvier 1870.) — Les membres les plus influents sont Eugène Hins, rédacteur de l'*Internationale* et secrétaire du Conseil général, Brismée et Depaepe.

Corporations adhérentes. — Tailleurs, mécaniciens réunis, marbriers, cigariers, menuisiers, charpentiers, dentelières, doreurs, cordonniers, gantiers, lithographes, imprimeurs, etc., etc.

La *Section d'Anvers* est importante; elle a joué un rôle actif lors de la grève des ouvriers voiliers de cette ville (janvier 1869). Elle possède un journal socialiste, rédigé en flamand, *de Werker* (le *Travailleur*). Sont affiliés à l'Internationale les menuisiers et charpentiers d'Anvers.

La Section anversoise est connue sous le nom de *Volksverbond*. Un Congrès a été tenu dans cette ville le 18 avril 1870.

*La section de Bruges* a deux organes : le *Peper en Zout*, et le *Vooruit*; elle a été constituée au mois d'août 1868.

Pour terminer cette longue nomenclature, nous nous bornerons à citer les noms des autres sections sans entrer dans aucun détail sur leur organisation :

---

(1) Le Conseil général belge a été nommé dans un Congrès où assistaient des délégués de toutes les sections belges. Voici sa composition actuelle : Eugène Hins, secrétaire général ; César de Paepe, secrétaire pour l'extérieur ; Vandehouten, idem ; Eugène Steens et Laurent Verricken, secrétaires d'intérieur; Camille Standaert, trésorier ; Callewaert, trésorier adjoint ; Herreboudt, bibliothécaire ; Delvaux, correspondant. — (*Internationale*, 16 novembre 1869.)
Cette nomination a été faite dans le Congrès tenu à Bruxelles du 31 octobre au 10 novembre 1869.

1° *Section de Namur*, créée au mois de mai 1869 dans une réunion préparatoire d'ouvriers verriers. (*Internationale*, 13 juin 1869.)

2° La *Section gantoise* qui, au mois de janvier 1869, prenait en main la cause des grévistes gantois et faisait en leur faveur un appel à la Section centrale de Bruxelles et aux autres sections. Sont affiliés à la section gantoise : les lamiers, les tailleurs et les tisserands.

3° Les *Sections de Woluwe Saint-Pierre et Waterloo*, comprises toutes les deux dans la fédération bruxelloise.

4° La section des fileurs et tisserands de Termonde.

5° Les sections de Roux, celle de Gros-Fayt, de Frasneslez-Gosselies, de Fleurus, de Spy, Monceau-Sur-Sambre, Flenu, Ham-sur-Sambre, Wanfercée, Baulet, Trazegnies, Falizolles, Auvelais, Flawine. — (*Egalité*, 6 février 1869.)

6° Les sections agricoles de Patigny, de Furfooz, de Wormifontaine, des Ardennes et des environs de Verviers. — (*Egalité*, numéro du 23 janvier 1869). — Les sections de Wormifontaine (province de Luxembourg), et le Cercle des campagnards de Patigny (province de Namur), avaient envoyé des délégués au Congrès de Bruxelles.

7° Les sections de Chenoy-sous-Waterloo (dans le Brabant), de Tournai, Fontaine, Oupeye, Vivegnies, Godarville, Vihèries, Chapelle-lez-Herlaimont (*Internationale*, 27 février 1870), de Mons, de Wasmes, de Prayon, de Sarle-Moine, d'Ougrée, Petit-Bois, Soiron-d'Haine, Houtain-le-Val, Momalle, Juslanville, Nandrin, Hervé (*Internationale*, 3 avril 1870), Montegnée, Saint-Séverin, Amay, Roncelles, la Brulotte., Lodelinsart; Préalle, Saint-Gilles, Angleur, Chenée, Grivegnée-aux-Chênes, Vaux, Val Saint-Lambert, Frémalle-Grande, Jemeppe, Furfooz-lez-Dinant, Valtiegnies, Ressaix, Lambussard, Glin et Arsimont.

## § III. — SUISSE.

La Suisse a été le berceau de l'Internationale ; elle y a établi, dès le principe, un de ses centres d'action les plus importants. La facilité des relations avec la France devait lui fournir l'occasion d'y faire une active propagande et d'y recueillir de nombreuses adhésions. La ville de Genève était à la tête du mouvement : les sections se multipliaient.

Dès 1867, elles atteignaient déjà le chiffre de 21 : à la même époque, une section allemande s'organisait à Genève. Plus tard, une section russe et une section italienne étaient fondées. Son développement n'a pas été aussi rapide qu'en Belgique : elle a rencontré de nombreux obstacles, et son avenir est aujourd'hui sérieusement menacé par la résistance héroïque qu'opposent les patrons aux ouvriers qui se mettent en grève Les patrons ne veulent accepter en aucune manière l'intervention de l'Internationale; ils refusent d'occuper les ouvriers qu'ils savent être affiliés à cette association. Faisons des vœux pour leur triomphe!

La fédération des sections de la Suisse romande a été constituée d'une manière définitive dans le premier congrès romand tenu à Genève, les 2 et 3 janvier 1869, sous la présidence du citoyen Heng. Avant cette époque, les sections romandes n'avaient eu aucune organisation fédérative reposant sur des bases solides.

Le besoin s'était fait vivement sentir de resserrer les liens qui avaient uni jusqu'alors les sections romandes. Cette fédération comprend aujourd'hui 53 sections; ce sont; la section du Locle (1), Association universelle de Lausanne, la section de Rolle, section de Nyon, section de Carouge, section centrale de Genève, section centrale du district de Courtelary, comprenant Saint-Imier (2), Sonvilliers et Renan; section des menuisiers genevois, section romande des charpentiers, section des plâtriers-peintres de Genève, section des tailleurs de pierre et maçons de Genève, section des ferblantiers, des serruriers-mécaniciens, des couvreurs, des cordonniers, des bardeurs, manœuvres,

---

(1) La section du Locle, du canton de Neuchâtel, date du mois de décembre 1866; elle ne comptait à cette époque que 70 membres ; actuellement il existe au Locle 3 sections.

(2) La section de Saint-Imier a été organisée en 1865, par les soins du docteur Coullery. Composée à son origine de 200 membres, elle périclita quelques mois après et ne fut réorganisée qu'au mois de juin 1867; depuis cette époque, le nombre de ses membees n'a cessé de s'accroître dans une progression rapide.

des ébénistes, des marbriers, des graveurs, des gaîniers, des bijoutiers, des typographes, des faiseurs de ressorts, des guillocheurs, des monteurs de boîtes, des faiseurs de pièces à musique, des carrossiers-maréchaux, des charpentiers allemands, charpentiers français, des tanneurs-corroyeurs, des faiseurs de limes, des tailleurs d'habits de Genève. (*Egalité*, 20 février et 13 mars 1869. — *Internationale*, 21 mars 1869.) Section centrale de Bienne (1), section des graveurs du Locle, section des guillocheurs du Locle, section centrale de Moutier (Jura Bernois), section centrale de Vevey (2), section centrale de Neuchâtel, section centrale de Grange (Soleure), section de l'Alliance de la démocratie socialiste de Genève, section des menuisiers de Neuchâtel, section des monteurs de boîtes du vignoble Neuchâtelois, section des graveurs de Neuchâtel, section des graveurs et guillocheurs du district de Courtelary, section des Dames de Genève, section de Morat, section centrale de la Chaux-de-Fonds (3), et section de la propagande socialiste de la Chaux-de-Fonds (4).

Depuis le 2e Congrès romand tenu à la Chaux-de-Fonds, le 4 avril 1870, une scission s'est produite au sein de la Fédération romande entre les sections genevoises et la section de la Chaux-de-Fonds d'un côté et les sections du Locle de l'autre. Deux comités fédéraux existent actuellement : l'un siége à Genève, et l'autre à la Chaux-de-Fonds. Le premier se compose des citoyens Guétat, Weyermann, H. Perret, Martin, Chénaz, Duval, Dutoit, Tellier, Rossetti ; il a pour organe l'*Egalité* ; l'autre, qui vient de fonder le journal la *Solidarité*, est ainsi composé : Spichiger, du Locle, Paul Quartier, du Locle, Ducommun (Charles), graveur au Locle, Fritz Heng, graveur à la Chaux-de-Fonds, Robert, professeur à la Chaux-de-Fonds,

(1) La section de Bienne comprenait en 1867 un noyau de 80 membres seulement.

(2) A Vevey, il existe quatre sections de l'Internationale. (*Solidarité*, 16 avril 1870.)

(3) La section de la Chaux-de-Fonds a été fondée en 1865, alors que l'Internationale était encore à son berceau.

(4) Le nombre de 53 sections nous est fourni par le rapport présenté au Congrès romand de la Chaux-de-Fonds, par Perret Henri, secrétaire général du Comité fédéral.

Henri Chevalley, tailleur, Numa Brandt, horloger, à la Chaux-de-Fonds. Fritz Robert remplit les fonctions de secrétaire correspondant du Comité fédéral. (Extrait de la *Solidarité*, numéro du 23 avril 1870.)

Genève compte à elle seule 30 sections; une section russe de l'Internationale vient d'y être constituée au mois d'avril 1870; elle a pour organe la *Cause du Peuple*, journal russe du parti de la Révolution sociale, dont le rédacteur est le citoyen Outine, et qui publie tous les mois un bulletin sur la situation des travailleurs en Russie et dans les pays slaves, et le *Kolokol* (*Cloche*), journal de l'émancipation russe. (*Internationale*, 3 avril 1870. — *Réforme sociale*, 10 avril 1870.)

C'est à Genève que se trouve le siége du comité central des sections de langue allemande de l'Association internationale; nous avons fait connaître plus haut le règlement général de ces sections. Il en résulte que le groupe est constitué sur les principes de solidarité et de mutualité, que chaque section est en même temps une agence, et le comité central une agence générale, qui cherchent à faciliter la vente et l'échange des divers produits qui peuvent être fabriqués au sein de l'Association et à organiser un crédit réciproque.

Le président du comité central est le citoyen Becker, l'un des fondateurs du groupe des sections allemandes qui entretiennent un organe central, *der Vorbote*, depuis le 1er janvier 1866.

Il importe de faire observer que les sections allemandes forment une association spéciale entretenant directement des relations entre elles sans l'intermédiaire de l'Internationale, à laquelle elles se relient par les liens de la solidarité.

Au mois de janvier 1870, le comité central de Genève adressait un manifeste à tous les prolétaires agricoles pour les inviter à s'unir à eux et à hâter de leurs efforts « le grand jour de la *rédemption de toutes les misères*. » *Internationale*, 3 avril 1870. *Egalité*, 26 février 1870.)

Au mois de septembre 1867, le groupe allemand comprenait les associations suivantes :

*Genève*. — Une section : — Sociétés de relieurs et de

charpentiers. Association coopérative de production des brossiers.

*Vevey* (*Vaud*). — Arbeiter Verein. — Avait délégué à Lausanne le citoyen Griès, tailleur.

*Yverdon.* — Section et Arbeiter Verein.

*Neuchâtel.* — Section et société de tailleurs.

*Chaux-de-Fonds.* — Section et société de tailleurs.

*Morat* (*canton de Fribourg*). Une section composée de 28 membres. Délégué au congrès de Lausanne, Haffner, journaliste.

*Münster.* — Section.

*Zurich.* — Section. — Société de tailleurs et de tailleurs de pierre.

*Bâle.* — Une section.

*Eptingen* (*Bâle campagne*). — Une section.

Ces deux dernières sections ne comprenaient que 34 membres.

*Mayence.* — Une section.

*Gœppingen.* — Arbeiter Verein et Association coopérative de production des tisserands.

*Solingen* (*Prusse Rhénane*). — Section et Association coopérative de production des ouvriers en aciers. Cette section avait envoyé comme délégué au Congrès de Lausanne, et à celui de Bruxelles, le citoyen Klein.

*Cologne.* — Section et société de tailleurs.

La section de Cologne était représentée au Congrès de Bruxelles par le citoyen Moritz Hess.

*Duisbourg.* — Section.

*Magdebourg.* — Section.

*Berlin.* — Section et société de tailleurs.

*Brunswick.* — Une Section.

*Wolfenbuttel.* — Une section.

*Darmstadt.* — Arbeiter Veirein.

*Leipzig.* — Dans cette ville se trouve la résidence du comité central de la Société des cigariers allemands. Cette Société, alors forte de 10,000 membres, a adhéré à l'Association Internationale par une décision du Congrès tenu par elle à Eisenach, le 14 août 1867.

*Dresde.* — Une section.

*New-York.* — Une section.

Ces diverses sections et associations représentaient à cette époque un total d'environ 30,000 membres. (Extrait du rapport présenté au Congrès de Lausanne, au nom du comité central, par Becker.) Voici la composition actuelle de ce comité central : Becker, Kiem, Lœhrig, Kanneberg, Rémy, Rau, Beaumeister, Ott, Probst, Muller, Volf, Frœtscher. (*Internationale,* 3 avril 1870.)

Il existe actuellement des sections allemandes à Liége, Paris, San-Francisco (Amérique).

Michel Bakounine, célèbre socialiste russe, a fondé, à Genève, la section de l'Alliance de la démocratie socialiste qui se *proclame athée,* demande l'abolition de tous les cultes et du mariage, le renversement de toutes les institutions actuellement existantes. Guillaume de Neufchâtel, dans un discours prononcé au Congrès de la Chaux-de-Fonds (4 avril 1870), prenant la défense de cette section, déclare qu'elle a été fondée non-seulement par Bakounine, mais par d'autres internationaux sur le dévouement desquels aucun doute n'est possible; par exemple, Albert Richard, de Lyon. (*Solidarité,* 11 avril 1870.)

Cette section a été déclarée internationale au mois de juillet 1869 par le conseil central de Londres ; elle n'a pu cependant réussir à se faire admettre dans la Fédération romande, au Congrès de la Chaux-de-Fonds, qu'à une majorité de quelques voix. Cette admission a produit d'ailleurs la scission dont nous avons déjà parlé.

Une section centrale italienne a été également constituée à Genève; le 26 mars 1870, elle adressait un manifeste aux internationaux de Naples pour les consoler des poursuites dirigées contre eux par le gouvernement italien (*Mirabeau*, 17 avril 1870 et *Egalité*, 2 avril 1870). Elle a pour président le citoyen B. Rosetti et pour secrétaire le citoyen Ghalino.

Les sections les plus importantes de la Suisse, après les sections genevoises, sont celles de Bâle, Zurich, Lausanne, Locle, Chaux-de-Fonds et Neuchâtel.

*Section de Bâle.* — Nous avons fait connaître plus haut qu'*au mois de septembre* 1867 cette section comptait à peine 34 membres : ce nombre ne s'élevait qu'à soixante-dix à la fin du mois d'août 1868; mais à partir de cette époque elle a rapidement progressé. L'agitation produite par la grève des rubanniers et teinturiers a contribué à lui donner un nouvel essor, et à porter à plus de trois mille le nombre des adhérents. (*Internationale*, 7 mars 1869.) Tous les fabricants balois font une guerre acharnée à l'Internationale; ils signifient à leurs ouvriers de choisir entre cette association ou le travail dans leurs établissements et appliquent toute leur activité à la dissolution de l'Internationale dans leur ville. — Au Congrès de Lausanne, elle déléguait le citoyen Frey, tisserand; à celui de Bruxelles, le citoyen Hess, et à celui de Bâle, les citoyens Bruhin, procureur général de la république baloise, président de la section de Bâle-Ville, Bohny, Leisinger, Holeiber, Starke, Collin, Quinche et Gut Gerold. Aujourd'hui on compte les sections de Bâle-Ville et de Bâle-Campagne. La section de Bâle-Ville a pour organe l'*Arbeiter*.

*Lausanne.* — L'Union typographique de Lausanne est la première société ouvrière de cette ville qui se soit affiliée à l'Internationale en 1867. Depuis cette époque, la section de Lausanne a vu grossir chaque année le nombre de ses adhérents et se former de nouvelles sections.

*Neuchâtel* possède une section centrale, une section

allemande et trois autres sections : celle des graveurs, celle des menuisiers et celle des monteurs de boîtes. Un des membres les plus importants de cette section est le citoyen James Guillaume, rédacteur du journal la *Solidarité*.

Une assemblée générale des quatre sections internationales de Neuchâtel a eu lieu le 14 avril dernier. Il a été décidé que l'on ne reconnaîtrait d'autre comité fédéral que celui élu par le Congrès de la Chaux-de-Fonds et d'autre organe de la fédération que la *Solidarité*. (*Solidarité*, numéro du 16 avril 1870.)

Le *Locle* (canton de Neuchâtel) compte aujourd'hui une section centrale, la section des graveurs et la section des guillocheurs. Ces sections avaient un organe spécial, *le Progrès*; mais depuis la publication de la *Solidarité*, ce journal a cessé de paraître. — Quartier, Ginnel, Ducommun et Spichiger, tous membres du nouveau conseil fédéral romand dont le siége est aux Montagnes neuchâteloises, appartiennent à la section du Locle.

*La Chaux-de-Fonds*. — A la tête de cette section se trouve le docteur Coullery, qui a pris une part des plus actives au développement de l'Internationale en Suisse; il a représenté cette section dans tous les Congrès. Il existe actuellement deux sections à la Chaux-de-Fonds : la section Centrale et la section de la Propagande socialiste (1). Fritz Heng, Chevalley et Robert, membres de ces sections, assistaient au Congrès romand tenu en cette ville au mois d'avril 1870; ils font partie du nouveau comité fédéral.

La *Solidarité* (numéro du 16 avril 1870) annonçait que plusieurs sections étaient en voie de formation à la Chaux-de-Fonds.

*Zurich*. — Cette section avait envoyé comme délégués au Congrès de Lausanne les citoyens Kresber et Bürkly.

Citons encore les sections de Montreux, de Sainte-Croix (canton de Vaud), de Sonvillier comprise dans le district de Courtelay et dont le membre le plus important est

(1) Le refus d'admettre dans la fédération la section de la Propagande socialiste de la Chaux-de-Fonds a contribué à la scission qui s'est produite au Congrès tenu dans cette ville au mois d'avril.

Adhémar Schwitzguébel ; de Berne, de Tramelan, des Breuleux, des Bois, de Beaucourt, de Wetzikon, de Saint-Imier (canton de Berne), d'Yverdon (canton de Vaud), de Morat (Fribourg), section de Bienne (Berne), du Val-de-Buy et de Renan.

Les membres influents de l'Internationale en Suisse sont : les citoyens Henri Perret, secrétaire général du comité fédéral romand ; Charles Perron, de Genève, Paul Quartier, du Locle, Joh, Becker, président du comité central des sections allemandes, Moquet (François), monteur de boîtes au Locle, Michel Bakounine, publiciste, président de la section de l'Alliance de la démocratie socialiste, Schwitzguébel de Sonvillier (Jura Bernois), James Guillaume, de Neuchâtel, Fritz Robert, secrétaire-correspondant du nouveau comité fédéral romand de la Chaux-de-Fonds, Dupleix, de Genève, Bruhin, procureur général de la République bâloise, Fritz Heng, de la Chaux-de-Fonds, secrétaire de la section de l'Alliance de la démocratie socialiste, Mermillod et François Perrret de Genève, Treyvaud, de Neuchâtel, Chevalley, de la Chaux-de-Fonds, Guétaz, ancien président du comité fédéral romand, Brosset, de Genève, Outine, de Genève, Weyermann, de Genève, Lagnon (Emile), de la section centrale du district de Courtelary, Ducommun du Locle, Rossier Samuel de la section centrale de Vevey, Charles Monnier, du Locle, Jouwkosky, de Genève et Franck, de la Chaux-de-Fonds.

## § IV. — ITALIE.

En 1866 et 1867, quelques sociétés ouvrières avaient commencé à s'affilier à l'Internationale : un conseil central des associations ouvrières avait été établi à Milan, et son délégué Gaspard Stampa assistait au Congrès de Lausanne. Eugène Dupont dans son rapport au Congrès annonçait que des sociétés ouvrières étaient régulièrement constituées à Naples, Milan et Gênes, et que le conseil général était en correspondance avec elles (Compte rendu, p. 19). Mais les préoccupations politiques auxquelles ce pays était en proie et surtout le défaut d'initiative n'avaient pas encore permis à l'Internationale de prendre une grande extension. Au Congrès de Bruxelles, Eugène Dupont représentait les associations ouvrières de Naples ; dans sa séance du 27 août 1868, la société *les fils du travail de Catane* décidait à l'unanimité d'adhérer à l'Internationale et déléguait à ce Congrès le docteur Saverio Frisica; elle faisait part de cette résolution aux membres du Congrès par une tettre qui se terminait par ces mots : « Frères, ouvriers réunis à « Bruxelles, acceptez notre salut, *notre adhésion* et notre « promesse de contribuer aux travaux tendant à préparer « l'émancipation du prolétaire et à réunir l'humanité sous « la bannière de la démocratie : ainsi nous serons avec « vous maintenant et toujours. *Le Secrétaire*, Vincent Pa- « risi. — *Le Président*, Salvatore Neltone. » (Extrait du Compte rendu officiel du Congrès de Bruxelles, p. 51.)

A la même époque, les ouvriers de la Ligurie réunis à Gênes manifestaient hautement leur sympathie pour les idées dont l'Internationale poursuit le triomphe. Le mouvement s'accentuait de plus en plus.

Au mois de janvier 1869, une section de l'Internationale était organisée à Naples; dans une réunion tenue le 31 janvier. elle adoptait le règlement et les programmes de l'Association Internationale; elle nommait un comité et se constituait provisoirement en section centrale pour toute l'Italie. Ce comité était ainsi formé : Président, Caporusso (Etienne), tailleur; vice-président, Tucci (Chrétien), charpentier; secrétaire, Cirma (Francesco), charpentier; trésorier, Antoniano Giustiniani, sculpteur. (*Internationale*, 7 mars 1869; *Egalité*, 27 février 1869 et 20 mars 1869.) Quelques mois plus tard, elle publiait un bulletin pour annoncer sa constitution à toute la Péninsule et la publication prochaine d'un organe spécial, la *Fratellanza;* le titre de ce journal a été modifié : c'est l'*Egalianza* dont le premier numéro a paru au mois de novembre 1869 (*Internationale*, 21 novembre 1869), qui est devenu l'organe de la section napolitaine. (*Egalité*, 22 mai 1869. — *Internationale*, 30 mai 1869.)

Le président de cette section, Caporusso, assistait au Congrès de Bâle; les délibérations de ce Congrès ne tardaient pas à porter leurs fruits dans la Péninsule. Le *Mi-*

*rabeau* (numéro du 19 décembre 1869) annonçait « que « les sections se propageaient dans de grandes propor- « tions, et que d'ici à quelques mois tous les ouvriers ita- « liens feraient partie de la grande phalange de travailleurs « qu'on appelle l'Internationale. »

Aujourd'hui, cette section compte plus de trois mille adhérents; elle est intervenue dans la grève des ouvriers tanneurs qui a éclaté à Naples au mois de janvier dernier, et des poursuites ont été, à cette occasion, dirigées contre ses membres, Gambuzzi, Caporusso et Francesco Forte (*Internationale* et *Réforme sociale* des 27 février 1870.) La section centrale italienne de Genève a adressé à ce sujet à ses frères de Naples un manifeste reproduit dans le *Mirabeau* du 17 avril 1870, l'*Egalité*, 2 avril 1870 et la *Solidarité* du 26 mars 1870.

Ajoutons que les associations ouvrières de Florence sont affiliées à l'Internationale et qu'elles avaient envoyé comme délégué au Congrès de Bâle, le citoyen Fanelli.

## § V. — AUTRICHE.

En Autriche, l'Internationale ne peut exister officiellement à cause d'une loi qui défend toute relation avec les associations étrangères. Un citoyen ne peut même pas faire partie de l'Internationale sans être passible d'une amende de 100 francs. Mais ces obstacles créés par la législation autrichienne ont été impuissants à empêcher l'œuvre de l'Internationale et n'ont servi qu'à imprimer au mouvement ouvrier une forme de plus en plus *révolutionnaire*.

Aussi un grand nombre d'associations ouvrières n'ont pas craint de s'affilier *individuellement* et là où il n'est pas possible d'avoir des sections régulières, l'Internationale n'en compte pas moins des adhérents par milliers. Les ouvriers s'associent entre eux et suivent les principes de l'Internationale *isolément*.

L'*Internationale* (numéro du 14 mars 1869), rendant compte du mouvement démocratique et social en Allemagne, nous faisait connaître : « qu'en Autriche 13,350 individus avaient adhéré à l'Association Internationale des Travailleurs. Dans ce chiffre, Vienne figurait pour 10,000 ; « Rechenau pour 1,200 ; Lintz pour 600, etc. Dans le « Tyrol et les contrées avoisinantes, le nombre des adhérents s'élevait à 6,800. En Bohême, en Silésie, on en « comptait déjà 6,000. A Pesth (1) et à Temeswar (Hongrie), 2,500. Les laboureurs se mettaient aussi en mouvement et leurs tendances étaient socialistes. » L'*Egalité* reproduisait les mêmes indications dans son numéro du 6 mars 1869.

La section de Vienne a un organe spécial : *La Voix du peuple* (*Volkstimme*). Cette section, celle de Neustadt et celle de la Bohême avaient envoyé des délégués au congrès de Bâle.

Au mois d'août 1869, une société de travailleurs, forte de 1157 membres, se formait à Trieste, et par l'organe de sa direction, par une lettre adressée au comité de la Suisse Romande, elle exprimait le désir de s'allier à l'Association internationale des Travailleurs. (*Internationale*, numéro du 22 août 1869.)

Ajoutons qu'à la suite du Congrès de Bâle, le citoyen Neumayer, délégué de Vienne-Neustadt, a été poursuivi pour avoir participé aux délibérations d'une association étrangère, contrairement aux lois du pays (*Internationale*, 14 novembre 1869) (2).

---

(1) L'association ouvrière de Pesth a envoyé son adhésion à l'Internationale, lors du Congrès de Bruxelles (7 septembre 1868. — Extrait du compte rendu du Congrès de Bruxelles). Cette adhésion figure parmi les pièces annexées au procès-verbal des réunions.

(2) De nouvelles poursuites sont actuellement dirigées pour affiliation à l'Internationale, contre les nommés Oberwinder et Scheu, rédacteurs de la *Voix du Peuple*. Mort, ouvrier relieur, Papst, imprimeur, Perrin et Hecker, ouvriers menuisiers, Becker et Schœnfelder, serruriers.

## § VI. — HOLLANDE.

Pendant longtemps le mouvement ouvrier s'y était peu développé; l'idée socialiste y procédait plutôt de la science que des efforts de la classe prolétaire. La Néerlande est une contrée presque exclusivement commerciale et agricole, où la vie politique n'existait pas.

Une première section de l'Internationale a été constituée à Amsterdam en 1869, et s'est mise en relation directe avec la section Anversoise. Elle a vu s'affilier à elle l'association des ouvriers typographes, des peintres et l'association des charpentiers de navire. Cette dernière corporation est la plus importante de toute la Hollande; son acquisition constitue un véritable triomphe pour l'Internationale. — (*Egalité*, 8 mai 1869 et *Internationale*, 2 mai 1869.) Les lettres d'adhésion de ces corporations ont été publiées dans le *de Werker*.

Au mois de juin 1869, les charpentiers de navire d'Amsterdam se mettaient en grève; grâce à leur entente unanime et à l'influence de l'Internationale, les patrons consentaient à une augmentation de salaire. — (*Egalité du* 12 juin 1869.)

A la même époque, une propagande active se faisait en faveur du suffrage universel : on constituait, sous le titre de *Het algemeen stemregt*, une ligue analogue à la *Reforme league* anglaise. Le premier noyau de cette ligue était fondé à Rotterdam, et ce pays qui semblait avoir oublié les grandes traditions de la république batave se réveillait de son apathie.

Déjà la section d'Amsterdam s'était constituée en section centrale pour la Néerlande. Elle faisait appel à toutes les sociétés ouvrières hollandaises et publiait une série de brochures pour exposer les griefs des travailleurs contre l'organisation sociale actuelle et expliquer le but et les tendances de l'Internationale. Elle décidait aussi la création d'un organe populaire intitulé : *de Standaark des Volks* (*l'Etendard du Peuple*). — (*Internationale*, 30 mai 1869.)

Les ouvriers hollandais commençaient à marcher en avant dans les voies de l'émancipation politique et de l'affranchissement économique.

Un grand meeting de travailleurs avait lieu à Amsterdam, le 23 août 1869 ; l'ordre du jour portait : *Exposé du but et des principes de l'Association Internationale ; affiliation des sociétés ouvrières néerlandaises*. La Fédération des sections belges se faisait représenter à cette importante réunion par plusieurs délégués du Volksverbond d'Anvers. — (*Internationale*, 22 août 1869.)

De nouvelles réunions ouvrières avaient lieu à Arnhem, à Sneek, à Utrech : le Werkman (*l'Ouvrier*), journal socialiste, organe des travailleurs d'Amsterdam, et le *Volksblad* (journal du peuple), de Rotterdam, contribuaient à propager les idées de l'Internationale et ouvraient leurs colonnes aux griefs des travailleurs.

Au mois de novembre suivant, un meeting était organisé à la Haye par l'association des ouvriers mécaniciens ; on y développait les principes de l'Internationale et tous les ouvriers présents étaient engagés à entrer dans la branche néerlandaise de cette association, le *Nederlandsch Werklieden Verbon*. (*Internationale*, 14 novembre 1869.) Les 9 novembre et 13 décembre 1869, de nouveaux meetings avaient lieu à Amsterdam.

Arhem et les communes rurales environnantes comptent plus de 1,200 membres affiliés à l'Internationale. Une section a été constituée à Oosterbeek et à Rotterdam. (*Mirabeau*, numéro du 2 janvier 1870.)

Aujourd'hui, les meetings et réunions publiques s'y multiplient, et l'Internationale s'y développe avec une grande activité.

## § VII. — ALLEMAGNE.

Le mouvement allemand enveloppe la confédération tout entière ; l'Internationale compte de nombreuses sections dans cette contrée : les grèves que les ouvriers allemands ont eu à soutenir ont développé chez eux le principe de la solidarité.

Presque toutes les sociétés ouvrières allemandes sont actuellement affiliées à l'Internationale.

Dès 1867, des sections existaient à Mayence, Solingen, Cologne, Duisbourg, Magdebourg, Berlin, Brunswick, Wolfenbüttel, Leipzig, Dresde, Hanovre, Darmstadt, et cependant, à cette époque, comme le constate le rapport présenté par Eugène Dupont au Congrès de Lausanne, « l'Allemagne était dans un état anormal peu favorable *au développement de l'Association.* »

Au mois de septembre 1868, le Congrès des ouvriers allemands réunis à Nuremberg, composé de 116 délégués, représentant plus de 200 sociétés ouvrières du sud et du centre de l'Allemagne (50,000 membres environ) votait l'adhésion de toutes ces sociétés à l'Internationale, et déléguait en signe d'alliance le compagnon Bütter au Congrès de Bruxelles. (Extrait du compte rendu du Congrès de Bruxelles.)

A la même époque, les démocrates socialistes du Brunswick, réunis à Wolfenbüttel, décidaient de s'unir avec toutes les *sociétés ouvrières démocratiques, socialistes de tous les pays.*

Déjà, dans un Congrès tenu à Hambourg, l'Union générale des ouvriers allemands, dont les principales branches appartiennent au nord de l'Allemagne, avait décidé d'agir de concert avec l'Internationale, bien qu'elle ne pût s'affilier officiellement.

Le mouvement d'organisation des corps de métiers s'est toujours continué avec un grand succès en Allemagne, et il offre cette particularité intéressante de la fusion *entre eux de tous les corps de métiers employant la même matière.*

La société générale allemande des ouvriers (*Allgemeiner deutscher Arbeiter Verein*), dont le point central est Berlin, a pris, le 29 mars 1869, dans son congrès à Barmen, les résolutions suivantes :

1° La société accepte le programme et s'attache aux tendances de l'Association Internationale des travailleurs.

2° Si la société ne décide pas encore son entrée formelle dans cette Association, c'est seulement parce que les lois régnantes en Allemagne s'y opposent.

3° Mais quoique son entrée ne puisse pas avoir lieu, « la société s'efforcera toujour d'agir en harmonie avec les « principes et les actes de l'Association Internationale des « travailleurs. (*Egalité*, numéro du 8 mai 1869.)

L'*Internationale* (numéro du 30 mai 1869) nous faisait connaître, d'après le *Social Democrat*, organe de l'Association générale des ouvriers allemands, qu'à Stettin (Prusse) (1), une assemblée populaire très-nombreuse venait de voter sa constitution comme section de l'Association générale des Travailleurs allemands. (*Egalité*, numéro du 22 mai 1869.)

C'est à Berlin que se trouve le siége de la fédération des sociétés ouvrières Lasallienes de l'Allemagne, et que paraît le *der Beobachten*, organe des cigariers (1).

Nulle part, les Congrès des Associations internationales n'ont été si nombreux : au mois d'août, les ouvriers sur bois se réunissaient à Nuremberg ; les cordonniers à Leipzig, et faisaient appel à tous leurs compagnons de métiers. Dans un deuxième Congrès tenu à Nuremberg, le 14 août 1869, par les délégués de *la démocratie socialiste de la Bavière*, où s'étaient fait représenter treize corporationset les Associations ouvrières de Munich, d'Augsbourg et d'Ansbach, il était décidé que les membres du parti de la démocratie sociale adhéreraient aux principes de l'Internationale et qu'ils en propageraient les idées dans toutes les couches de la population. (*Mirabeau*, 5 septembre 1869 et *Internationale*, 15 août 1869.)

Le comité central de l'Internationale a son siége à Leipzig et s'est donné pour organe le *Das democratisch Wochenblatt ;* c'est encore à Leipzig qu'est publié le *der Correspondant*, organe des typographes allemands. En Bavière, il existe une section de l'Internationale à Nuremberg. Le nombre des adhérents allemands à l'Internationale s'élève actuellement à plus d'un million.

---

(1) Le gouvernement prussien défend à tous ses sujets, sous peine d'amende, de s'affilier à des corporations étrangères.

## VIII. — ESPAGNE.

L'Espagne est restée longtemps complétement étrangère au mouvement international des travailleurs : les préoccupations et les difficultés politiques absorbaient toute l'activité de ce pays et ne laissaient pas à la classe ouvrière le temps de s'organiser. Mais depuis la révolution de septembre, les idées d'émancipation sociale ont commencé à s'affirmer ; les institutions nouvelles n'ont fait que précipiter le mouvement ; l'esprit d'association s'est généralisé et développé, et des fédérations ouvrières se sont formées sur tous les points de l'Espagne.

La ville de Barcelone, sous l'impulsion de Sentinion, a été le foyer de ce mouvement ; aujourd'hui, l'Espagne compte cent quatre-vingt-cinq sections et plus de 25,000 membres. (Extrait du compte rendu présenté au Congrès de Bâle par Farga Pellicer.)

Occupons-nous d'abord de Barcelone : une section s'est constituée dans cette ville le 2 mai 1869 ; à la même date, elle adressait aux sections d'Europe et d'Amérique un remarquable manifeste reproduit dans l'*Egalité* de Genève (22 mai 1869) et l'*Internationale* (30 mai 1869). Son président était le citoyen José Luis Pellicer, et son secrétaire, Rafael Farga Pellicer. Le 1er août 1869, le centre fédéral des sociétés ouvrières de Barcelone publiait *la Féderacion*, organe officiel de l'Internationale, chargé de défendre la cause démocratique et sociale (*Egalité*, numéro du 14 août 1869, et du 1er mai 1869).

Deux délégués de cette section assistaient au Congrès de Bâle, Farga Pellicer et Sentinion.

Il existe maintenant à Barcelone trente-huit associations affiliées à l'Internationale, et comprenant sept mille huit cents membres : ce sont les ouvriers constructeurs de bateaux, les chapeliers, les bijoutiers, les verriers, les ferblantiers (*Egalité*, 5 mars 1870), les peintres, les serruriers, les boulangers, les mécaniciens, les marbriers, les ébénistes, les sculpteurs, les maçons, les teinturiers, les tonneliers, les tisseurs de voiles, etc., etc. (*Federacion*, numéros des 20 février et 6 mars ; 13 mars 1870, 13 février 1870.)

*Madrid* possède également un centre fédéral dont l'existence remonte au mois de mars 1869, qui a pour organe, *la Solidaridad* (*Egalité*, numéro du 20 mars 1869). Ce centre fédéral comprend les sections suivantes : la section des fondeurs, la section des bourreliers, la section des charpentiers, la section des chaudronniers, des carrossiers, des typographes, des maçons (*Solidaridad*, numéro du 9 avril 1870), des tailleurs, des ébénistes, des peintres et doreurs, des journaliers, des marbriers, des cordonniers (*Solidaridad*, 26 mars 1870 et *Federacion*, 20 février 1870), des tailleurs de pierre, des chapeliers, des graveurs, des corroyeurs (*Solidaridad*, numéro du 23 avril 1870), des papetiers (*Solidaridad*, numéro du 16 avril 1870).

Le président est le citoyen Bernado Perrez, et les secrétaires, les citoyens Thomas Gonzalez, Morago et Francisco Mora. (*Progrès* du Locle du 5 mars 1870 et *Federacion* du 20 février 1870.)

Il s'est également formé à Cadix un centre fédéral comprenant déjà quatorze sections (*Internationale*, 24 avril,— *Federacion*, 17 avril 1870) (1).

Les îles Baléares, elles aussi, ont participé à ce mouvement ouvrier : à Mallorca, toutes les sections des associations ouvrières se sont fédérées et forment un centre fédéral (2). Le président de la section des maçons de Mallorca a cédé à ce centre fédéral la propriété du journal *El obrero*, dont il était le directeur et qui est devenu l'organe de l'Internationale. (*Egalité*, numéro du 5 février 1870, et *Mirabeau* du 13 mars 1870.)

L'*Internationale* (numéro du 2 janvier 1870) annonçait que la société des maçons de Palma venait d'adresser au secrétaire général de Madrid une lettre par laquelle elle

(1) Ce centre fédéral a adressé, le 4 avril 1870, à tous les ouvriers un manifeste reproduit dans la *Federacion* du 17 avril 1870. Les sections déjà organisées sont les suivantes : Section des boulangers, des tailleurs, des maçons, des charpentiers, des ébénistes, des sculpteurs, des cordonniers, des mécaniciens, des doreurs, des peintres, des marbriers, des nattiers, des scieurs, des cardeurs. (*Federacion*, 17 avril 1870.)

(2) Le Centre fédéral des îles Baléares a pour président : Francisco Thomas, et pour secrétaire, Juan Vivès.

déclarait s'affilier à l'Association internationale des Travailleurs.

La société des ouvriers plâtriers de Palma a adhéré à l'Internationale depuis le 11 mars 1870; celle des cordiers, depuis le 12 février; l'Union artistique (Société des charpentiers, des menuisiers, ébénistes, sculpteurs et tapissiers) depuis le 11 mars 1870 (*Federacion*, numéro du 27 mars); celle des tisserands, depuis le 11 mars 1870 (*Solidaridad*, numéro du 9 avril 1870), celle des vermicelliers, depuis le 26 mars 1870. (*Solidaridad*, 9 avril 1870. — *Federacion*, 17 avril 1870.)

CENTRE FÉDÉRAL DES ILES BALÉARES.

*Tableau de la situation des sections reliées à ce centre et du nombre de leurs membres.*

| | | | |
|---|---|---|---|
| 1° | Section des cordonniers. . . . . | 520 | membres. |
| 2° | Section des charpentiers. . . . . | 130 | — |
| 3° | Section des maçons. . . . . . . . | 111 | — |
| 4° | — tisserands. . . . . . . | 151 | — |
| 5° | — boulangers . . . . . | 84 | — |
| 6° | — charpentiers de navire | 65 | — |
| 7° | — corroyeurs.. . . . . . | 85 | — |
| 8° | — calfats . . . . . . . . | 39 | — |
| 9° | — potiers. . . . . . . . | 64 | — |
| 10° | — vanniers . . . . . . . | 41 | — |
| 11° | — manœuvres. . . . . . | 56 | — |
| 12° | — typographes. . . . . | 25 | — |
| 13° | — verriers. . . . . . . . | 14 | — |
| 14° | — vermicelliers.. . . . . | 13 | — |
| 15° | — cordiers.. . . . . . . | 29 | — |
| 16° | — spartiers. . . . . . | 21 | — |
| 17° | — chapeliers . . . . . . | 35 | — |
| 18° | — plâtriers.. . . . . . | 22 | — |
| 19° | — ferblantiers. . . . . . | 19 | — |
| 20° | — forgerons. . . . . . . | 56 | — |
| 21° | — ouvriers de la Vileta . | 51 | — |
| | Total . . . . . | 1631 | |

(Extrait de la *Federacion*, numéro du 17 avril 1870; ce tableau a été reproduit par la *Solidaridad*, 16 avril 1870).

Au mois de mars 1870, la province de Daen (Andalousie) voyait se former une section de l'Association Internationale d'après le modèle de celle de Madrid ; la plupart des membres étaient des campagnards. (*Mirabeau*, numéro du 27 mars 1870 (1), — *Egalité*, 5 mars 1870.) Il existe également une section à Villefranche *de los Caballeros*, province de Tolède (*Federacion*, 27 mars 1870). L'Espagne possède un grand nombre de journaux uniquement destinés à défendre les intérêts des classes ouvrières et à propager le mouvement social. Nous citerons la *Justicia social*, revue républicaine paraissant à Madrid, *El Proletariado, la Voz del Pueblo*, paraissant à Sabadell (*Mirabeau* du 27 mars 1870), l'*El Rebelde*, de Grenade.

Un Congrès national de toutes les sections espagnoles et de toutes les associations ouvrières a dû avoir lieu à Barcelone le premier dimanche de mai (*Federacion*, numéro du 27 mars 1870 et 3 avril 1870) : il existe maintenant dans ce pays une vaste fédération ayant pour titre : *Fédération Espagnole de l'Association internationale des Travailleurs.*

Voici le programme du Congrès espagnol :

« 1° Sociedades y cajas de resistencia. — Talleres corporativos de resistencia.

« 2° Actitud de *La Internacional* con relation à la politica.

« 3° La cooperacion. — Dado el estado actual de la sociedad, cuàl puede ser su influencia en la condicion de los obreros? — Su organizacion en la sociedad futura.

« 4° De la enseñanza integral. — De la organizacion inmediata de talleres de enseñanza teorica y práctica de artes y oficios. — Medios para Hevarla à cabo.

« Hé aqui el numero de miembros que componen la seccion internacional de Madrid :

---

(1) A Tarragone, trois sociétés ouvrières, les charpentiers, les ébénistes et les *silleros* sont en voie d'organisation. (*Federacion*, numéro du 27 mars 1870.)

« Obreras 31 ; albaniles 77 ; canteros 147 ; caldereros 34 ; constructores de carruajes 44 ; torneros en hierro 37 ; papelitas 28 ; encuadernadores 18 ; typografos 176 ; ebanistas 53 ; tallistas 34 ; jornaleros 99 ; zapateros 218 ; carpenteros 236 ; pintores 115 ; guarnicioneros 94 ; fundidores 89 ; sombrereros 41 ; cerrajeros 214 ; sastres 89 ; marmolistas 35 ; grabadores y lithografos 17 ; curtidores 13 ; seccion central (varios officios) 104 ; total 2,044. »

## IX. — RUSSIE.

Cette contrée vient à son tour d'être envahie par l'Internationale. Nous lisons en effet dans la *Federacion*, numéro du 17 avril 1870 : « En présence de l'accroissement rapide de l'Internationale en Russie, le conseil général de Londres vient de nommer un secrétaire général pour cette nation ; c'est le citoyen Karl Marx. » Deux journaux y ont propagé les principes de l'Internationale : la *Voix du Peuple* et la *Cloche*. (*Solidaridad*, 16 avril 1870.)

Nous avons déjà vu qu'une section russe de Il'nternationale a été constituée à Genève au mois de mars 1870.

## § X. — AMÉRIQUE.

Le travail de l'organisation ouvrière marche en Amérique avec succès, grâce à l'énergie des hommes dévoués et à l'intelligence des membres des unions, qui comprennent que toute la *force invincible* des travailleurs réside dans une bonne organisation.

Les grandes assemblées périodiques et les Congrès forment l'expression la plus exacte de ce travail constant de propagande et d'organisation qui se poursuit chez les travailleurs américains. Les hommes d'un même métier ou de la même profession se rassemblent en Congrès spéciaux : les délégués passent en revue ce qui s'est fait dans l'intervalle d'un Congrès à l'autre, constatent la situation favorable ou défavorable de leur état, traitent ensemble toutes les questions qui peuvent les concerner, se prononcent selon l'expérience faite durant le temps écoulé depuis leur dernière entrevue sur telle ou autre chose dans la pratique journalière de l'œuvre commune, débattent les propositions faites par les sections et votent des résolutions obligatoires pour toute l'Association et pour toutes ses branches.

Les questions plus générales sont débattues aux congrès généraux où assistent tous les travailleurs unis pour l'œuvre commune. L'on y traite les questions concernant les rapports entre les intérêts des travailleurs, ceux de l'état et les classes privilégiées ; l'on y discute sur les relations entre les ouvriers et les partis politiques. (*Réforme sociale*, 10 avril 1870.)

Les premières relations du Conseil général avec l'Amérique remontent à l'année 1867 ; à cette époque, une section de l'Internationale était établie à New-York, sous l'impulsion de William-J.-Jessup (1), l'un des zélés promoteurs de l'Union nationale des Travailleurs, et actuellement correspondant de l'Internationale pour l'Amérique. Une autre section se formait à Hoboken (New-Jersey). L'*Union nationale des Travailleurs* commençait à avoir des rapports avec l'Internationale ; des lettres étaient échangées entre Jessup et Peter Fox, alors secrétaire pour l'Amérique auprès du Conseil général. La date du Congrès de Chicago (Illinois), 19 août 1867, si rapprochée de celle du Congrès de Lausanne, ne permettait pas d'y envoyer un délégué américain. Le *Workingman's Advocate* (2) (avocats des Travailleurs) de Chicago publiait, quelques jours plus tard, un compte rendu des transactions du Congrès de Genève.

Eugène Dupont, dans le rapport présenté, au nom du Conseil général, au Congrès de Bruxelles, annonçait : « que

(1) Le général Cluseret fait partie de la section de New-York ; il a publié sur l'Internationale et ses moyens d'action une lettre insérée dans l'*Internationale* (numéro du 15 mai 1869 et le *Progrès du Locle* du 1er mai 1869).

(2) Le *Workingman's* est l'organe principal des ouvriers occidentaux de l'Union américaine ; il est rédigé par Cameron, l'un des délégués au congrès de Bâle.

« le Conseil général était en constante correspondance « avec l'Union nationale des Etats-Unis (Labour national « Union's Committee), que dans son dernier Congrès cette « Union avait voté l'envoi d'un délégué au Congrès de « Bruxelles, mais, que pressé par le temps, on avait oublié « de prendre les décisions spéciales pour l'exécution de ce « vote. »

Il ajoutait : « que la puissance latente de la classe ou- « vrière américaine venait de se manifester en forçant les « législateurs de plusieurs Etats particuliers de l'Union à « passer une loi qui réduisait la journée du travail à huit « heures. »

Un congrès tenu à Philadelphie, au mois d'août 1869, par les ouvriers des Etats-Unis, déléguait à Bâle le citoyen Cameron. A ce Congrès, organisé par la *National Labor Union*, fédération des Trades-Unions américaines, composée de plus de 800,000 membres, étaient représentées les sociétés suivantes : 147 sociétés de cordonniers (50,000 membres), 30 sociétés de houilleurs (40,000 membres), 204 sociétés des ouvriers des mines de fer, 70 sociétés de maçons, 112 sociétés d'ouvriers imprimeurs, un grand nombre de sociétés de plâtriers (12,500 membres), de mécaniciens et forgerons (10,000 membres), de charpentiers et menuisiers, de tonneliers, de cigariers, de maçons construisant en pierre, de chauffeurs, d'ouvriers des forges et hauts fourneaux, de peintres en bâtiment et constructeurs de machines, etc. La race africaine y était représentée par huit délégués nègres ; les femmes, par Miss Martha Walbridge du Massachussetts et Miss Suzanne Anthoni, présidente de l'Association des ouvrières de New-York, et éditeur du journal de New-York, la *Révolution*. (Extrait de l'*Internationale*, numéro du 14 novembre 1869.)

La *Grande Labour-Union* est actuellement affiliée à l'Internationale ; nous avons déjà dit que le citoyen Jessupp, de New-York, est correspondant de l'Internationale pour les Etats-Unis.

San-Francisco possède également une forte section de l'Internationale. (*Egalité*, numéro du 17 avril 1869 ; *Internationale*, numéro du 25 avril 1869.)

Il existe à Ney-York une section allemande depuis 1867, connue sous le nom de *Deutsche Arbeiter Union*, qui se compose d'un grand nombre d'Associations spéciales et dont le secrétaire est le citoyen Lorge. (*Internationale*, 3 avril 1870.)

Le 5 décembre 1869, l'Assemblée générale des ouvriers allemands des États-Unis a voté son affiliation à l'Internationale. (*Federacion*, numéro du 9 janvier 1870.)

## XI. — ANGLETERRE.

L'Angleterre a été le berceau de l'Internationale : elle a vu naître cette association, dont le centre important a été toujours à Londres. C'est de cette ville que part l'impulsion : le Conseil général est comme le tronc commun auquel viennent se rattacher comme autant de ramifications toutes les sections et fédérations.

Le rapport présenté au Congrès de Genève par Dupont évaluait le nombre des adhérents anglais à 25,173 ; il indiquait que dans une grande conférence des Trades-Unions à Sheffield, les délégués présents avaient recommandé à toutes les sociétés représentées à cette réunion de s'affilier à l'Internationale, « *qui formait un élément nécessaire pour* « *le progrès et la prospérité de toute la communauté* « *ouvrière.* »

Les formalités à remplir pour obtenir l'adhésion de ces sociétés ouvrières demandaient beaucoup de temps : *la constitution démocratique* des Trades-Unions ne permet pas au Comité exécutif de prendre une décision sur une question importante, sans que toutes les branches l'aient préalablement discutée. Pour obtenir l'adhésion de l'une de ces sociétés, voici le mode à suivre : on écrit au Comité le but de la demande, le Comité fixe un jour pour recevoir une députation ; si la question est prise en considération, le Comité la soumet à ses branches, qui sont libres d'accepter ou de rejeter cette proposition. Il arrive souvent cependant que des branches adhèrent à l'Association sans la participation du Comité.

En 1867, avaient déjà adhéré les Sociétés anglaises suivantes :

*Arbeiter Bildungs Verein*, Branche française de Londrns, Section centrale des exilés polonais, Exécutive des ouvriers maçons, Première loge des ouvriers maçons, les ébénistes (Alliance), les ébénistes (West. End), les relieurs, les tonneliers, Comité exécutif des cordonniers, Section des cordonniers (Darlington), Section des cordonniers (Nottingham), les cigariers de Londres, les rubanniers de Coventry, les coffretiers, les cordonniers de Kendal, les cordonniers pour dames (West. End), les ouvriers tailleurs de Londres, les tailleurs de Darlington, les vanniers de Londres, les imprimeurs sur étoffes du Lancashire, les carrossiers de Londres, les terrassiers unis, les tapissiers pour carrosserie (Globe et Crown), les tisserands (tissus élastiques), les vernisseurs pour ameublement, les facteurs d'orgues, les dessinateurs et graveurs sur bois, le Comité exécutif des charpentiers, les corroyeurs, les ferblantiers et les coiffeurs. (Extrait du *Compte rendu du Congrès de Lausanne*, page 12.)

En 1868, la réforme électorale absorbait l'attention des ouvriers qui sacrifiaient leur temps et leur énergie à organiser d'imposantes manifestations ; elle retardait en quelque sorte la propagande en faveur de l'Internationale.

Cependant les Trades-Unions continuaient à s'affilier : à Londres, trois corporations importantes avaient adhéré : les corroyeurs, les cordonniers de la Cité et les forgerons.

En Angleterre, d'ailleurs, la liberté est assez grande pour que les ouvriers puissent développer à leur gré le droit d'association. Une seule association, celle des charpentiers, compte 230 sections et possède un capital de plus de deux millions. Qu'on juge par là de la puissance de l'Internationale en Angleterre, dont la force est encore augmentée par l'appui que lui prêtent les Trades-Unions qui sont toutes affiliées.

Les Trades-Unions (1) les plus puissantes sont celles des

mécaniciens unis qui comptent 308 branches, dont 11 en Amérique; les charpentiers qui en ont 190; les menuisiers unis et les mouleurs en fonte, les filateurs du Lancashire, les deux grandes Sociétés des ouvriers en fer du Strafford-shire et du nord de l'Angleterre, celle des mouleurs en fonte, des filateurs du Lancashire, l'Association nationale des mineurs qui compte 3,500 membres. (Extrait du *Mirabeau*, numéro du 27 mars 1870.)

Applegarth, membre du Conseil général, président des Sociétés unies des charpentiers et des menuisiers, l'un des délégués au Congrès de Bâle, rendant compte à cette époque de la situation de l'Internationale en Angleterre, faisait connaître qu'il y avait 230 sections comprenant 95,000 membres, et possédant un capital de 1,700 livres sterling.

## § XII. — SUECIA.

« A fines del mes de Junio proximo tendrà lugar en Sto-
« kolmo un Congreso obrero. El gran número de socieda-
« des obreras que cuenta Suecia nos hace esperar que
« este Congreso estarà muy concurrido. Creemos que el
« Consejo general de Londres, lo mismo que el gran parte
« do socialista aleman, se haran representar en él.
» Ésta será una magnifica ocasion para estrechar mas y
« mas los lazos de la solidaridad entre los trabajadores del
« Norte y los del resto de Europa. » — (*Solidaridad* 23 avril 1870).

L'Internationale compte des adhérents en *Pologne* et en *Danemark*.

Antoine Zabizki est secrétaire correspondant pour la Pologne auprès du Conseil général; James Cohen pour le Danemark.

---

(1) On peut consulter avec fruit sur cette matière l'ouvrage publié par M. le Comte de Paris sur les *Associations ouvrières en Angleterre* (*Trades-Unions*).

Ajoutons que les *Chinois* eux-mêmes entrent dans les voies du socialisme : une vaste association, les Tinte huy, qui s'étend à travers l'Inde et la Chine et qui a pour titre : *La Société fraternelle du Ciel et de la Terre*, vient de publier le manifeste suivant :

« La Société fraternelle du Ciel et de la Terre déclare « hautement qu'elle se croit appelée par l'Etre suprême « à *faire disparaître le déplorable contraste qui existe en-* « *tre la richesse et la pauvreté*. Les puissants de ce monde « naissent et meurent comme leurs frères, les opprimés, « les pauvres : l'Etre suprême n'a pas voulu que des mil- « lions d'hommes fussent condamnés à être les esclaves « d'un petit nombre. . . . . . *D'où vient la richesse des* « *puissants? Uniquement du travail et des sueurs de la* « *multitude*. Le soleil et ses doux rayons, le monde et ses « joies, *tout cela est un bien commun qu'il faut enlever à* « *la jouissance de quelques-uns, pour que tous les déshé-* « *rités en aient leur part.*

« Enfin, un jour viendra où les souffrances de l'oppres- « sion cesseront. Pour qu'il en soit ainsi, il faut *s'unir* et « poursuivre sa tâche avec vigueur! L'œuvre est difficile et « grande, mais qu'on y songe : il n'y a point de victoire, « point de délivrance sans lutte ni combat.

« *Des soulèvements intempestifs nuiraient à nos projets.*

« Quand la grande majorité des villes et des campagnes « aura prêté serment à l'Union fraternelle, l'ancienne so- « ciété tombera en poussière, et l'on bâtira l'ordre nouveau « sur les ruines de l'ancien. Les générations heureuses « de l'avenir viendront bénir les tombeaux de ceux à qui « elles devront d'être délivrées des chaînes et des misères « d'une société corrompue. (*Egalité*, 22 janvier 1870 ; em- « prunté à l'ouvrage du citoyen Amédée Saint-Ferréol, « *les Proscrits français en Belgique*. *Réforme sociale*, « numéro du 27 février 1870. — *Fédéracion*, numéro du « 30 janvier 1870).

« Ce manifeste, ajoute ce journal (*Egalité*), pourrait « être signé des deux mains par tous les membres de l'In- « ternationale. Pour que cette puissante association entre « dans le sein de l'Internationale, il ne faut qu'un hasard « heureux qui mette un de ses membres en relation avec

« le Conseil général. Que ceux de nos amis qui auraient « des relations avec l'Inde ou la Chine ne négligent rien « pour tâcher d'amener cet heureux rapprochement. Bientôt il n'y aura plus aucun refuge *pour la réaction*, pas « même en Chine. »

Nous avons établi le bilan des progrès accomplis par l'Internationale, qui tend aujourd'hui à embrasser le monde entier; il ne sera pas sans intérêt de faire connaître l'appréciation du *Times* sur cette redoutable association : « Nous l'avouons, nous dit-il, nous nous sommes moqués « de cette étrange association. Eût-on cru, il y a quatre « ans, qu'elle était destinée à jouer un tel rôle dans l'uni- « vers; deviné son importance future, ses progrès rapides « et inouïs? Pour assister dans l'histoire au spectacle d'une « telle organisation formidable et d'une propagande pa- « reille, faisant des milliers et des millions de prosélytes, « il faudrait remonter aux premiers temps, à la naissance « même du christianisme. »

« C'est le *Times* qui a parlé, ajoute l'*Internationale* au- « quel nous empruntons cet article; mais bientôt c'est le « monde entier qui parlera de la sorte, et nos ennemis « comprendront que la croisade qu'ils avaient entreprise « contre l'*Internationale, est une lutte insensée, qui n'a « fait qu'accélérer leur ruine* (*Internationale*, 2 jan- « vier 1870). »

## CONCLUSION.

En présence d'une association aussi menaçante que l'Internationale et des dangers réels qu'elle fait courir à l'ordre social, il est temps que le gouvernement ouvre les yeux, se départisse d'une longanimité et d'une tolérance dont les effets regrettables ont eu pour résultat la formation de sections dans tous les centres industriels, et qu'il avise à découvrir les remèdes que commande la situation.

Que les patrons s'organisent; qu'une entente basée sur la défense d'intérêts communs s'établisse entre eux; qu'ils opposent à la coalition des ouvriers leur propre coalition.

Qu'ils imitent l'exemple des patrons génevois : que l'entrée de leurs ateliers soit impitoyablement refusée à tous ouvriers reconnus affiliés à l'Internationale : à ce prix, ils triompheront de l'Internationale ; tous ses efforts viendront se briser contre leur résistance, et la société leur devra d'être débarrassée d'un fléau redoutable.

Qu'ils donnent l'exemple des peines sévères [illegible] que l'entrée de toute autre [illegible] soit impitoyablement refusée à tous ceux [illegible] l'Internationale [illegible] de l'Internationale [illegible] leur résistance, et la société leur devra d'être débarrassée d'un fléau redoutable.

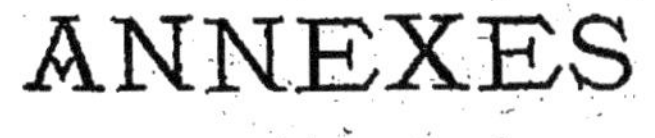

# ANNEXES

# ANNEXES

## Pièce A.

« *Adresse lue par Vésinier, le* 26 *octobre* 1868, *dans un meeting* « *organisé à Londres par la branche française de l'Association* « *internationale.*

« République universelle, démocratique, sociale et fédérative.
« Liberté, Egalité, Fraternité et Solidarité.
« La branche française de Londres de l'Association internationale « des Travailleurs ;
« Considérant que le manifeste de l'Internationale, adopté et publié « après le meeting de Saint-Martin's Hall, le 28 septembre 1864, à « Londres, déclare :
« 1° Que le travail coopératif, limité aux efforts accidentels et « particuliers des ouvriers, ne pourra jamais arrêter le développe- « ment en proportions géométriques du monopole et de l'exploitation,

« ni affranchir les masses, ni alléger un tant soit peu le fardeau de « leurs misères ;

« 2° Que les seigneurs de la terre et les seigneurs du capital se « serviront toujours de leurs priviléges politiques pour défendre et « perpétuer leurs priviléges économiques ;

« 3° Qu'en conséquence, la conquête du pouvoir politique est de- « venue le premier devoir de la classe ouvrière, qui semble l'avoir « compris ;

« 4° Que les travailleurs doivent se mettre au courant des mystères « de la politique internationale, surveiller la conduite de leur gou- « vernement respectif, la combattre au besoin par tous les moyens « en leur pouvoir, et enfin, lorsqu'ils seront impuissants à rien « empêcher, s'entendre pour une protestation commune et revendi- « quer les lois de la vérité, de la justice et de la morale, qui doivent « servir de base aux relations des individus et de règle suprême aux « rapports entre les nations ; car, combattre en faveur d'une poli- « tique de cette nature, c'est prendre part à la lutte générale pour « l'affranchissement des travailleurs, à laquelle doivent s'unir les « travailleurs de tous les pays. (Extrait du manifeste de l'Interna- « tionale.)

« Attendu que le Congrès de Lausanne, réuni en septembre 1867, « a déclaré :

« 1° Que l'émancipation sociale des travailleurs est inséparable de « leur émancipation politique ;

« 2° Que l'établissement des libertés politiques est une mesure pre- « mière d'une absolue nécessité ;

« Par ces motifs, la branche française de Londres déclare que « l'Association internationale des Travailleurs doit être considérée « *comme étant une société essentiellement politique*, qui doit mettre « à l'étude les questions politiques à côté des questions économiques, « afin de ne jamais les séparer et de toujours les faire marcher de « front.

« La même branche française, considérant, en outre........

« Attendu, 1°, que la monarchie, quelle qu'elle soit, ainsi que « toutes les oligarchies, les aristocraties, les théocraties et tous les « despotismes sont incompatibles avec la vérité, la justice et la « morale, les droits de l'homme et du citoyen, et l'affranchissement « complet de la classe ouvrière (*choses reconnues et proclamées* « comme étant la base et le but de l'Association internationale des « Travailleurs) ;

« 2° Que la *forme républicaine, démocratique et sociale* est seule « en parfaite harmonie avec les principes et le but de l'Association « internationale des Travailleurs ;

« Par ces motifs, la branche française déclare que l'Association « internationale des Travailleurs est une *société républicaine, démo- « cratique, sociale et universelle*, partageant les principes, le but et « les moyens proclamés par *la commune révolutionnaire* de Paris « dans ses manifestes.

« En conséquence, la branche française proteste contre la conduite « de certains membres de l'Internationale qui préconisent l'indiffé- « rence absolue en matière politique ; qui déclarent hautement que « l'Association internationale des Travailleurs ne doit pas être répu-

« blicaine ; qui ouvrent à deux battants ses portes aux royalistes et « aux monarchistes de toutes nuances qui n'ont pas adhéré à l'In- « ternationale et qui leur facilitent, dans les Congrès, la propagande « de leurs doctrines opposées à l'esprit des statuts de l'Association ; « qui protégent et qui applaudissent ceux qui attaquent et font fi « des principes républicains, base de l'Association, et qui insultent « la Révolution, comme cela a eu lieu au Congrès de Bruxelles, etc.

Signé : « **DEMONPONT, président;**
« **VÉSINIER, secrétaire (1).** »

(Extrait de la *Voix de l'Avenir*, numéro du 8 novembre 1868.)

---

## Pièce B.

*Manifeste des Sections belges aux travailleurs de Paris, à l'occasion du meurtre d'Auteuil et de l'enterrement de Victor Noir* (Internationale *du 23 janvier* 1870).

### AUX TRAVAILLEURS DE PARIS (2).

« COMPAGNONS,

« Aujourd'hui qu'un véritable esprit de fraternité anime les tra- « vailleurs du monde entier; aujourd'hui qu'ils ont mis en commun « leurs douleurs et leurs joies, leurs craintes et leurs espérances, « il n'est plus d'événement dont le retentissement vienne expirer à la « frontière, il n'est plus de manifestation qui puisse se restreindre « aux limites étroites de la nationalité ; il n'est plus de grand acte « populaire dont les autres peuples puissent rejeter la solidarité. « Aussi, chaque fois qu'un peuple fait entendre sa voix, il est du « devoir de tous les travailleurs parqués dans les différentes nations, « d'élever la voix à leur tour, pour ramener leurs frères dans le

---

(1) Vésinier est l'auteur de l'*Histoire du Nouveau César* (*Mirabeau*, 17 avril) et des *Nuits de Saint-Cloud*. Il a pris une part des plus actives à l'insurrection du 18 mars : il était membre de la Commune.

(2) Ce manifeste a été reproduit par *la Marseillaise* (numéro du 24 janvier 1870).

« droit chemin s'ils s'en sont écartés, pour les applaudir et s'associer « à leur œuvre s'ils ont bien mérité de la cause.

« Eh bien ! travailleurs de Paris, nous le disons hautement, votre « attitude de ces derniers jours a été admirable !

« Nous n'avons pas à vous louer d'avoir protesté contre l'odieux « assassinat commis par un Bonaparte; d'avoir quitté vos ateliers « pour venir, à deux cent mille, conduire la victime à sa dernière « demeure, et consterner un despote par le spectacle de votre for- « midable unanimité. Ces élans généreux sont l'apanage du peuple, « et nul despotisme ne peut les comprimer.

« Ce dont nous avons à vous louer, ce qui vous vaudra notre « reconnaissance éternelle, c'est cette force de caractère dont vous « avez fait preuve, en comprimant votre cœur, qui vous criait ven- « geance, et en sacrifiant la passion si légitime du moment à l'avenir « de la Révolution.

« Vous avez compris qu'il ne s'agit pas d'organiser *l'insurrection*, « mais de préparer la Révolution. Vous avez compris qu'il suffit de « laisser le despotisme en tête-à-tête avec lui-même, en vous reti- « rant de lui, pour qu'il succombe. Quand l'heure de la Révolution « a sonné, la Révolution se fait d'elle-même.

« Laissez dire ceux qui crient : « Vous avez laissé passer l'occa- « sion ! »

« Ils se trompent! Le peuple n'est pas un être faible et indécis, « qu'il faut prendre au bon moment, car demain, il aura changé « d'avis. La Révolution n'est pas un coup de main; elle ne se joue « pas à pile ou face. Entre l'oppression et la misère, LA REVENDICA- « TION EST ÉTERNELLE : demain, on l'entendra s'élever plus forte- « ment encore qu'aujourd'hui.

« Du moment où le peuple a repris conscience de lui-même, plus « il retardera la lutte, plus la victoire sera définitive.

« Car le renversement n'est rien; le despotisme est miné à sa « base : ce n'est que le moindre côté de l'œuvre. L'important, c'est « la réédification.

« Portez donc toute votre énergie sur l'étude des questions sociales, « tout en suivant d'un œil attentif les progrès de la décomposition « de l'empire.

« Ne lui fournissez pas l'occasion de finir d'une façon que les gens « de guerre disent honorable, c'est-à-dire dans un bain de sang.

« Il faut qu'il finisse dans le ridicule, et que sa fin, au lieu de « rappeler le 2 Décembre, rappelle plutôt l'épisode burlesque de l'aigle « et du morceau de lard.

« Qu'il finisse comme Héliogabale !

« Cet empereur romain sentant son trône chanceler voulut s'as- « surer une mort aussi luxueuse que sa vie. Il conservait du poison « dans des flacons du plus grand prix ; il avait sous la main des « cordes d'or pour s'étrangler au besoin ; enfin, il avait fait faire « un pavé de pierres précieuses pour y briser son précieux crâne ; « illusion du sort! IL FUT TUÉ DANS LES LATRINES !

« Nous prions nos amis des chambres syndicales d'être les inter- « prètes de nos sentiments auprès de la famille du malheureux « Victor Noir, assassiné à la fleur de l'âge, au moment où tout sem- « blait lui promettre un avenir heureux. Une pensée au moins doit

« adoucir leurs regrets, c'est que la mort de cet enfant du peuple « n'aura pas été infructueuse pour la cause du peuple.

« Qu'ils présentent à Rochefort nos sincères félicitations sur sa « courageuse attitude, ainsi que sur la nouvelle distinction dont « vient de l'honorer le gouvernement français, *en jugeant ses col-* « *lègues indignes de siéger à côté de lui.*

« Enfin, qu'ils engagent les travailleurs français, et en particulier « ceux de Paris, à persister dans leur attitude énergique et calme à « la fois ; à résister à des entraînements prématurés, tout en se « tenant prêts à revendiquer leurs droits au moment favorable. Tout « vient à point à qui sait attendre. Le jour n'est pas loin, espé- « rons-nous, où le peuple prendra sa revanche, et si nous lui con- « seillons d'attendre encore, c'est que nous voulons que la revanche « soit définitive.

« Salut et fraternité.

« Adopté en séance extraordinaire le 19 janvier 1870.

« *Pour la commission administrative de la* FÉDÉRATION, *section bruxelloise* « *de l'Association internationale des Travailleurs,*

« CROISIER, peintre ; — STANDAERT, gantier ; — ERNEST, tapissier ; « — TYS, doreur ; — HERREBOUDT, relieur ; — MERCIER, méca- « nicien ; — VERRAGHEN, typographe ; — VANNIEWHUYZEN, « doreur.

« *Pour le Conseil général belge de l'Association internationale des Tra-* « *vailleurs,*

« E. HINS, E. STEENS, ALP. VANDENHOUTEN, G. DE PAEPE, « L. VERRYCKEN, L. CALUWAERT, G. BRASSEUR, D. BRISMÉE. »

Le journal l'*Internationale* faisait précéder ce manifeste de ces réflexions :

. . . . . . . . . . . . . . . . . . . . . . . . . . . . . . . . . . .

« Ce meurtre n'a étonné personne ; comme l'a fort bien dit Roche- « fort, c'est chose ordinaire dans la famille Bonaparte.

« Mais ce qui a étonné et consterné le pouvoir, c'est la manière « dont le peuple de Paris a répondu à ce nouvel outrage à la « justice.

« Deux à trois cent mille personnes ont suivi le convoi de la vic- « time. Les ouvriers ont quitté les ateliers et il n'est plus resté « dans Paris que les *repus*, les *mouchards*, les *soldats;* de sorte « que, *si, dans ce moment-là Paris s'était englouti, il n'y aurait* « *pas eu grande perte.*

« Des révolutionnaires sincères, mais peu réfléchis, voulaient à « toute force que l'on traversât Paris...

« C'était engager la lutte dans des conditions déplorables.

« Le citoyen Rochefort a joué à cette occasion un rôle d'autant « plus beau, qu'il devait être douloureux pour une nature comme la « sienne de devoir prêcher aux autres le calme.

« Encore une ou deux manifestations de ce genre, le pouvoir ne « *pourra plus compter sur la troupe.*

« Alors, en avant! Mais jusque-là, pas d'imprudence. »

## Pièce C.

—

*Lettre écrite par Varlin, de Paris, à Aubry, de Rouen.*

« Paris, le 19 janvier 1870.

« Mon cher Aubry,

« Je réponds à votre lettre du 17 courant. Vous êtes dans l'erreur « lorsque vous pensez que l'influence de notre fédération a probable- « ment contribué à empêcher que la manifestation du 12 janvier ne « se transforme en insurrection. Les délégués de la Chambre fédé- « rale ne s'étaient réunis ni concertés à l'avance, et tous se sont « rencontrés, avec la plupart des membres des sociétés ouvrières, à « l'enterrement de Noir; et je puis vous affirmer que la majeure « partie d'entre eux étaient disposés à agir si Rochefort avait dit : « A Paris ! »

« Rochefort était maître du mouvement. Il a été assez intelligent « et raisonnable pour ne pas donner un ordre funeste et envoyer au « massacre les meilleurs soldats de la Révolution.

« C'est à lui seul que nous devons savoir gré du dénouement de « la journée. Quant au peuple, s'il n'a pas pris l'offensive de lui- « même, c'est que d'abord il manquait d'armes, et que, de plus, il « comprenait que la position stratégique était des plus mauvaises.

« Les délégués de la Chambre fédérale se sont émus du danger « qu'il y a pour la cause populaire à abandonner ainsi la direction « à un ou à quelques hommes.

« Des circonstances semblables à celles du 12 peuvent se présenter. « Il ne faut pas que la population ouvrière et socialiste soit exposée « à ce que le mot d'ordre soit, dans un quartier « combat, » et, « dans un autre « situation (*sic*) ». Pour éviter tout malentendu « compromettant et aussi pour empêcher que quelques individus ne « s'emparent du mouvement, nous avons décidé que désormais nous « suivrions attentivement le mouvement politique, et que dans toutes « occasions nous nous consulterions sur ce qu'il y aurait à faire. « Les esprits sont montés; la révolution s'avance; il ne faut pas « nous laisser déborder.

« Je ne crois pas que maintenant les partis bourgeois multicolores « désirent la révolution. Les idées ont marché depuis un an, et ils « craignent le socialisme, qu'ils voient grandir. Sans doute, une « émeute vaincue les satisferait, car ce serait une occasion de pros- « cription contre nous : mais nous serons d'autant plus prudents « que nous nous sentons seuls. Nous devrons du même coup abattre « toutes les têtes de l'hydre; mais il ne faut pas que nous les « manquions, et c'est pourquoi nous hésitons.

« Si, cependant, comme vous le dites, on porte atteinte aux droits « restreints dont nous jouissons; si, par exemple, on arrache Roche- « fort à son banc pour le jeter dans une prison, que devrons-nous « faire?...

« Signé : VARLIN. »

---

## Pièce D.

---

*Enterrement de Victor Noir. — Attitude des révolutionnaires et du peuple parisien. — Raspail* (1), *Rochefort et autres appréciés par les membres de l'Internationale.*

(*Correspondance lyonnaise.*)

Lyon, le 17 janvier 1870.

« La corporation des ouvriers tullistes de Lyon qui se constitue « en société de résistance a adhéré à l'Association Internationale. « Cette adhésion importante a eu lieu à la suite de deux réunions « générales de la corporation où plusieurs membres de la section « lyonnaise ont exposé les principes, le but et les moyens d'action « de notre association, aux applaudissements de l'assemblée.

« Une autre société DE JEUNES GENS, fondée dans le but d'étudier « les questions politiques et sociales, et qui compte déjà plus de « deux cents membres, sera bientôt d'un grand secours à notre sec-

(1) Raspail s'est constitué le défenseur de « l'humanitaire Internationale » : il a interpellé à ce sujet le gouvernement. Il importe de lui faire connaître la manière dont ses services et ses opinions politiques sont appréciés par les membres de cette association.

« tion, car plusieurs de ses membres ont déjà adhéré à l'Internationale et s'emploient activement à faire adhérer les autres.

« Les JEUNES GENS, voilà ce qui nous a manqué jusqu'à présent. « Ce précieux élément a été corrompu dans son germe par le milieu infect où nous a placé la bourgeoisie actuelle.

« Eh bien, cette jeunesse se réveille, l'agitation révolutionnaire la gagne. Et comme ces jeunes cerveaux ne sont pas obstinés par « les vieux systèmes et les vieilles routines ; *comme les amis exclusifs de la liberté politique, qui sont presque tous des* AMIS DE L'ORDRE, montrent enfin le bout de l'oreille ; comme le socialisme a « bien définitivement et bien résolûment planté le drapeau dans toutes les grandes villes de France, c'est à lui que viendra la jeunesse enthousiaste et généreuse, et c'est par lui seulement que le « peuple se lèvera une dernière fois pour balayer le despotisme.

« A ce sujet, *qu'on nous permette une digression*. Beaucoup de « révolutionnaires sincères et résolus ont regretté qu'à la suite de « l'enterrement de l'infortuné Victor Noir, les Parisiens n'aient pas « fait une révolution. Eh bien, nous aurons le courage de dire, « nous, que nous ne le regrettons pas. En effet, qu'aurait été cette « révolution ? Une révolution contre l'empire, purement et simplement ; une révolution qui aurait fatalement amené au pouvoir « Ledru-Rollin et ses amis, et probablement aussi, Bancel, Gambetta « et autres. Admettons que Rochefort et Raspail en eussent aussi fait « partie. Qu'auraient-ils pu faire pour les travailleurs ?

« Ces deux hommes dont nous ne suspectons ni le dévouement, « ni la bonne foi, en sont ils *bien réellement arrivés à la conception socialiste* de l'idée du droit ? Savent-ils bien où marchent instinctivement et irrésistiblement les masses populaires ? Ont-ils « trouvé la solution scientifique du problème qu'a donné à deviner « à tant de générations qu'il a ensuite dévorées, le sphynx révolutionnaire ? C'est plus que douteux.

« Raspail et Rochefort si radicaux qu'ils soient et si risibles que « les *trouve une majorité d'abrutis*, ne *savent que* le premier mot « de la révolution à laquelle nous marchons. Ils n'ont pas même « de programme socialiste. Quand ils ont parlé d'abolir les armées « permanentes, de décentraliser l'administration et d'établir l'impôt progressif, ils croient avoir tout dit. Mais c'est beaucoup tout « cela, nous dira-t-on ! Evidemment ; c'est beaucoup, mais ce n'est « qu'un programme libéral déjà réalisé, à part l'impôt progressif, « aux Etats-Unis d'Amérique, où la misère fait de remarquables « progrès. Quant à l'impôt progressif lui-même, ce n'est, dans un « programme libéral qu'une simple fleur de rhétorique, car dans « toute société où le travail est asservi au capital, l'impôt ne peut « pas être progressif, puisque le capital impose le travail à son gré « et lui fait ainsi payer toutes les charges sociales, sans que les capitalistes se soient foulés le moins du monde.

« Raspail et Rochefort voudraient être socialistes, mais ils ne le « peuvent pas, parce que à l'instar de tous ces démocrates bourgeois, « ils partent d'un point de vue absolument faux qui est celui de la « liberté individuelle. C'est par cette liberté individuelle que l'Angleterre et l'Amérique grandissent et prospèrent, au milieu d'une « lutte incessante des intérêts économiques, où l'égoïsme et l'exclu-

« sivisme condamnent au plus dur des esclavages, à des privations
« et à des humiliations continuelles, des millions d'êtres humains...
« . . . . . . . . . . . . . . . . . . .

« La solidarité économique, voilà notre but à nous autres socia-
« listes, et voilà pourquoi nous ne donnerons jamais la main aux
« révolutionnaires qui ne l'ont pas dans leur programme. Quant
« à ceux qui nous disent que la liberté doit précéder la solidarité,
« parce que la solidarité ne doit pas être imposée, ceux-là sont des
« lâches et des hypocrites.

« La solidarité, c'est la liberté, l'égalité et la fraternité résumées ;
« les travailleurs qui ne le comprennent pas encore le compren-
« dront bientôt, et ce n'est certainement pas à eux qu'on aura be-
« soin d'imposer la solidarité. On ne l'imposera qu'à ceux qui l'em-
« pêchent de s'établir, en détenant toute la richesse sociale dans ses
« sources et dans ses parties. On ne l'imposera qu'à la minorité
« exploitante, et voilà ce que messieurs les démocrates libéraux, ra-
« dicaux et ultra-radicaux ne veulent pas. Eh bien, nous le voulons,
« nous. Et nous ne ferons la révolution que pour atteindre ce but.
« Et *si vous pouvez la faire sans nous*, messieurs les radicaux, il
« faudra que vous soyez malins. Car, nous sommes une force tou-
« jours grandissante, et nous comptons déjà dans les grandes villes
« de France nos adhérents par dizaines de mille.

« Et puis, vous êtes divisés, vous ; vous vous méfiez les uns des
« autres. Et nous, de Paris, de Lyon, de Marseille, pour ne pas
« parler des autres pays, nous nous estimons, nous nous aimons,
« nous sommes fatalement et indissolublement unis. Si vous avez
« un prestige qui nous manque : nous avons en revanche deux qua-
« lités dont vous êtes totalement dépourvus, la jeunesse et l'*audace*.

« Pour en revenir à la supposition que nous faisions tout à
« l'heure du triomphe de la révolution, lors de la dernière agita-
« tion parisienne, il nous reste, pour justifier la satisfaction que
« nous cause le non-avénement de cette révolution, à réfuter cette
« objection qui consiste à dire que le peuple parisien ne se serait
« pas laissé gouverner complétement par ses nouveaux chefs et
« qu'il aurait bientôt fait surgir l'idée socialiste. Ceci n'est qu'une
« plaisanterie.

« Il est de toute évidence que le peuple parisien pris en masse
« n'a pas le sens de la révolution nouvelle. Son esprit n'est point
« dominé par l'idée féconde et régénératrice qui doit être l'âme de
« cette révolution. Le peuple parisien est républicain, et voilà tout.
« Son républicanisme est même très-peu farouche, puisque dès
« qu'il a l'occasion de s'affirmer en votant pour des hommes comme
« Félix Pyat, Barbès, Ledru-Rollin, Blanqui, il se place gentiment
« dans la légalité et envoie au Corps législatif des Crémieux et des
« Emmanuel Arago.

« Et ce peuple parisien, dont les tendances démocratiques *sont*
« *faussées*, dont les idées sont dénaturées, dont les principes sont
« sophistiqués, ce peuple parisien qui est trop savant pour être
« socialiste d'instinct et qui ne l'est pas assez pour être socialiste
« par la science, deviendrait socialiste aussitôt après avoir fait une
« révolution aussi incomplète et aussi insuffisante ? Ce n'est pas
« possible.

« Il deviendrait socialiste, oui, mais quand il ne serait plus « temps, c'est-à-dire quand la bourgeoisie se serait emparée par « la force et la ruse de tout l'organisme social, quand à l'aide d'ins-« titutions mixtes innombrables et de déclamations contagieuses, « elle aurait endormi la vitalité sociale et inoculé l'égoïsme jusque « dans la moelle de nos générations.

« Nous avons échappé à ce malheur, et il est à peu près certain « que nous sommes maintenant hors de danger.

« Ajoutons en passant que sous l'impulsion intelligente et éner-« gique de notre ami Bastelica, la section de Marseille a pris un « prodigieux développement. On y compte vingt-cinq corporations « organisées en sociétés de résistance et adhérentes à l'Internationale. « D'autres sections sont en voie de formation à Aix et à la Ciotat. « A Vienne (Isère), la section de l'Internationale est en train de se « réorganiser. « Albert RICHARD. »

(*Internationale*, 23 janvier 1870).

. . . . . . . . . . . . . . . . . . . . . . . .

. . . . . . . . . . . . . . . . . . . . . . . .

« En 1848, la réaction apparue le 16 mars, déjà forte le 16 avril, « dominante après le 15 mai, redouble d'audace. On put alors « contempler ce spectacle où le jésuitisme le disputa à l'infamie : « les véritables républicains de la grande nation républicaine, suc-« cessivement frappés par les tartuffes politiques que l'histoire « traînera confondus aux gémonies, si elle prononce les noms « impurs de *Lamartine, Marie, Crémieux, Garnier-Pagès, Monta-« lembert, Armand Marrast, de Falloux, Léon Faucher, Thiers, « Jules Favre, Dufaure, Emile Ollivier, Cavaignac, Bonaparte, « Baroche, Rouher. Billault, Maupas, Saint-Arnaud, Magnan,* « etc., etc.....

« Nous exceptons avec plaisir Flocon, Louis Blanc et Albert. »

(*Egalité*, 27 février 1869. — *Correspondance de Paris.*)

---

# Pièce E.

—

*Appréciation du verdict du haut jury dans l'affaire du meurtre d'Auteuil.*

CORRESPONDANCE DE PARIS,

Paris, 26 mars 1870.

« Vous savez sans doute déjà que le Bonaparte est acquitté. Je « ne veux pas répéter sur ce procès des vérités devenues banales à

« force d'avoir été redites ; je veux seulement faire une remarque « que je serais heureux de voir signaler dans l'*Internationale*.

« Quelque scélérate et impudente que soit la bande Bonaparte, « elle l'est beaucoup moins que la *haute bourgeoisie* qui soutient « l'*ordre* actuel. Les serviteurs payés de l'empire, président et « procureur général, n'avaient pas osé rêver au-delà de la condam- « nation avec « diminution de peine dans une proportion énorme, » « grâce à la provocation violente, selon eux, reçue par le prince.

« Le verdict de légitime défense leur paraissait si peu probable, « qu'ils n'osaient pas même le supposer dans leurs cinq questions « au jury. La 1re et la 4e, demandant s'il y a eu meurtre et ten- « tative de meurtre volontaires, sont posées de manière à ce que » le Haut Jury réponde : oui. Les autres ont pour but de faire » admettre la provocation.

« Pauvres domestiques ! Vous ne gagnez pas votre argent : 36 « jurés, élus du suffrage universel, ont été plus vils que vous. Ils « ont répondu *non* à vos deux questions importantes et ont par « suite annulé les autres.

« N'oublions pas que les 89 hauts jurés sont tirés au sort parmi « les 12 à 1,500 conseillers généraux des départements, en général « gros propriétaires, financiers, industriels, élus par le suffrage « universel, si habilement dirigé dans les campagnes ; que parmi « eux on a encore tiré au sort les 36 qui devaient siéger ; que les « récusations ne doublent pas ce nombre ; qu'on peut donc admet- « tre avec une excessive probabilité que s'ils avaient tous siégé, le « verdict eût été le même ; qu'il eût été le même encore si le sort eût « désigné 89 autres conseillers généraux quelconques ; qu'il eût été « le même enfin avec un immense jury formé de tous les conseillers « généraux de France.

« Ceci fortifie en moi cette opinion, que bien d'autres exemples « ont fait naître tant ici que dans d'autres pays : que l'on ne trou- « verait peut-être pas, dans chaque famille royale ou impériale, « un homme ayant l'aplomb nécessaire pour assassiner lui-même, « de sa propre main ; mais que dans *toutes les bourgeoisies*, on « trouvera à foison des gens disposés à justifier et à applaudir « l'assassinat, pour peu qu'ils y soient même très-indirectement « intéressés.

« Les Internationaux ne s'attacheront donc pas à cette lutte « mesquine, qui n'a pour objectif que le détrônement de quelques « familles, produits nécessaires d'un milieu pourri, mais ils pour- « suivront sans relâche, la rénovation complète de ce milieu, la « transformation radicale de cette classe, leur seule ennemie : *la* « *haute bourgeoisie*.

(*Internationale*, 3 avril 1870.)

# Pièce F.

Les correspondants du journal l'*Internationale* et des autres feuilles de cette association ont l'habitude de dénaturer les faits : le passage suivant est de nature à nous édifier sur l'exactitude des récits publiés par ces journaux.

(Correspondance particulière de l'*Egalité*).

Lyon, 28 juin 1869.

« A propos des événements de la Ricamarie, j'ai deux faits d'autant plus intéressants à vous raconter, qu'il a été formellement « interdit à la presse française d'en toucher un seul mot. Les trois « compagnies du 4e de ligne qui ont arrêté les mineurs et ont ensuite tiré sur des femmes et des enfants, *avaient été enivrées auparavant avec soixante bouteilles d'eau de-vie qu'on leur avait distribuées*. Je vous garantis ce fait. Le conseil municipal de Saint-Etienne, ne voulant accepter aucune espèce de solidarité avec des « assassins, a donné sa démission. Le 4e de ligne, dont la situation « à Saint-Etienne est devenue intolérable, est arrivé à Lyon ; il a « été reçu aux cris de : *A bas les égorgeurs* !

« Voici un autre fait plus honorable pour l'armée. Le soir du massacre de la Ricamarie, une femme au désespoir réclamait à la porte « d'un poste militaire son mari prisonnier. L'officier commandant « le poste essayait de la faire retirer et n'y pouvait parvenir. Menaces, injonctions, tout était inutile. Il se mit à la brutaliser, « mais elle s'accrocha après lui, en criant plus fort que jamais. L'officier se dégagea vivement et d'un geste brusque la renversa par « terre. Aussitôt un mineur témoin de cette scène s'avance par derrière, tire son couteau et le plonge tout entier entre les côtes de « l'officier. La foule qui grossissait crie bravo et se prépare à soutenir le courageux défenseur de la faiblesse et du droit.

« Pendant qu'on emporte l'officier mourant, le sous-chef du poste « fait sortir tous les soldats et au milieu de l'exaspération bruyante « du peuple les fait ranger sur deux lignes et commande le feu. Mais « les soldats se souvinrent alors qu'ils étaient eux aussi les fils de

« la Révolution et RESTÈRENT IMPASSIBLES. Le commandement fut « réitéré ; même impassibilité. Un enthousiasme immense jaillit de « toutes les poitrines ; les cris de *Vive la ligne !* retentirent partout « et des cris de *Vive la République !* vinrent encore s'y mêler. »

(Extrait de l'*Egalité* du 3 juillet 1869. — Cet article a été reproduit dans l'*Internationale* du 11 juillet 1869.)

---

# Pièce G.

—

*Manifeste de la Fédération lyonnaise à propos du jugemsnt d'Autun. — Association internationale des Travailleurs. — Fédération ouvrière lyonnaise* (1).

« A la nouvelle du jugement d'Autun, la commission fédérale ou- « vrière lyonnaise a été unanime dans la pensée de venir en aide « aux familles des ouvriers emprisonnés, et sa première idée a été « d'assurer aux malheureuses et héroïques victimes la continuation « de leur salaire pendant toute la durée de leur détention. Cela pa- « raissait à la commission une application immédiate du principe de « solidarité qui doit unir tous les travailleurs, et lui paraissait, en « outre, éviter cet autre principe dit *de charité*, si préconisé par « les bourgeois, et qui n'est en définitive que la consécration des « inégalités sociales.

« Mais devant cet acte tout spontané de l'adoption par les sections « parisiennes de l'Internationale des familles privées de leur sou- « tien en vertu d'un arrêt qu'elle s'abstient de qualifier, la Fédé- « ration lyonnaise n'a pu qu'applaudir, et pour participer à cette « adoption, elle a ouvert immédiatement dans son sein une sous- « cription en faveur des grévistes du Creuzot et des familles des « ouvriers emprisonnés.

« Un premier envoi s'élevant à 93 francs a été fait hier au citoyen « Revillot et toutes les semaines un envoi des fonds recueillis par « la souscription sera effectué.

« Salut et égalité.

« Pour la Commission fédérale :

« *L'un des secrétaires,*

« Gaspard BLANC. »

---

(1) Ce manifeste a été reproduit dans la *Marseillaise* du 23 avril 1870.

# Pièce H.

---

*Résolutions votées par le Congrès romand, le 4 avril 1870.*

ATTITUDE DE L'INTERNATIONALE VIS-A-VIS DES GOUVERNEMENTS (1)

« Considérant que l'émancipation définitive du travail ne peut « avoir lieu que par la transformation de la société politique fondée « sur le privilége et l'autorité en société économique fondée sur « l'égalité et la liberté ;

« Que tout gouvernement ou Etat politique n'est rien autre chose « que l'organisation de l'exploitation bourgeoise, exploitation dont « la formule s'appelle le droit juridique ;

« Que toute participation de la classe ouvrière à la politique bour- « geoise gouvernementale ne peut avoir d'autres résultats que la « consolidation de l'ordre de choses existant, ce qui paralyserait « *l'action révolutionnaire socialiste du prolétariat* ;

« Le Congrès romand recommande à toute les sections de l'Asso- « ciation internationale des travailleurs de renoncer à toute action « ayant pour but d'opérer la transformation au moyen des réformes « politiques nationales et de porter toute leur activité sur la con- « stitution fédérative des corps de métiers, seul moyen d'assurer le « succès de la révolution sociale. Cette fédération est la véritable « représentation du travail, qui doit avoir lieu absolument en dehors « des gouvernements politiques. »

(Extrait de la *Solidarité*, numéro du 11 avril 1870.)

---

(1) Nous avons déjà reproduit, d'après l'*Égalité*, les résolutions votées sur cette question ; comme cette rédaction diffère essentiellement de celle donnée par la *Solidarité*, organe de la minorité scissionnaire, nous croyons utile de reproduire cette dernière.

# Pièce I.

*Lettre écrite par Varlin à Bastelica.*

« Mon cher Bastelica,

« J'accepte d'autant plus volontiers le poste que vous m'indiquez, « qu'il fait partie de mes attributions de secrétaire correspondant « de la Chambre fédérale.

« Ici aussi nous avons été pris au dépourvu, mais depuis nous « avons pris nos mesures pour ne plus nous trouver dans une situa- « tion aussi fausse. La Chambre fédérale, à peine constituée (à vrai « dire, elle ne l'est pas encore définitivement), ne s'était pas encore « occupée de sa contenance, ou même de son action en cas de mou- « vement politique. Or, il est arrivé que tous les délégués à la « Chambre fédérale se sont rencontrés à l'enterrement de Victor « Noir sans s'être donné le mot à l'avance, et les uns voulaient ve- « nir à Paris, c'est-à-dire livrer bataille ; les autres, plus circon- « spects, voulaient maintenir à la manifestation son caractère paci- « fique ; c'est du reste, les deux sentiments qui, toute la journée, « ont divisé la foule. Je dois ajouter que la plupart des membres « de nos sociétés se trouvaient aussi à l'enterrement sans qu'il y ait « eu entente préalable, et, par conséquent, subissaient la même « division de vues que les autres citoyens.

« Cette situation nous a émus, et le lendemain, la séance de la « Chambre fédérale a été complétement employée à la discussion « de ce qu'il y aurait à faire en pareille occasion ; et les occasions « se reproduisant, il ne faut pas nous exposer à ce que, dans une « circonstance semblable, quelques-uns d'entre nous livrent bataille « sur un point et se fassent massacrer, tandis qu'ailleurs on ne son- « gerait pas à la lutte.

« Désormais nous nous consulterons et nous agirons ensemble. « De plus, nous nous sommes mis en rapport avec Rochefort, qui, « de son côté, ne provoquera rien sans s'être entendu avec nous ; « de cette façon nous pourrons compter sur l'unité d'action si né- « cessaire en pareil cas.

« Le concours de la province pourra nous être très-utile pour

« faire diversion et déconcerter le gouvernement. Je prends donc « acte de votre proposition avec joie, et je vais m'assurer du con- « cours des autres centres : Lyon, Rouen, Roubaix, etc.

« Salut et fraternité.

« E. VARLIN. »

(Extrait du *Journal officiel*, du 4 mai 1870.)

---

# Pièce J.

*Déclaration de Varlin, Malon et Combault au sujet de l'arrestation de Rochefort.*

« C'était inévitable ; la logique a ses droits. Le parlementarisme « impérial vient de frapper le député révolutionnaire de Paris, que « deux cent mille républicains acclamaient dans la journée histori- « que du 12 janvier. Rochefort, en effet, a commis un crime impar- « donnable ; il a accepté le mandat impératif et a tenu à y rester « fidèle. Devant ce défi insolent du néo-libéralisme jeté à la face du « peuple, devant cet outrage au suffrage universel, que devons-nous « faire ?

« Si nous n'écoutions que nos impatiences, nous n'aurions qu'à « nous ressouvenir des mâles résolutions qui guidaient nos pères, « lorsque violemment ils renversaient le despotisme.

« Que les *réactionnaires* ne s'y trompent pas ; s'il ne s'agissait « que de présenter nos poitrines aux balles, nous n'hésiterions pas à « répondre à leurs incessantes provocations.

« Mais ce qu'il importe avant tout, c'est d'assurer le succès de la « révolution, et, tout en ayant conscience de notre force, nous « nous recueillons. La coupe est pleine, elle ne tardera pas à dé- « border.

« A la révolution de choisir son heure !

« Signé : E. VARLIN, B. MALON et A. COMBAULT,

« *Membres de l'Association internationale des Travailleurs.* »

(Extrait du *Réveil* du 11 février 1870.)

# Pièce K.

—

(*Extrait d'une* communication privée *faite par le Conseil général de l'Internationale de Londres au Conseil fédéral de la Suisse romande.*) — *Résolutions votées dans la séance du Conseil général du 1er janvier 1870* (1).

« . . . . . . . . . . . . . . . . . . . . . . . . . . . . . .

« . . . *Quoique l'initiative révolutionnaire doive partir de la* « *France*, l'Angleterre seule peut servir de levier pour une révolu- « tion sérieusement économique.

« C'est le seul pays où il n'y ait plus de paysans et où la pro- « priété foncière est concentrée en peu de mains; c'est le seul pays « où la forme capitaliste, c'est-à-dire le travail combiné sur une « grande échelle — sous des maîtres capitalistes — s'est emparée de « toute la production; c'est le seul pays où *la grande majorité de* « *la population consiste en ouvriers salariés* (Wagers labourers), « c'est le seul pays où la lutte des classes et l'organisation de la « classe ouvrière par les *Trades-unions* ont acquis un certain de- « gré de maturité et d'universalité à cause de sa domination sur « le marché du monde; c'est le seul pays où chaque changement « dans les faits économiques doit immédiatement réagir sur tout le « monde. Si le landlordisme et le capitalisme ont leur siége dans ce « pays, par contre-coup *les conditions matérielles de leur destruc-* « *tion y sont plus mûries*. Le Conseil général étant placé dans la « position heureuse d'*avoir la main sur ce grand levier de la révo-* « *lution prolétaire*, quelle folie, nous dirions presque quel crime, « de le laisser tomber entre des mains purement anglaises! Les An- « glais ont toute *la matière nécessaire à la révolution sociale*, ce « qui leur manque c'est *l'esprit généralisateur* et *la passion révo-* « *lionnaire;* c'est seulement *le Conseil général* qui peut y suppléer, « qui peut *ainsi accélérer le mouvement vraiment révolutionnaire* « *dans ce pays*, et par conséquent *partout*. Les grands effets que « nous avons déjà produits dans ce sens sont attestés par les jour-

---

(1) C'est de ces résolutions que parle Dupont dans sa lettre à Murat, le 7 janvier 1870, (*Gazette des Tribunaux*, 24 juin 1870).

« naux les plus intelligents et les plus accrédités auprès des classes « dominantes...... Ils nous accusent publiquement d'avoir empoi- « sonné et presque éteint *l'esprit anglais* de la classe ouvrière et de « l'avoir poussée dans *le socialisme révolutionnaire*..... Si l'on « séparait le Conseil général d'avec le Conseil régional pour l'Angle- « gleterre, le Conseil régional n'aurait aucune utilité et le Conseil « général perdrait le *maniement du grand levier*. Si à *l'action* « *sérieuse et souterraine* nous eussions substitué l'éclat des tréteaux, « nous aurions peut-être commis la faute de répondre à la question « que nous pose l'*Egalité* relativement à cette séparation..... Le « seul point où l'on puisse *frapper le grand coup contre l'Angle-* « *terre officielle*, c'est l'Irlande. En Irlande, l'opération est cent fois « plus facile parce que *la lutte économique y est concentrée uni-* « *quement sur la propriété foncière* et parce que le peuple y est « plus révolutionnaire et plus exaspéré qu'en Angleterre..........
« ..........................................................................
« .......................................................................... »

« La position de l'Association internationale vis-à-vis de la *ques-* « *tion irlandaise* est très-nette; notre *premier besoin est de pousser* « *la révolution en Angleterre*, à cet effet il faut frapper le grand « coup en Irlande.

« Par ordre du Conseil général de l'Association internationale des « Travailleurs.

« *Le secrétaire correspondant pour la France*

« Eugène Dupont. »

Londres, 1er janvier 1870. (*Communication privée.*)

---

## Pièce L.

---

*Copie d'un mandat adressé de Genève à Albert Richard, de Lyon.*

« Citoyen;

« Nous te donnons pleins pouvoirs pour organiser partout en « France l'*Alliance internationale du socialisme révolutionnaire*.

« Signé : Kalifol. »

Genève, 24 juin 1869.

# Pièce M

1° *Adresse des ouvriers de Lyon au sujet des événements de Seraing.*

« Aux membres du Conseil général des sections belges de l'Asso- « ciation internationale des Travailleurs.

« Citoyens,

« Nous n'avons reçu que très-tard, par l'*Egalité* de Genève, des « renseignements précis sur les abominables attentats dont nos frères « de Seraing et du Borinage ont été victimes.

« Solidaires avec vous et avec eux, puisque nous sommes tous « des membres d'un même corps, nous nous sommes sentis frap- « pés par les coups qu'on leur a portés.

« Et nous venons unir notre voix à la vôtre, à celle des travail- « leurs de l'Europe entière, pour mettre au ban de la civilisation « dont nous sommes les véritables représentants, non pas les ins- « truments insouciants qui ont stupidement dirigé leurs baïonnettes « sur des poitrines inoffensives, mais les affameurs, qui, non con- « tents de ce rôle assez remarquable cependant, ont voulu y joindre « celui d'égorgeurs.

« Toutefois, hommes et choses, ce ne sont là que des effets. « Comme vous, nous ne perdons pas de vue les causes, qui gisent « dans les profondeurs de l'organisation sociale actuelle.

« La Belgique est libre, nous dit-on.

« Nous connaissons cette liberté. C'est en son nom qu'on fusillait « les ouvriers lyonnais en 1832 et en 1834, et les ouvriers pari- « siens en 1848. C'est la liberté du gouvernement bourgeois.

« Les travailleurs ne s'y laisseront plus prendre, car désormais « ils savent tous que le gouvernement bourgeois est en grand ce « que l'homme hypocrite est en petit. C'est-à-dire qu'il a tous les « vices des autres, plus le sien.

« Donc, pas de liberté, pas de fraternité, pas de paix possibles « sans l'extirpation des racines mêmes du mal social, sans l'éta- « blissement de la solidarité humaine dans l'égalité économique.

« Du reste, nous nous rallions complétement aux idées que vous « avez exprimées dans votre adresse aux ouvriers de Seraing.

« Recevez, compagnons, notre salut fraternel.

« *Pour la section lyonnaise de l'Association internationale des « Travailleurs,*

« Albert Richard, Ch. Monies, H. Richard, Virginie Barbet, Bret, « Roset, Jules Beniez, André, Henry, Dupuis, Beniez. »

(Extrait du numéro de l'*Internationale* du 2 mai 1869.)

2° *Adresse du Comité fédéral de la Suisse romande aux ouvriers belges au sujet des événements et troubles de Seraing.*

Association internationale des Travailleurs.

*Adresse des sections romandes aux sections belges.*

« Frères,

« Nous avons ressenti une profonde douleur au récit des tristes « événements survenus dans les charbonnages de Seraing et du « Borinage.

« Nous remplissons un devoir en vous exprimant toute notre « indignation des massacres organisés par votre bourgeoisie, ainsi « que contre les persécutions dont quelques-uns de vous sont « l'objet.

« La presse mensongère répand, comme toujours, à propos de « ces événements, ses calomnies sur notre Association internatio- « nale, qu'elle accuse de provoquer et d'organiser les grèves; les « mêmes mensonges se sont produits à Genève, à Bâle et chez « vous. Toujours le même esprit de haine contre les travailleurs et « leurs tendances égalitaires.

« Nous approuvons vivement la conduite ferme et intelligente de « votre Conseil général dans les graves circonstances où vous vous « trouvez; comme lui, frères belges, nous vous disons : Soyez cal- « mes, méprisez les injures et les provocations de vos ennemis; ne « vous laissez pas entraîner dans les piéges que l'on vous tend « pour vous faire sortir de votre attitude ferme et digne, et vous « pousser à des moyens violents. Ne compromettons pas, dans un « moment de désespoir, le fruit de quatre années de travail et de « lutte pour notre association.

« Organisez-vous d'une manière puissante, groupez autour de vous « les travailleurs qui, comme vous, ont souffert des attaques de la « bourgeoisie; marchons avec résolution vers cet avenir que nous « poursuivons : notre émancipation complète.

« Frères, faites taire encore la colère qui gronde au fond de vos « cœurs, mais, souvenez-vous !

« Genève, le 3 mai 1869.

« *Le Comité fédéral romand.* »

(*Egalité*, numéro du 8 mai 1869.)
(*Internationale*, numéro du 15 mai 1869.)

### 3° *Adresse du Conseil général belge aux ouvriers de Seraing et des environs.*

Compagnons,

« De tout temps, la douleur et la misère ont été la destinée du « travailleur; de tout temps, le peuple a gémi devant la joie de ses « maîtres, a eu faim devant la satiété de ses exploiteurs.

« Mais l'homme est ainsi fait qu'il s'habitue à tout, même aux « plus dures privations. La chaîne continue à lui peser, mais il la « porte sans murmurer; il a perdu jusqu'au sentiment de la haine; « alors il est vraiment esclave, car il ne sent plus l'opprobre de « son esclavage.

« Voilà, compagnons, l'état malheureux où beaucoup d'ouvriers « sont réduits actuellement, c'est cette inertie qui fait la force de « nos tyrans. Mais voilà que, poussés à bout, les malheureux qui « jusqu'alors avaient souffert sans murmurer, font entendre des ré- « clamations. Leurs maîtres s'étonnent de tant d'audace, ils trem- « blent que l'esprit d'indépendance ne se propage parmi la classe « ouvrière, et pour étouffer ce monstre au berceau, ils sabrent, ils « fusillent, ils mitraillent.

« Mais alors, il arrive ce que ces gens sans cœur n'avaient pu pré- « voir; il arrive qu'au lieu du profond silence qu'ils croyaient de- « voir succéder au massacre, des clameurs indignées s'élèvent de « tous côtés : que la haine se réveille au cœur du peuple, et qu'il « est là, debout, frémissant, prêt à secouer ses chaînes.

« Compagnons de Seraing, que durant trois nuits entières la sol- « datesque a sabrés et embrochés, souvent sans provocation aucune, « nous l'avons poussé, ce cri d'indignation, lorsque nous avons ap- « pris l'étendue de vos maux : nous avons senti la haine nous en- « vahir, et certes, si l'action suivait la pensée, dans le premier mo- « ment nous aurions souhaité la destruction de vos barbares exter- « minateurs.

« Mais, compagnons, lorsque la réflexion vient succéder à ce pre- « mier mouvement d'indignation si légitime, on se trouve plongé « dans un tout autre courant d'idées. Que de fois les ouvriers, poussés « à bout, ont juré la ruine de leurs oppresseurs, et après un triom- « phe passager sont tombés plus que jamais dans l'esclavage. C'est « qu'il ne suffit pas de détruire, il faut encore édifier, et l'on n'édifie « pas en un jour.

« Donc, compagnons, comprimez un moment vos légitimes colères « et ne répondez pas aux provocations de l'armée.

« Songez que vos maîtres ne demanderaient pas mieux que de « voir répondre à la violence par la violence, pour avoir le prétexte « d'une répression plus sanguinaire encore.

« Songez que vos frères des autres parties du pays n'ont pas en- « core tous compris la nécessité de secouer leurs chaînes, et qu'une « série de soulèvements successifs ne pourrait amener qu'une série « d'échecs successifs.

« Songez, que lors même que tous les ouvriers belges s'enten- « draient pour faire triompher leur cause, ils seraient impuissants « aussi longtemps que dans les grands Etats de l'Europe le despo- « tisme trônera triomphant sur les cadavres de ses victimes.

« Songez enfin que l'émeute ne conduit à rien; qu'il faut que la « *révolution soit préparée*, qu'il faut que, du jour où elle sera « triomphante, elle puisse, presque sans secousse, substituer un « nouvel ordre de choses aux lieu et place de l'ancien ordre qui n'est « plus que du désordre.

« Ainsi, compagnons, du calme : maintenez vos prétentions légi- « times, mais ne vous laissez pas entraîner à la violence. Sachez « attendre ! votre jour viendra.

« Entrez en masse dans l'Association internationale des Travail- « leurs : là, vous apprendrez vos droits, et les moyens que vous de- « vez employer pour les faire triompher; là, vous vous unirez à vos « frères de toutes les parties du pays et du monde entier. Et lorsque « toutes les forces ouvrières seront unies et instruites de ce qu'elles ont « à faire, ce jour-là, de tous les points du monde à la fois, les tra- « vailleurs feront entendre leur voix qui fera crouler l'iniquité et « inaugurera la justice. Ce jour-là, compagnons, nous ne vous dirons « plus : Soyez calmes ; nous vous crierons : En avant !

« Jusque-là, soyez patients, et attendez votre heure.

« Bruxelles, le 13 avril 1869.

*Le Conseil général belge :*

E. Hins, A. Vandenhouten, Ch. Maetens, C. de Paepe, H. Robin. J.-A. Delvaux, P. Calewaert, A. Deplancke, H. Leryce, E. Steens. D. Brismée, G. Brasseur, Xebier, Debrouwer, L. Verryken et Standaert.

---

## 4° LES MASSACRES EN BELGIQUE.

### MANIFESTE DU CONSEIL GÉNÉRAL DE LONDRES.

*A tous les membres de l'Association Internationale des Travailleurs.*

» Il ne se passe pas de semaine en Angleterre sans grèves, et grè- « ves sur une grande échelle. Si à ces occasions le gouvernement

« lançait ses troupiers sur le prolétaire, ce pays des grèves se trans-
« formerait en pays des massacres; mais après quelques expériences
« de cette sorte, les pouvoirs établis auraient disparu.

« Dans les Etats-Unis aussi, les grèves ont continué à s'agrandir
« pendant ces derniers ans, et ont même souvent dégénéré en
« démonstrations turbulentes. Mais pas une goutte de sang n'a été
« répandue.

« Dans quelques-uns des grands Etats militaires de l'Europe continentale, l'ère des grèves date à peu près de la fin de la guerre
« civile en Amérique. Ici encore elles se passent sans effusion de
« sang.

« Il n'y a qu'un seul pays dans le monde civilisé où l'on saisit
« avidement et joyeusement le prétexte des grèves pour assassiner
« les ouvriers. Ce pays unique est la *Belgique*, le pays modèle du
« constitutionalisme continental, le paradis au petit pied du seigneur de la terre, du capitaliste et du prêtre La terre ne fait
« pas plus sûrement sa révolution annuelle que le gouvernement
« belge son massacre annuel. Le massacre de cette année ne diffère du massacre de l'an passé que par le nombre plus grand des
« victimes, la licence plus hideuse de la soldatesque, la jubilation
« plus bruyante de la presse cléricale et capitaliste, et la frivolité
« plus effrontée des prétextes mis en avant par les bouchers officiels.

« Il est maintenant constaté, et cela par les indiscrétions mêmes
« de la presse bourgeoise, que la grève parfaitement légitime des
« ouvriers puddleurs et chauffeurs de la fabrique de fer de la Société Cockerill, à Seraing fut convertie en émeute par la cavalerie, l'infanterie et la gendarmerie, perfidement jetées sur ce point
« pour provoquer le peuple. Du 9 jusqu'au 12 avril, ces guerriers
« vaillants, armés de pied en cap, assassinaient des ouvriers sans
« armes, tuaient et blessaient les passants, envahissaient des maisons privées, et se divertissaient même à faire des charges forcenées sur les voyageurs claquemurés dans la gare du chemin de
« fer.

« Ces jours de carnage passés, on s'est souvenu que des personnages haut placés en Belgique étaient actionnaires de la société
« Cockerill, et que certaines autorités communales étaient en même
« temps agents de la même société. De ces faits, d'aucuns ont voulu
« tirer la conclusion vraiment étrange que le massacre de Seraing
« aurait été une sorte de coup d'Etat financier, sagement concerté dans
« le simple but de porter la terreur au milieu des esclaves mécontents. Cette calomnie a été cependant victorieusement réfutée par
« les événements ultérieurs survenus dans le district du Borinage,
« où ces personnages, à ce qu'il paraît, n'ont pas daigné placer leur
« argent. Une grève presque générale ayant éclaté dans ce district,
« le gouvernement y concentra ses troupes fidèles. Elles ouvrirent
« la campagne à Frameries par une fusillade, tuant sept ouvriers
« mineurs et en blessant grièvement vingt autres, lequel petit exploit
« préliminaire fut suivi par les sommations préalables, et, après les
« sommations, la boucherie allait de nouveau son train.

« Il y a aussi des gens politiques qui s'obstinent à trouver des
« motifs de haut patriotisme pour ces actes incroyables. Comme on

« était en délicatesse avec le Gaulois, le devoir du gouvernement belge, « disent-ils, était tout tracé. A tout prix il devait donner des preu- « ves incontestables de l'héroïsme de son armée à lui. A cet effet, « cette division savante des étalait était l'impétuosité irrésistible de « la cavalerie belge à Seraing et la vigueur tenace de l'infanterie « belge à Frameries. Pour faire peur à l'étranger, quel moyen plus « infaillible que ces grandes batailles... qu'on ne saurait pas perdre; « et ces champs de combats où les centaines d'ouvriers mutilés, tués « ou faits prisonniers jettent un lustre singulier sur ces guerriers in- « vulnérables, dont aucun ne fut tué, ni même sérieusement incom- « modé. Ah! nous oublions qu'un garde champêtre, représentant lui « aussi la force publique, succomba ou faillit succomber à la suite « d'une balle reçue non d'un gréviste, mais d'un troupier.

« Il y a d'autres gens, non moins politiques, mais d'une opinion « contraire, qui nous donnent à entendre qu'il pourrait bien se faire « que des hommes d'Etat belges fussent de connivence avec les Tui- « leries et ne fissent jouer périodiquement ces horribles scènes de « guerre civile qu'afin de donner à Louis-Bonaparte le prétexte de « sauver la société en Belgique, comme il l'a sauvée en France. Mais « a-t-on jamais soupçonné l'ex-gouverneur Eyre d'avoir organisé le « massacre des nègres de la Jamaïque pour faire tomber cette île dans « les mains du Yankee? Pas de doute! Les hommes d'Etat belges sont « aussi excellents patriotes que l'ex-gouverneur Eyre. Comme Eyre « était l'instrument impitoyable des planteurs, ils sont l'instrument « impitoyable du capitaliste.

« Le capitaliste belge s'est fait une grande renommée par son « amour exagéré de la liberté du travail. Il est si jaloux de la liberté « de ses ouvriers de travailler pour lui pendant toutes les heures de « leur vie, sans exception d'âge ou de sexe, qu'il a toujours repoussé « avec emportement les lois de fabrique limitant la journée de tra- « vail, introduites dans les pays les plus arriérés. Il frémit à la seule « idée qu'un ouvrier vulgaire soit assez pervers pour aspirer à une « destinée plus élevée que celle d'enrichir son maître, son supérieur « naturel. D'après ses vues, l'ouvrier doit non-seulement toujours « rester un souffre-douleur, excédé de travail et réduit au minimum « de salaire; mais il le veut encore servile, abattu, humble de cœur, « à plat ventre devant le maître et le contre-maître. De là sa haine « féroce contre les grèves. Pour lui une grève est un blasphème, la « révolte de l'esclave, le signal du cataclysme social. Placez main- « tenant dans les mains de ce capitaliste trembleur, cruel par lâcheté, « le maniement indivis, sans contrôle, absolu, des pouvoirs publics, « ce qui est le cas en Belgique, et vous cesserez d vous étonner que, « dans ce pays, le sabre, la baïonnette et le fusil fonctionnent légi- « timement et régulièrement comme des machines pour baisser les « salaires et élever les profits. Et, après tout, à quel autre but terres- « tre pourrait servir une armée belge! Quand l'Europe officielle con- « stituait la Belgique en *pays neutre*, il aurait été du simple sens « commun de lui interdire le luxe dispendieux d'une armée, à l'ex- « ception près d'une poignée de soldats de parade indispensables « comme joujou royal. Mais dans les 2,500 lieues carrées de son « territoire, la Belgique héberge actuellement une armée plus grande « que celle de l'Angleterre ou celle des Etats-Unis. Les services de

« campagne de cette armée neutralisée se comptent fatalement par le « nombre de ses expéditions à l'intérieur.

« On comprend de prime abord que l'*Association internationale* « *des Travailleurs* ne soit pas la bien-veuve en Belgique. Excommu- « niée par les prêtres, dénigrée par la presse bourgeoise, elle vint « bientôt aux prises avec le gouvernement qui cherchait à la rendre « responsable pour les grèves des mineurs en 1868-69, grèves abou- « tissant, selon la règle invariable dans ce pays, à des massacres « suivis de poursuites judiciaires. L'Association déjoua non-seulement « la cabale gouvernementale, mais son intervention active se montra « dans l'acquittement des mineurs inculpés, et, par conséquent, dans « la condamnation du gouvernement belge par un jury belge. Puis « les ministres d'invectiver l'*Association* dans la chambre basse et « de déclarer pompeusement qu'ils ne permettraient jamais la réu- « nion de son Congrès général à Bruxelles. En dépit de ces menaces, « le Congrès général s'est tenu à Bruxelles.

« Mais, après tout, l'Internationale doit enfin succomber devant « l'omnipotence aux 2,500 lieues carrées. Sa coupable complicité dans « les événements récents est mise hors de doute. Les émissaires du « comité central de Bruxelles et d'autres comités locaux ont été sur- « pris en flagrant délit : En premier lieu, ils ont fait de leur mieux « pour calmer l'excitation des ouvriers en grève et les avertir sur « les piéges qui leur étaient tendus. En quelques localités ils ont ac- « tuellement prévenu l'effusion du sang. Enfin ces émissaires de mau- « vais augure ont observé sur-le-champ, vérifié par des témoins, « transcrit dans les protocoles et publiquement dénoncé les énormités « fantaisistes des défenseurs de l'ordre. Par le simple procédé de leur « arrestation, le gouvernement les a transformés d'accusateurs en « accusés. Puis, les domiciles des membres du comité central de « Bruxelles ayant été brutalement envahis et toutes leurs correspon- « dances saisies, on a arrêté quelques « meneurs », sous la charge « d'*association dans le but d'attenter aux personnes et aux proprié-* « *tés!* » En un mot, on les accuse d'appartenir à une *association de* « *Thugs*, c'est-à-dire à *l'Association internationale des Travailleurs!* « Aiguillonné par les capucinades de la presse cléricale et les hur- « lements de la presse capitaliste, ce gouvernement pygmée va déci- « dément se noyer dans le ridicule, après avoir nagé dans le sang.

« Déjà le comité central de Bruxelles a annoncé sa résolution d'ins- « tituer et de publier une enquête sur les massacres de Seraing et « du Borinage. Nous, de notre part, nous ferons circuler ses ré- « vélations dans tous les pays et dans toutes les langues, afin d'ou- « vrir les yeux de tout le monde sur cette fanfaronade belge : « Pour « faire le tour du monde, la liberté n'a pas besoin de passer par « chez nous, c'est-à-dire par la Belgique.»

« Le gouvernement belge se flatte peut-être que, puisqu'il obtint, « après les révolutions de 1848-49, un sursis de vie comme l'agent « de police de tous les gouvernements réactionnaires, il pourra en- « core échapper à des dangers imminents en se posant comme le « gendarme du capital contre le travail. Qu'il se détrompe. Il va ac- « célérer sa chute au lieu de la retarder. En faisant maudire le nom « de la Belgique par les masses populaires de tous les pays, il invite

« les despotes de l'Europe à effacer ce nom maudit de la carte de « l'Europe.

« Le Conseil général de l'*Association internationale des Travailleurs* prie tous les membres de l'Association, en Europe et dans « les Etats-Unis, de faire des collectes pour soulager les souffrances « des veuves, femmes, enfants de leurs frères massacrés, ainsi que « pour contribuer aux frais soit de la défense des frères arrêtés, « soit de l'enquête proposée par le Comité central de Bruxelles.

« *Au nom du Conseil général de l'Association internationale des Travailleurs* :

« R. Applegarth, président de la séance.— R. Shaw, se-« crétaire pour l'Amérique. — Karl Marx, secrétaire « pour l'Allemagne. — Bernard, secrétaire pour la « Belgique.—Eug. Dupont, secrétaire pour la France. « — Jules Johannard, secrétaire pour l'Italie. — « A. Zabicki, secrétaire pour la Pologne.— H.Jung, « secrétaire pour la Suisse. — Cowell Stepney, tré-« sorier.—J.-G. Eccarius, secrétaire du Conseil gé-« néral. »

Londres, 4 mai 1869.

Bureau du Conseil général : 256, High Holborn. W. L. Londres.

*N. B.* — Ce manifeste a été tiré en anglais à plusieurs milliers d'exemplaires pour l'Angleterre et les Etats-Unis. Il a été traduit dans les différentes langues de l'Europe.

(*Internationale*, 15 mai 1869.)

---

# Pièce N.

*Copie d'une lettre écrite par Palix à L. Martin, à Genève* (1).

Lyon, le 12 janvier 1870.

« J'ai oublié de vous dire de vous informer, à Genève, s'il n'y « aurait pas moyen de se procurer quelques cartes par l'intermé-« diaire de nos amis genevois?

(1) Louis Martin, ouvrier passementier, et Palix, tailleur, étaient tous les deux membres de la commission d'initiative de la section lyonnaise.

« Veuillez donc prier le citoyen Perron de vous renseigner sur ce « point. Car je vois le moment où nous serions pris au dépourvu, « et ce serait bien malheureux, *vu le mouvement qui se produit* « *dans ce moment*.

« Vous comprendrez *sans doute que le moment* n'est pas loin où « nous devrons faire *notre possible pour nous affirmer; le crime de* « *Pierre Bonaparte pourrait bien amener un dénouement d'un* « *moment à l'autre*.

« En attendant, recevez mes saluts fraternels, et donnez-les de la « part des frères de Lyon à nos braves frères compagnons de Ge- « nève.

« Signé : L. PALIX. »

Adresse. — M. Charles Perron, rue du Cendrier, 8, à Genève, pour remettre à M. Martin.

---

## Pièce O.

Marseille, ce 1er octobre 1869.

« Mon cher Richard,

« Votre silence m'inquiète : seriez-vous indisposé ?............... « Aubry m'a envoyé une charmante lettre dans laquelle il m'ébau- « che *quelques projets dont il me charge de vous entretenir*.

« Dans ma dernière lettre, je vous annonçais d'une manière pres- « que certaine mon prochain voyage à Lyon; si Aubry pouvait aussi « s'y rendre en même temps que moi et un Parisien, nous *étudierions* « *ensemble bien des projets* et peut-être aussi bien des *équivoques* « *se purgeraient*.

« Avouez-moi qu'à la veille d'une révolution sociale autant et même « plus que politique, il est nécessaire qu'une entente loyale (*surtout* « *sur les moyens pratiques*) s'établisse entre les socialistes de Lyon, « Paris, Rouen et Marseille, afin de ne pas livrer les événements au « hasard : il nous faut donc au plus vite étudier et établir un plan « de *Révolution française*.

« Répondez-moi au plus tôt,

« Signé : BASTELICA. »

---

## Pièce P.

---

« Extrait d'une lettre écrite de Marseille, le 1er mars 1870, par « *Bastelica à Palix.*

. . . . . . . . . . . . . . . . . . . . . . . . . . . . . . .

. . . . . . . . . . . . . . . . . . . . . . . . . . . . . . . . . .

« Ne précipitez rien ! Le mouvement socialiste en France peut se « décider à Lyon. Le moment est propice, si vous voulez, étant don- « née la conduite équivoque de nos néo-Jacobins; pour cela, ne ris- « quons rien de hasardeux : que l'Assemblée lyonnaise en un mot ne « soit pas *un four*. Si nous remportons un succès — qui est sûr, « s'il est bien préparé, — nous jetons davantage le désarroi dans le « camp des politiciens et *nous hâtons l'heure de la Révolution.*

« Salut et égalité.

« André BASTELICA, employé, boulevard des Dames, 22.»

---

## Pièce Q.

---

*Copie d'une lettre adressée par Bastelica à Richard.*

Marseille, ce 10 octobre 1869.

« Mon cher Richard,

« La présente vous sera remise par le citoyen Carrière, un de mes « bons amis. — J'ai reçu hier soir le journal la *Fédéracion* de nos « Espagnols.

« J'attends avec la plus vive impatience votre appréciation sur le « 26 octobre. Le citoyen Carrière vous dira quelles sont nos inten- « tions.

« Salut amical.

« BASTELICA.»

## Pièce R.

*Appréciation du journal le* Peuple de Marseille *sur le Congrès de Bâle.*

« Il s'y est dit des choses énormes qui ne peuvent que réjouir les « ennemis du socialisme! Que signifie ce Congrès? De quels pou- « voirs les membres sont-ils revêtus? S'agit-il de quelque solution « pratique, de quelque plan de guerre industrielle, de chômage, de « travail ou de salaire? Non! On cherche les moyens de refondre la « société sur des bases entièrement nouvelles, sans consulter ni les « intérêts, ni les mœurs, ni les goûts, ni les préjugés même de chaque « nation. C'est tout simplement absurde. Personne ne s'inquiète de « ce que font et de ce que décident ces gens réunis à Bâle en Con- « grès. Les ouvriers ne s'en soucient aucunement; ils comprennent « que ces rêves sortis *de cerveaux malades* ne peuvent aboutir à « rien de pratique ni de sérieux. Ils n'en sont plus au temps où on « pouvait les prendre à l'aide de grands mots et de grandes phrases; « ils veulent des actes, des faits et pas de vaines déclamations. Ils « savent d'ailleurs que *leurs plus grands ennemis sont certains faux « ouvriers qui trouvent le moyen de vivre sans travailler, tout en « prêchant les doctrines les plus étranges et les plus absurdes.* »

## Pièce S.

On écrit de Lyon à l'*Egalité* :

« L'an 1869 sera bientôt écoulé et la fameuse révolution politique « qui le devait terminer, selon les prophéties des Ezéchiels de la « démocratie bourgeoise, ne s'accomplira pas.

« Le grand Victor Hugo, fidèle à son serment, continuera de gémir « dans l'exil, au milieu des insulaires de Guernesey et de quelques « sacs de millions.

« L'ex-reine Isabelle, la sacrée fille du non moins sacré Pie IX,
« continuera à travailler dans la Babylone moderne les bois célèbres
« dont elle orne depuis longtemps la tête de son royal époux. Res-
« pectons ses nobles infortunes.

« Le peuple français paraissait cependant bien résolu à arracher « leurs *peaux de lions aux ânes qui le gouvernent.* D'où vient qu'il « ne l'a pas fait? Hélas ! c'est qu'il a regardé autour de lui pour voir « où étaient les Marat et les Saint-Just, indispensables en ces cas, et « qu'il n'a trouvé que des moines, — de bons et de braves moines, « grands poseurs et grands prédicateurs, ayant tous la même hor- « reur de la démagogie et qui répètent toujours avec une égale com- « ponction l'efficace prière de leurs devanciers du moyen âge: « *Mon* « *Dieu, faites que rien ne manque au ventre.* »

« Bref : le désarroi le plus complet est dans le camp de la vieille « démocratie. Les ouvriers qui croyaient encore à une révolution po- « litique se regardent ébahis. Les libéraux cèdent la place aux éga- « litaires. — A partir de l'année 1870, on ne comptera plus en Eu- « rope qu'une sorte de révolutionnaires : *les socialistes.*

(Extrait de l'*Internationale*. — Numéro du 2 janvier 1870).

---

## Pièce T.

—

*Jugement dans l'affaire Albert Richard, rendu par le Conseil général de Londres.*

LONDRES, SÉANCE DU CONSEIL GÉNÉRAL DU 8 MARS 1870.

Aux membres de la commission d'initiative de la section lyonnaise de l'Association internationale des Travailleurs.

La section lyonnaise de l'Association internationale des Travailleurs, se fondant sur le vote émis au Congrès de Bâle 1869, concernant le Conseil général par rapport aux différends qui peuvent s'élever entre les sections ou les membres de l'Association, requiert le Conseil général de se prononcer sur l'affaire Albert Richard d'une part et Schettel, Cormier A. Blanc, Chanoz et Vindry, de l'autre, ces derniers membres de l'ancienne section de Lyon.

Le Conseil général ayant pris connaissance des pièces accusatrices envoyées par cette section, les déclare dénuées de fondement, confirme les verdicts rendus par les deux Commissions spéciales nommées à ce sujet, la première au Congrès de Lausanne de 1867, et la deuxième à Genève, 1869, et en conséquence maintient le citoyen Albert Richard dans ses fonctions de secrétaire-correspondant de l'Association internationale des Travailleurs, conformément aux statuts et règlements.

Considérant en outre que l'appel que les anciens membres de cette section ont fait aux *radicaux bourgeois* pour prononcer sur une affaire ne devant être connue que des membres de l'Association internationale des Travailleurs, est contraire à l'esprit et aux intérêts de notre Association et de nature à profiter à nos ennemis, le Conseil général blâme énergiquement la conduite en cette circonstance des anciens membres de cette section.

Le Conseil général profite de la position où le place ce différend pour rappeler à tous les membres de l'Association, que préalablement à toute publication ou à tout acte public dans ce sens, instruction doit lui en être donnée, attendu que cette manière de procéder envenimant les personnalités, qui toujours doivent être écartées, jette la division dans nos rangs et ne peut servir qu'aux menées des adversaires de notre société, au moment où toute l'activité, toute la force et toute l'énergie de ses membres devraient être employées pour servir au triomphe prochain des principes de l'Association internationale des Travailleurs.

Salut et fraternité.

*Au nom et par ordre du Conseil général, le secrétaire correspondant pour la France,*

Eugène Dupont.

(Extrait de l'*Internationale*, numéro du 27 mars 1870).

Ce jugement a été publié dans l'*Éclaireur* de Saint-Etienne, du 27 mars 1870, avec cette mention :

Pour copie conforme :

*Les secrétaires de la Commission fédérale ouvrière,*

Dumartheray, Dupont, Blanc, Busque, Ginet, Chol, Placet, Régipas.

## Pièce U.

*Règlement fédératif des caisses de résistance de la Fédération romande adopté par le deuxième Congrès romand tenu le 4 avril 1870 à la Chaux-de-Fonds.*

Article 1er. — Les caisses de résistance créées dans des Sections appartenant à la fédération romande de l'Internationale constituent entre elles un lien fédératif.

Art. 2. — Le Comité fédéral romand forme le centre qui a pour mission de relier entre elles ces caisses, et de faire exécuter le présent règlement.

Art. 3. — Chaque Section conserve la libre gestion de sa caisse de résistance.

Art. 4. — Lorsqu'une Section ayant adhéré au lien fédératif des caisses de résistance veut faire grève, elle doit soumettre ses motifs, soit au Comité local (s'il y en a un dans la localité), qui les transmettra immédiatement au Comité fédéral, soit directement au Comité fédéral romand.

Art. 5. — Si la grève est approuvée par le Comité fédéral, les grévistes acquièrent le droit aux subsides de la fédération des caisses de résistance.

Art. 6. — Si le Comité fédéral refuse son approbation à la grève, la Section qui veut faire grève a le droit d'en appeler directement aux Sections formant la fédération des caisses de résistance. Si à la suite des votes réguliers émis dans les assemblées générales de chacune de ces Sections, la majorité des Sections se prononce en faveur de la grève, le Comité fédéral est obligé d'approuver la grève et les grévistes acquièrent le droit aux subsides.

Art. 7. — Ces subsides sont réglés comme suit :

*a.* Sur un premier appel du Comité fédéral, chaque caisse de résistance ayant adhéré au lien fédératif doit mettre à la disposition du Comité fédéral une somme équivalant à un franc par membre versant ses cotisations à la caisse.

*b.* Sur un second appel, chaque caisse de résistance doit mettre de nouveau à la disposition du Comité fédéral une somme de un franc par membre.

*c.* Après ces deux appels, si le Comité fédéral, pour soutenir la même grève, juge nécessaire de faire de nouveaux appels, chaque caisse de résistance fixe elle-même le chiffre des nouveaux subsides.

Art. 8. — Les subsides alloués pour la grève seront répartis entre les grévistes par le Comité de la Section qui est en grève, en ayant égard à la position particulière de chaque gréviste.

Art. 9. — Si une corporation adhérente au lien fédératif se met en grève sans avoir demandé et obtenu l'approbation du Comité fédéral, elle perd ses droits aux subsides.

Art. 10. — Si une corporation non encore adhérente à l'Internationale et au lien fédératif se met en grève et qu'elle demande des secours aux caisses de résistance fédérées, le Comité fédéral, après avoir pris connaissance des motifs de la grève, pourra engager les caisses de résistance à la soutenir. Dans ce cas, chaque caisse de résistance décide elle-même si elle accordera ou refusera un subside et en fixe le chiffre.

Art. 11. — Les subsides votés de la sorte en faveur de corporations non adhérentes ne sont accordés qu'à titre de prêt. Ces corporations s'entendront pour le remboursement avec les Sections qui auront accordé les subsides.

Art. 12. — Si les corporations non adhérentes qui ont reçu des subsides à titre de prêt entrent ensuite dans l'Internationale et adhèrent au lien fédératif des caisses de résistance, elles seront dispensées du remboursement des sommes qu'elles ont reçues, ce remboursement étant remplacé par la réciprocité des subsides.

Art. 13. — Toute section appartenant à la fédération des caisses de résistance doit, après une grève faite par elle, envoyer au Comité fédéral un compte rendu de ses dépenses.

Art 14. — Les corporations qui voudront adhérer au pacte fédératif devront communiquer leur demande au Comité fédéral, qui décidera.

(Extrait de la *Solidarité* du 16 avril 1870.)

---

# Pièce V

---

« O Judaïstes, partisans et grands admirateurs du traître Judas Iscariote, le videur de bourse, qui vendit même son maître pour s'enrichir plus vite et arrondir un tantinet son petit magot, si vous voulez sauver des âmes, commencez par sauver les vôtres, en marchant droit dans les sentiers de la vie, moyen infaillible et sans moucharderie, sans calomnie atroce et surtout sans arsenic, d'arriver à la porte du céleste séjour des Saintes oies et des Saints dindons, car bienheureux, dit Jésus, les pauvres d'esprit (lisez les imbéciles), car le royaume des cieux sera à eux. Merci, ô mon Dieu, merci; mais je n'en veux pas à cette condition. »

(*Mirabeau*, 17 avril 1870.)

« L'honnête journal des bourgeois de Genève s'est dans ces der-
« niers temps beaucoup occupé de l'Association internationale et de « l'un de ses organes, l'*Egalité;* ce qui lui a procuré l'occasion de « découvrir ce que tout le monde sait depuis longtemps : que l'In- « ternationale *travaille dans toute l'Europe à l'avénement de la « république démocratique et sociale.* Il faut n'avoir *jamais lu les « journaux* que notre association publie en divers pays, il faut « n'avoir jamais consulté les comptes rendus de nos congrès pour « ignorer que l'établissement de la *république démocratique et so- « ciale est le but poursuivi par l'Internationale* tout entière, at- « tendu que ce n'est qu'après l'avoir atteint que le travail sera com- « plétement émancipé. »

(*Egalité,* 20 novembre 1869.)

---

# Pièce X.

—

### MANIFESTE DE LA SECTION NAPOLITAINE.

*A nos frères.*

« Nous nous sommes réunis au nombre de 1,200 ouvriers napo- « litains pour former la section napolitaine de l'Association interna- « tionale des Travailleurs.

« Frères des autres provinces d'Italie, venez grossir nos rangs. « Unissons-nous à nos frères du monde entier par le pacte de l'In- « ternationale.

« Tous ceux qui vivent de leur travail productif sont des ouvriers. « Ils ont la même histoire et une commune destinée, ils ont éprouvé « les mêmes souffrances séculaires depuis l'antique esclavage jus- « qu'au prolétariat de nos jours, et surtout aujourd'hui ils éprou- « vent le même besoin de réclamer pour eux cette *justice* qui ne leur « a jamais été accordée jusqu'ici par l'humaine société. Mais tant « qu'ils resteront divisés ou mal associés, ils ne pourront pas vaincre. « L'Association internationale nous rend forts et nous assure la vic- « toire en nous unissant réellement tous. Elle seule est capable d'a- « méliorer les conditions économiques et morales de l'ouvrier par « tous les moyens possibles; elle seule pourra nous émanciper « définitivement de la prépotence des classes privilégiées, en faisant « aujourd'hui disparaître l'inégalité qui divise les hommes en oisifs « et en travailleurs, en privilégiés et en prolétaires, en heureux et « en misérables, en bourreaux et en victimes ; de même que les « révolutions précédentes ont fait disparaître les distinctions des « libres et des esclaves, des maîtres et des sujets.

« Conformément à son but, l'Association internationale est fondée « sur le *principe* de la fédération libre. Elle se compose de toutes « les associations ouvrières, sans excepter même celles qui ont existé « avant elle sous des formes particulières, pour peu qu'elles adhèrent « à son programme et consentent à coopérer à son développement. « Ces différentes associations ou groupes d'une même nation forment « ensemble la section nationale. Chaque section nationale peut et « doit se faire représenter par un délégué dans le Conseil général, « qui communique, mais n'impose pas ses délibérations aux sections. « Et pourtant, l'identité des intérêts des travailleurs de tous les pays « produit *l'action simultanée et harmonisée* de toute la famille de « l'Internationale, quelque étendue et large qu'elle soit. — Ouvriers « italiens, nos frères, ne tardez donc pas, nous attendons avec une « brûlante impatience votre adhésion, qui, nous en sommes certains, « ne pourra pas nous faire défaut. »

Au nom de l'*Internationale* de Naples :

*Le président,*
Stefano Caporusso, tailleur.

*Le vice-président,*
Cristiano Fucci, menuisier.

*Le trésorier,*
Antonio Giustiniani, sculpteur.

*Le secrétaire,*
Francesco Cirma, menuisier.

(*Internationale*, 30 mai 1869. — *Egalité*, 22 mai 1869.)

2° *Adresse de l'Association Internationale des Travailleurs, section de Madrid,*

A l'Association internationale de Genève.

« Frères,

« En recevant votre adresse du 21 octobre 1868, notre cœur a palpité d'allégresse et notre pensée s'est élevée bien haut lorsque des « idées que nous acceptons complétement sont venues frapper notre « esprit.

« Nous recevons avec toute l'effusion de notre âme votre embrassement fraternel qui a développé en nous la plus grande chose qui « puisse être pour les travailleurs : l'amour et la fraternité de tous « nos frères sans ces distinctions qui entre nous ne sauraient « exister.

« Dès ce moment nous voulons, par une constante correspondance

« avec vous, fortifier et agrandir le travail solidaire de notre affran« chissement.

« Si nous n'avions écouté que le désir de notre cœur, mus par « l'expansion de notre joie, nous vous aurions répondu immédiate« ment. Mais un peu de calme réflexion nous a fait comprendre que « pour que notre réponse fût vraiment digne, il fallait qu'elle fût « basée sur des actes.

« Maintenant nous pouvons le faire, et, avec notre embrassement « fraternel, nous vous envoyons l'acte de *fondation de notre Section* « *de Madrid*.

« Nous vous demandons, chers frères, de nous faire parvenir tous « les renseignements, détails, notices sur l'Association internationale « des Travailleurs, ainsi que les résolutions prises par les Congrès « généraux, et l'histoire du développement de l'Association dans les « différentes branches de chaque pays.

« Avec ces renseignements, nous pourrons implanter avec solidité « notre Association, notre journal et établir des relations afin que « nous marchions unis et d'accord dans la grande œuvre que vous « accomplissez et que nous voulons accomplir avec vous. Par l'union « et la fraternité nous obtiendrons le triomphe de la justice et l'abo« lition des priviléges.

« Nous désirons également nous mettre en relation avec le centre « de Londres ; enfin nous comptons sur votre amitié pour nous mettre « au courant des devoirs généraux des membres de l'Association, « et nous vous prions, si vous le jugez utile, d'envoyer à Londres « la présente lettre.

« Au nom de nos frères,

« *Le président*,
« Angel Cenagorta MAZON.

« *Le secrétaire*,
« Enrique Borel. »

(*Egalité*, numéro du 20 mars 1869.)

### 3° MANIFESTE ADRESSÉ PAR LA SECTION DE BARCELONE AUX SECTIONS DES AUTRES PAYS.

*L'Association internationale des Travailleurs, Section de Barcelone, aux sections d'Europe et d'Amérique.*

« Frères,

« Avec la révolution de septembre qui chassa de notre pays cette « impure et funeste dynastie des Bourbons, nous avons acquis nos « droits législatifs, que jusqu'ici la force brutale du despotisme « nous refusait.

« Avec la révolution, nous avons acquis des droits politiques ; « nous sommes délivrés d'une tyrannie. Mais pour nous délivrer

« d'une autre, de la *vraie* tyrannie à laquelle nous sommes soumis, « il faut que nous nous préparions à conquérir ces droits, qui cons- « tituent le bel idéal du doctrinarisme moderne. Associons-nous.

« En respirant de toute la force de nos poumons l'air pur de la « liberté, nos regards s'élèvent vers la rédemption de nous-mêmes ; « car, bien que nous soyons libres, politiquement parlant, nous ne « sommes que de pauvres et misérables esclaves sous le rapport « social.

« Quand l'ivresse de l'aurore d'une régénération si fortement ap- « pelée par nos vœux fut passée, la froide raison nous fit voir que « la vraie lumière doit commencer : l'émancipation de l'ouvrier par « l'ouvrier.

« Démocrates socialistes par conviction, travailleurs dans ce qu'on « a si mal appelé l'ordre social, toute la chaleur et la passion de « la lutte politique que nous sommes obligés de soutenir contre les « tendances réactionnaires de certaines fractions politiques ne nous « ont pas fait oublier un seul moment que la délivrance du travail- « leur ne consiste pas dans un organisme politique plus ou moins « parfait.

« Jamais nous n'avons oublié que le capital monopolise indigne- « ment la sueur, les souffrances et l'ignorance de cette classe de la « société qui est à la fois la plus nombreuse et la plus malheu- « reuse.

« Pour la délivrer, nous ne pouvons et nous ne devons compter « avec d'autres forces que les nôtres; et de même que le capital n'a « pas de patrie, ses victimes n'en doivent pas avoir; nous, les ou- « vriers, nous ne devons pas en avoir. Notre cause n'est pas celle « d'une classe, c'est la cause de l'humanité, parce que nous ne de- « mandons pas à notre tour des priviléges pour exploiter les autres; « nous voulons le règne de la vérité et de la justice, qui devra pro- « duire une organisation sociale qui n'admette ni esclaves ni maî- « tres, où il n'y ait que des frères. Et ainsi nous est apparue, « comme une lueur de sublime espérance, l'Association internatio- « nale des Travailleurs.

« La solidarité dans nos malheurs doit produire nécessairement la « solidarité dans nos travaux de délivrance.

« La constitution d'une section à Barcelone a été contrariée par « la multiplicité des travaux que nous avions à accomplir, mar- « chant, comme nous le faisons, à travers une période fébrile et « dangereuse où notre parti a dû s'agiter beaucoup. Mais, enfin, « nous avons la satisfaction de vous annoncer que, si des milliers « d'ouvriers barcelonais souffraient et souffrent comme vous, du « moins dès aujourd'hui ils ont la douce consolation de savoir « qu'un lien de fraternité et de solidarité les unit à vous, aux tra- « vailleurs de toute l'Europe, du monde entier.

« Nos souffrances sont les mêmes que celles des malheureux dés- « hérités de tous les pays ; donc nos aspirations aussi doivent être « les mêmes. Nous n'attachons aucune valeur à de vaines divisions « de territoire, ni à de prétendues croyances religieuses ; notre re- « ligion, c'est l'humanité ; notre plus ardent désir, notre premier « besoin, c'est l'émancipation du travailleur de l'oppression du ca- « pital.

« Pour y arriver, il suffit que notre conduite soit soumise à la « vérité, à la justice et à la morale ; nous n'avons pas besoin, nous « ne demandons pas d'autres armes, et nous défions les classes pa- « rasites d'aujourd'hui de défendre leurs droits titrés en se servant « des mêmes armes.

« Le monde appartient à l'humanité, qui y vit en produisant par « le travail. Le travail est une loi humaine. Personne n'en doit « être excmpté. Personne n'a le droit d'exploiter le travail. — Qui « ne produit pas, qu'il soit pauvre ou riche, vit aux dépens du tra- « vailleur. — Par conséquent, le travailleur peut et doit aspirer à « la pleine jouissance de ses droits d'homme.

« La section de Barcelone, constituée le 2 mai, accepte, par con- « séquent, les bases du règlement provisoire de Londres, et vous « envoie un chaleureux et fraternel salut comme gage de la parfaite « unité qui, dès aujourd'hui, doit régner parmi nous.

« Plus de devoirs sans droits, plus de droits sans devoirs.

« Barcelone, 2 mai 1869.

« *Le président*,
« JOSE LUIS PELLICER.

« *Le secrétaire*,
« Rafael Farga PELLICER. »

(*Égalité*, 22 mai 1869. Ce manifeste a été reproduit dans l'*Internationale*, numéro du 30 mai 1869.)

### 4° LE SOCIALISME ESPAGNOL.

*Aux ouvriers des autres pays.*

« La société est remplie de maux funestes.

« Jusqu'à ce jour ont seuls gouverné la société et occupé le « pouvoir la classe aristocratique, le clergé et la classe moyenne, « c'est-à-dire les classes privilégiées.

« Une fois au pouvoir, elles ont été accumulant maux sur maux, « abus sur abus, iniquités sur iniquités ; en un mot, la ty- « rannie a seulement changé de forme, elle est toujours restée la « même.

« Elles vous ont paru quelquefois divisées ; et pour se vaincre les « unes les autres elles ont invoqué le peuple, réclamant son appui « au son magique du mot *Liberté*. Pour la liberté, qui est sa vie, le « peuple n'épargne pas son sang ; mais en le prodiguant aux classes « privilégiées, il n'a jamais obtenu que des résultats contraires à la « liberté.

« Les classes privilégiées ont tout monopolisé : la politique, la « religion, les capitaux, la propriété, et jusqu'aux droits naturels « de l'homme.

« Mais déjà le peuple les connaît. Les classes privilégiées sont « à leur agonie, et elles mourront quand les ouvriers le voudront ; « quand les classes productrices se lèveront pour accomplir la révo- « lution sociale, inévitable conséquence de la révolution politique ; « lorsque enfin, non contents de dire : *A bas les Bourbons, à bas* « *les Bonaparte, les Mastaï, les Cobourg, les Lorraine, les Savoie*, « nous dirons : *A bas l'exploitation de l'homme par l'homme !*

« Dans cette sainte révolution sociale, dont les premiers signes « se montrent déjà à l'horizon politique, aura plus à perdre qui- « conque aura plus fait le mal, quiconque se sera plus lavé le visage « avec la sueur du pauvre, quiconque aura été plus éloigné en « pensée et en action de la belle et nécessaire formule *Liberté*, « *Égalité, Fraternité*, jointe à son complément la *Solidarité*.

« Le peuple qui aime avec délire cette formule ; l'ouvrier, « l'esclave moderne, qui ne possède ni ne demande aucun pri- « vilége, n'a rien à craindre de la révolution : il a tout à espérer « d'elle.

« Au moment même où se réaliseront les idées nouvelles, toute « tyrannie aura cessé dans le monde.

« Celui qui aura le plus contribué à l'émancipation de la classe « ouvrière, sera son meilleur ami ; il sera le véritable ami de « l'humanité.

« Pensons toujours que les rois ne sont pas les seuls tyrans de « la terre.

« Nous vous saluons, ouvriers illustres des pays qu'on appelle « étrangers.

« Pour nous, qui vivons du travail, qui ne voulons d'autre patrie « que la grande patrie du travail, source de tout bien, vos pays ne « sont pas étrangers, vous n'êtes point des étrangers vous-mêmes : « vous êtes nos véritables frères. A bas les frontières !

« Vers vous nous tenons nos regards dirigés ; vers vous nous diri- « geons nos pensées, afin que de vous notre intelligence reçoive « une meilleur nourriture en quantité et en qualité.

« Les idées nouvelles viennent de vous. L'émancipation du « peuple travailleur a été commencée par vous. Salut, donc, salut « fraternel.

« Le peuple espagnol, frères, est susceptible de devenir un grand « peuple ; et il le sera, parce qu'il veut l'être.

« Considérez que jusqu'à cette heure il a été opprimé *par la lèpre* « *bourbonnienne et cléricale* ; considérez que jusqu'à cette heure, « il a pu à peine saluer les nouvelles idées, voir la nouvelle « lumière ; considérez que c'est aujourd'hui seulement qu'il vient de « naître à la véritable vie sociale : et malgré tout, voyez combien « il est avide et préoccupé de s'instruire, de s'associer, de se fé- « dérer.

« Les classes travailleuses vous saluent fraternellement, vous qui « soutenez tout l'énorme poids de la classe moyenne et de ses pri- « viléges créés avec le dur labeur du peuple ouvrier, du véritable « travailleur.

« Tremblez, tyrans de tous les pays : les ouvriers s'éveillent déjà « de la funeste léthargie où votre despotisme les tenait assoupis. « Sachez bien que le grand principe de la *Solidarité* est déjà connu

« déjà pratiqué par les ouvriers. Comprenez bien que le peuple, « las de souffrir tant de vexations, trouve que depuis assez long- « temps sur lui seul pèsent tous les devoirs, et qu'il veut jouir enfin « de tous les droits. Entendez-le bien, classes privilégiées : *tous* « *les droits*.

« La rédemption du prolétariat approche.

« Les ouvriers de tous les pays sont frères.

« Salut et fraternité. »

(Extrait de la *Legalidad.*)

5° *Aux Membres de l'Association internationale de Naples.*

« Frères,

« Les persécutions injustes et illégales auxquelles l'Association « internationale de Naples a été en butte, ainsi que les arrestations « brutales des citoyens Caporusso, Gambuzzi et Forte Francesco, « nous ont vivement blessés, mais non surpris.

« En effet, nous voyons partout le capital dominateur, spécula- « teur, en guerre contre l'ouvrier. Les capitalistes d'aujourd'hui sont « les successeurs des propriétaires d'esclaves des anciens temps et « des seigneurs féodaux du moyen âge. Après avoir tenté de nous « séduire par les mensonges et par la fausseté de leur prétendue « science économique, faite entièrement en leur faveur, ils se voient « forcés de battre en retraite devant le bon sens de la classe « ouvrière ayant par devers elle la véritable loi économique du tra- « vail. Un seul moyen d'agir leur restait, qui est la force brutale; « ainsi, ces seigneurs, avec tous les avantages de bien-être, d'édu- « cation, d'une civilisation séculaire, se trouvent réduits à combattre « le raisonnement de pauvres ouvriers sans instruction et sans une « connaissance bien sensible de leurs droits humains, et cela par « la force et la misère.

« Mais l'expérience est faite depuis longemps, et partout les ou- « vriers font des réunions, s'organisent pour s'entendre sur leur « triste position et sur les moyens à employer pour se délivrer « de leur esclavage moderne. Que les gouvernements actuels oppri- « ment plus ou moins, ils sont toujours eux-mêmes sous la pres- « sion de la force motrice et dominante de la minorité privilégiée « de la société actuelle, c'est-à-dire du capital. Les gouvernements « actuels trouvent toujours le moyen de se prononcer en faveur de « celui-ci contre le travail et l'ouvrier, et c'est à l'aide des lois « existantes faites par la bourgeoisie qu'ils font arrêter, emprison- « ner, exiler comme en France, et fusiller ainsi que cela s'est fait « en Belgique.

« Mais, vains efforts! résistance inutile! l'aveuglement des gou- « vernements et des classes favorisées n'a jamais pu empêcher « l'humanité de marcher en avant. Qu'importent leurs moyens brutaux « et féroces pour vouloir nous bannir de la société! cela ne fait « rien. Le règne de ces tripoteurs et exploiteurs sera bientôt fini, « car nous nous approchons vers un état social, dans lequel il y

« aura place pour tous, pour tous les travailleurs voulant vivre « honnêtement du produit de leur travail ; mais rien pour ceux qui « voudraient le faire aux dépens d'autrui.

« Courage, frères !

« Les injures, les calomnies, les persécutions, les défaites pour« ront ne pas vous manquer ; mais la force ouvrière, les travailleurs « unis se réveillant dans le sentiment de revendication de leurs « droits humains et de citoyens, saura bien vaincre tous les obsta« cles, et surtout par l'invincible force d'une idée régénératrice contre « le capital coalisé.

« C'est alors, que nous, pauvres ouvriers déshérités de l'humanité, « nous dirons qu'il ne peut plus y avoir *d'amnistie pour eux*, puis« que de leur part jamais aucune *concession* à notre égard. Nous « voulons donc établir la société sur les bases de la justice, de l'hu« manité : des droits et devoirs égaux pour tous. Ces sentiments-là « ne sont pas seulement les nôtres, mais aussi ceux de tous les « INTERNATIONAUX de Genève, et de tous les milliers de nos frères « du monde entier.

« Que les gouvernements continuent leurs brutalités et moyens « illégaux ; nous continuerons à organiser toutes nos forces ouvriè« res, et un jour viendra où nous établirons la balance de nos comp« tes, en fondant la société nouvelle sur la base de la justice et l'é« galité pour tous.

« En attendant, nous avons cru devoir vous envoyer ces quelques « lignes de reconnaissance, en raison de votre fermeté et conduite « devant nos communs adversaires. Recevez le salut fraternel, avec « l'espoir de la sainte alliance des travailleurs.

« VIVE L'INTERNATIONALE !

« Au nom de l'assemblée générale de la section centrale italienne « fondée à Genève.

« Genève, le 26 mars 1870.

« *Le président*, B. ROSSETTI.

« *Le secrétaire*, G. GHALINO. »

(*Mirabeau*, 17 avril 1870.)

---

# Pièce Y.

—

## MANIFESTE DES SECTIONS PARISIENNES DE L'ASSOCIATION INTERNATIONALE DES TRAVAILLEURS, AU SUJET DE LA GRÈVE DU CREUZOT (1).

« Douze mille ouvriers du Creuzot sont en grève. Ils demandent « la gestion de leur société de secours mutuels, la réintégration dans « l'atelier de leurs camarades renvoyés sans motifs, et le renvoi d'un « conducteur de travaux, cause principale du conflit.

« Comme toujours en pareil cas, le directeur a demandé et obtenu « le concours de la force militaire. Ainsi, comme à Lépine, comme à « Dour, comme à Seraing, comme à Frameries, comme à la Ricamarie, « comme à Carmaux, l'armée est mise en face d'ouvriers que sa pré- « sence trouble et exaspère.

« Quelles en seront les conséquences? Sera-ce une nouvelle héca- « tombe de prolétaires?

« Nous ne saurions trop protester contre la prétention bien singu- « lière de ces gens qui, non contents de détenir toutes les forces éco- « nomiques, veulent encore disposer, et effectivement disposent, de « toutes les forces sociales (armée, police, tribunaux, etc.), pour le « maintien de leurs iniques priviléges.

« Telles sont les conséquences de l'égoïste et bourgeoise doctrine « de l'économie politique.

« Les économistes, en effet, méconnaissant la complexité des phé- « nomènes sociaux, et, négligeant l'aspect intellectuel et surtout l'as- « pect moral, ont réduit la science sociale aux seules considérations « du marché. De là est résulté l'*industrialisme*. Sur cette pente, l'al- « tération du sentiment social en est déjà arrivée à un point que les « industriels, tout en prônant l'anarchique *laissez faire, laissez pas- « ser*, méconnaissent, en fait, le droit du travailleur, dans l'état ac- « tuel, de refuser son concours à un travail par trop oppressif et par « trop mal rémunéré.

« Tout-puissants devant un ouvrier isolé, ils l'oppriment au nom « de la prétendue liberté économique ; mais aussitôt qu'ils sont en « face d'une force ouvrière collective, ils demandent la répression au « nom de l'ordre. Leur étroitesse de vues leur fait-elle croire que

(1) Ce manifeste a été publié lors de la première grève.

« l'ordre véritable n'est autre chose que l'écrasement des produc-
« teurs et l'étouffement de toute aspiration légitime ?

« En présence de ce fait, ordinaire, du reste, dans notre état d'op-
« pression politique et d'anarchie industrielle, dans cet état qui livre
« à la misère ceux-là même qui ont produit l'immense accumulation
« de capitaux suffisants pour créer le bien-être physique et moral, si
« une juste répartition des produits existait, — nous avons cru de-
« voir élever la voix.

« Après avoir une fois de plus constaté l'iniquité de notre régime
« économique et ses déplorables résultats, nous venons féliciter nos
« frères du Creuzot de leur calme revendication et de la dignité de
« leur attitude.

« B. Malon, correspondant des Travailleurs-Unis (banlieue de Paris), siége de Nanterre, 24, à Puteaux. — G. Mollin, correspondant pour la France du Cercle parisien des prolétaires positivistes, impasse Saint-Sébastien, 8 — Murat, du Cercle mutuelliste, fondé de pouvoirs du Conseil général du Cercle de l'Association internationale, 200, rue Saint-Maur. — E. Varlin, secrétaire-correspondant de la section des ouvriers relieurs de Paris. — A. Combault, correspondant de la section de Vaugirard. — A. Harlé, secrétaire correspondant du Cercle d'études sociales. »

(*Egalité* du 5 février 1870 ; *Marseillaise*, 27 janvier 1870.)

---

## Pièce Z.

---

### ADRESSE DES SECTIONS DE BALE ET DES ENVIRONS, AU SUJET DE LA GRÈVE DES RUBANIERS.

*Les Présidents et les délégués des Sections de l'*Association internationale des Travailleurs *de Bâle et des environs,*

*Aux ouvriers de tous les pays!*

« Frères confédérés,

« Nous venons, confiants dans vos principes de solidarité, vous
« donner quelques explications détaillées sur notre position et sur
« la situation actuelle.

« *Bâle*, cette ville commerciale si grande, si riche et si dévote,
« cache dans son sein et aux environs un prolétariat affamé qui dé-
« pend non-seulement de la marche des affaires en général, mais en-
« core du bon plaisir, de chaque caprice du fabricant. L'industrie

« principale est la fabrication des rubans de soie. Par suite des fluc-« tuations continuelles de cette industrie, le salaire de l'ouvrier a « tellement baissé, que, même dans les temps les plus favorables et « quand les denrées sont à bon marché, l'ouvrier arrive à peine à ga-« gner le strict nécessaire, sans pouvoir jamais penser à faire des « économies. (Le salaire ordinaire des teinturiers, par exemple, est « de 12 fr. par semaine pour l'ouvrier ordinaire, de 18 fr. pour l'ou-« vrier excellent; les rubaniers gagnent de 9 à 17 fr. par semaine.)

« Pour vivre, il faut à l'ouvrier célibataire de 12 à 15 fr. par se-« maine, à l'homme marié, de 25 à 30 fr. L'homme, la femme, les « enfants, tous doivent travailler incessamment s'ils veulent seule-« ment gagner ce qu'il faut pour payer les énormes loyers et les « choses de première nécessité. Cette misère, qui ne finit jamais, qui « renaît chaque jour, cette lutte continuelle et désespérée contre la « faim, a bien d'autres conséquences fâcheuses que les privations « physiques.

« Les jours se passent dans une résignation morne d'un mal re-« gardé comme inévitable, et bientôt l'être qui souffre devient indif-« férent, impassible, hébété, et quand les quelques rayons de bon-« heur qui ont éclairé les jours de sa jeunesse, — et qui sont bien « rares encore, parce que le besoin et la misère s'emparent même de « l'enfant et le forcent à travailler, — quand ces rayons de bonheur « ont disparu, il ne reste à l'ouvrier qu'un avenir de misère, de « souffrance, qui ne finit qu'au moment où le corps, harassé de fa-« tigues et rompu par un travail incessant, s'affaisse enfin dans la « mort.

« Et, en face de cette lutte inutile contre la misère et la faim, que « font les classes riches de Bâle, que font ces grands propriétaires « dont on envie tant les richesses? Ils assistent tranquillement à ce « spectacle; ils le regardent avec un sang froid complet; cette bour-« geoisie fière et égoïste laisse périr impitoyablement des centaines « d'êtres humains; mais jamais il ne lui est arrivé d'ouvrir son « cœur et de tendre une main secourable à ceux que la misère en-« gloutit.

« N'ayant d'autre ressource, d'autre espoir qu'en nous-mêmes, nous « avons dû tenter de nous aider nous-mêmes; vous savez plus ou « moins, frères, quel en a été le résultat. A la suite de cette lutte, « les rubaniers et les teinturiers, qui nous ont soutenus franchement « et fidèlement, se sont vus priver de travail, et, par conséquent, de « pain. Jusqu'à l'heure où nous écrivons ceci, ils n'ont pu réussir à « fléchir la dureté de cœur des fabricants et à s'assurer un sort plus « favorable. Mis à la porte au milieu de l'hiver, sans pain, leur ruine « serait certaine sans votre assistance fraternelle. Mais cette ruine « n'est plus possible : Nous sommes membres de l'Association inter-« nationale des Travailleurs. Cette pensée nous anime et nous for-« tifie, et c'est pleins de confiance que nous faisons appel à votre « assistance.

« Frères! jusqu'ici nous avons été secourus généreusement par « nos frères de tous les pays, surtout par ceux de Genève, à qui « nous adressons nos remercîments bien sincères. Ne nous aban-« donnez pas dans notre malheur. Souvenez-vous que nous combat-

« tons pour une cause juste et sacrée, que nous souffrons pour votre « droit comme pour le nôtre.

« Plus de 300 pères de famille, avec leurs femmes et leurs enfants, « se trouvent dans une misère complète, sans pain. Assistez-nous donc, « prouvez par les faits que nous sommes des frères qui se secourent « mutuellement. Les patrons — c'est là le pire — les patrons ont « résolu d'un commun accord de ne plus donner d'ouvrage aux « grévistes.

« Notre salut fraternel au nom des sections de Bâle et des envi- « rons.

« Bâle, janvier 1869.

« *Le Conseil d'administration de l'Association Internationale des Travailleurs :*

« J.-H. Frey. — R. Stabke. — Haeffli.

« *Pour le Comité d'assistance :*

« J. Steffen. — Maurer.

« *N. B.* Adresser les dons au Bureau principal de l'Association Internationale à Bâle : R. Starke, *Grünpfahlgasse*, 5. »

(*Égalité*, — 30 janvier 1869.)

---

# Pièce W.

*Article publié par le journal* l'Egalité *au sujet des grèves de Genève (au mois de mars de* 1869).

« Que méditent les bourgeois? Veulent-ils vraiment nous forcer de « descendre aussi dans la rue les armes à la main? Oui, ils le veulent. « Et pourquoi le veulent-ils? La raison est toute simple : ils veulent « tuer l'Internationale.

« Il suffit de lire les journaux bourgeois, c'est-à-dire presque tous « les journaux de tous les pays, pour se persuader que s'il y a aujour- « d'hui une chose qui, plus que toute autre, soit un objet de crainte « et d'horreur pour la bourgeoisie en Europe, c'est l'Association « internationale des Travailleurs. Et comme il faut être juste avant « tout, juste même envers ses adversaires les plus acharnés, nous « devons reconnaître que la bourgeoisie a mille fois raison d'abhorrer « et de redouter cette formidable association.

« L'Association internationale des Travailleurs compte à peine « quatre ans et demi d'existence et déjà elle embrasse *plusieurs* « *centaines de mille adhérents disséminés et étroitement alliés,* « *dans presque tous les pays de l'Europe et de l'Amérique aussi.*

« Est-ce une entreprise révolutionnaire? Oui et non. Elle est « *révolutionnaire* en ce sens qu'elle tient à remplacer *une société* « *fondée sur l'iniquité, sur l'exploitation de l'immense majorité* des « hommes par une minorité oppressive, sur le privilége, sur l'oisi- « veté et sur une autorité protectrice de toutes ces jolies choses, par « une société fondée sur *cette justice* égale pour tous et sur la liberté « de tout le monde. Elle veut, en un mot, une organisation écono- « mique, politique et sociale, dans laquelle tout être humain, sans « préjudice pour ses particularités naturelles et individuelles, trouve « une égale possibilité de se développer, de s'instruire, de penser, « de travailler, d'agir et de jouir de la vie comme un homme. Oui, « elle veut cela, et, encore une fois, si ce qu'elle veut est incompa- « tible avec l'organisation actuelle de cette société, tant pis pour cette « société!

« L'Association internationale est-elle révolutionnaire dans le sens « des barricades et d'un renversement violent de l'ordre politique « actuellement existant en Europe? Non : elle s'occupe fort peu de « cette politique, et même elle ne s'en occupe pas du tout (1). Aussi « les révolutionnaires bourgeois lui en veulent-ils beaucoup pour « l'indifférence qu'elle témoigne à leurs aspirations et à tous leurs « projets. Si l'Internationale n'avait pas compris depuis longtemps « que toute politique bourgeoise, quelque rouge et révolutionnaire « qu'elle paraisse, tend non à l'émancipation des travailleurs, mais « à la consolidation de leur esclavage, le jeu pitoyable que jouent « en ce moment les républicains et même les socialistes bourgeois « en Espagne suffirait pour lui ouvrir les yeux

« L'Association internationale des Travailleurs faisant donc une « complète abstraction de toutes les intrigues politiques du jour, ne « connaît à cette heure qu'une seule politique, celle de sa propa- « gande, de son extension et de son organisation. — Le jour où la « grande majorité des travailleurs de l'Amérique et de l'Europe sera « entrée et se sera bien organisée dans son sein, il n'y aura plus « besoin de révolution; sans violence la justice se fera. Et « s'il y a alors des têtes cassées, c'est que les bourgeois l'auront bien « voulu.

« Encore quelques années de développement pacifique, et l'Associa- « tion internationale deviendra une *puissance contre laquelle il sera* « *ridicule de vouloir lutter.* Voilà ce que les bourgeois ne comprennent « que trop bien, et voici pourquoi ils nous provoquent aujourd'hui « à la lutte. Aujourd'hui, ils espèrent encore pouvoir nous écarter, « mais ils savent que demain ce sera trop tard. — Ils veulent donc « nous forcer à leur livrer bataille aujourd'hui.

« Tomberons-nous dans ce piége grossier, ouvriers? Non. —

---

(1) Les récents événements de Paris ont prouvé le contraire.

« Nous ferions trop de plaisir aux bourgeois et nous ruinerions notre « cause pour longtemps. Nous avons pour nous la justice, le droit, « mais notre force n'est pas encore suffisante pour lutter. Comprimons donc notre indignation dans nos cœurs, restons fermes, « inébranlables, mais calmes, quelles que soient les provocations « des *blancs-becs impertinents de la bourgeoisie*. — Souffrons encore; « ne sommes-nous pas habitués à souffrir? — Souffrons, mais n'ou« blions rien.

« Et, en attendant, continuons, redoublons, étendons toujours « davantage le travail de notre propagande Il faut que les travail« leurs de tous les pays, les paysans des campagnes aussi bien que « les ouvriers des fabriques et des villes, sachent ce que veut l'As« sociation internationale, et comprennent qu'en dehors de son « triomphe il n'y a pour eux aucun autre moyen d'émancipation « sérieuse; que l'Association internationale est la patrie de tous les « travailleurs opprimés, le seul refuge contre l'exploitation des bour« geois, la seule puissance capable de renverser le pouvoir insolent « des bourgeois.

« Organisons-nous, élargissons notre Association, mais en même « temps n'oublions pas de la consolider, afin que notre solidarité, « qui est toute notre puissance, devienne de jour en jour plus réelle. « Devenons de plus en plus solidaires dans l'étude, dans le travail, « dans l'action publique, dans la vie. Associons-nous dans des entre« prises communes pour nous rendre l'existence un peu plus suppor« table et moins difficile; formons partout et autant qu'il nous sera « possible ces sociétés de consommation, de crédit mutuel et de « production, qui, tout incapables qu'elles sont de nous émanciper « d'une manière suffisante et sérieuse dans les conditions économiques « actuelles, habituent les ouvriers à la pratique des affaires et pré« parent des germes précieux pour l'organisation de l'avenir.

« Cet avenir est proche. Que l'unité d'esclavage et de misère qui « embrasse aujourd'hui les travailleurs du monde entier se trans« forme pour nous tous en unité de pensée et de volonté, de but et « d'action, — et l'heure de la délivrance et de la justice pour tous, « l'heure de la revendication et de la pleine satisfaction sonnera. »

(*Egalité*. — 3 avril 1869.)

# Pièce a.

—

## MEETING DE PROTESTATION

### CONTRE L'EXPULSION DU CITOYEN ROBIN

« Citoyens,

« L'hospitalité belge vient de subir une nouvelle atteinte par l'ex-« pulsion du citoyen Robin.

« Nous engageons tous les citoyens qui ont horreur de l'arbitraire « et réprouvent énergiquement la loi sur les étrangers à venir pro-« tester avec nous contre une pareille mesure.

« Le meeting se tiendra lundi, 2 août, à 8 heures du soir, dans la « grande salle du CYGNE, Grande Place.

« *Le Conseil général belge :*

« Eug. HINS, Alph. VANDENHOUTEN, Ch. MAETENS, C. DE PAEPE, J. A. DELVAUX, P. CALEWAERT, C. STANDAERT, H. LERYCKE, Eug. STEENS, D. BRISMÉE, Guill. BRASSEUR, DEBROUWER, VERRYCKEN, P. ROELANTS, HERREBOUDT et PLANÇON. »

(*Internationale*, 27 juillet 1869.)

---

# Pièce b.

—

*Adresse de l'Assemblée générale de la section des Dames aux Internationaux, à Bâle.*

« Genève, le 8 février 1869.

« Frères et sœurs internationaux de Bâle,

« Les sociétaires de la section des femmes de Genève ont contri-« bué individuellement aux quêtes et aux souscriptions faites au

« cercle pour vous venir en aide dans la lutte que soutient le tra-
« vail contre le capital. Mais voulant vous donner un témoignage
« collectif de sympathie, elles ont voté, à l'unanimité, dans leur as-
« semblée générale du 7 février, l'envoi d'une somme de trente francs
« disponible dans leur caisse, tout en exprimant le regret que leur
« section soit trop nouvelle pour posséder plus en ce moment. Cet
« envoi a été annoncé immédiatement par le télégraphe.

« Nous désirons vivement être mises en rapport direct avec les
« femmes de la section ouvrière de Bâle, qui a été dissoute, afin
« d'avoir par elles des renseignements sur leur situation actuelle et
« sur celle de leurs enfants.

« Elles peuvent nous écrire en allemand. On traduira.

« Adresser les lettres à la présidente du Comité d'action de la
« section des femmes, au Cercle des Quatre-Saisons, à Genève.

« Salut fraternel. »

(*Egalité*, 13 février 1869.)

---

# Pièce c.

---

LETTRE DU CONGRÈS DE NUREMBERG (*traduction*).

« 7 septembre 1868.

« *Au congrès international de Bruxelles.*

« Le Congrès des Associations ouvrières allemandes réunies à Nu-
« remberg vous salue fraternellement. Votre programme est le sien.
« En avant donc, frères, nous vous suivons, et nous triompherons
« ensemble de notre ennemi commun : le Capital.

« Notre Congrès a voté l'affiliation de 50,000 travailleurs allemands
« à votre grande Association. Il vous envoie, en signe d'alliance, le
« compagnon Frédéric Bütter, avec pleins pouvoirs pour nous re-
« présenter auprès de vous.

« H. Bhöm, C. Bull, président, Dr Kirchner. »

TÉLÉGRAMME DE BRUNSWICK (*traduction*).

*Au Président du Congrès de l'association internationale de Bruxelles.*

« Wolfenbüttel, le 6 septembre 1868.

« Beaucoup de démocrates socialistes du Brunswick, réunis à Wolfenbüttel pour célébrer l'anniversaire de leur fondation, envoient « leurs salutations au Congrès de l'Internationale à Bruxelles, et appuient la résolution de l'assemblée générale tenue à Hambourg, de « marcher d'accord avec toutes les sociétés ouvrières démocratiques « socialistes de tous les pays.

« En leur nom : SPIER. »

LETTRE DU HOLSTEIN (*traduction*).

« Neumunster, 5 septembre 1868.

« Monsieur Becker,

« Regrettant de ne pouvoir prendre part de parole et d'action aux « travaux du Congrès, notre cœur n'en vole que plus amicalement à « votre rencontre. Nous souhaitons à vos efforts, qui intéressent la « jeune Europe, un heureux succès.

« Au nom de nos démocrates socialistes Lassaliens :

« F. PUETZ ; SCHLEUSBERG, »

TÉLÉGRAMME DE LA HONGRIE (*traduction*).

« Pesth, le 7 septembre 1868.

« *Au Congrès international de Bruxelles.*

« Honneur à vous, vaillants champions du prolétariat ! Luttez sans « merci pour les droits de la masse travailleuse ! Nous sommes des « vôtres.

« L'ASSOCIATION OUVRIÈRE DE PESTH. »

(Extrait du Compte Rendu du Congrès de Bruxelles, p. 52 à 54.)

# Pièce d.

---

*Fragment d'un discours sur les principes et le but de l'Internationale, prononcé par Albert Richard, de Lyon.*

. . . . . . . . . . . . . . . . . . . . . . . . . . . . . . . . . . . . . . . . . . . . . . . . . . . . . . . . . . . . . . . . . . . . .

« Beaucoup d'entre vous, citoyens, se sont demandé :

« Comment se fait-il, qu'après trois révolutions politiques aussi ra- « dicales que celles de 1789, 1830 et 1848, les travailleurs se trou- « vent encore aujourd'hui dans le même état de gêne et d'oppression « qu'autrefois, au point de vue politique comme au point de vue « économique. On dit : les travailleurs ont été trompés trois fois ; le « seront-ils une quatrième fois ? Comment faire pour qu'ils ne le « soient plus désormais ? Voilà, citoyens, la grande question que « l'Association internationale est en train de résoudre, et cela, fata- « lement, nécessairement pour ainsi dire, en même temps qu'elle « cherche à établir dans chaque pays, dans chaque industrie, par- « tout où son action peut s'étendre, des rapports nouveaux fondés « sur la justice rationnelle entre le Travail et le Capital. Son action « peut être envisagée sous deux rapports : 1° Sous le rapport du « grand intérêt social général ; 2° sous le rapport des intérêts parti- « culiers de chaque localité, de chaque corporation et de chaque in- « dustrie.

« Sous le premier rapport, nous l'avouons franchement et nous le « disons à qui veut l'entendre, nous sommes la *continuation logique, « à la fois instinctive et scientifique du grand courant révolution- « naire.* Comme nos pères, nous voulons la liberté, comme eux, « nous voulons l'égalité : mais nous sommes la génération nouvelle, « nous combattons avec des armes nouvelles, avec des idées nou- « velles, et de même que nous avons déjà établi entre quatre mil- « lions d'hommes *la solidarité révolutionnaire internationale*, nous « sommes entièrement convaincus que le jour n'est pas loin où nous « établirons la solidarité économique entre tous les travailleurs sur « les ruines du parasitisme bourgeois, gouvernemental et reli- « gieux.......

« C'est quelque chose que d'être républicain, mais ce n'est pas « tout : il faut encore *être socialiste*, et sous peine de rester étran- « ger à son époque et aux aspirations qui la caractérisent, sous

« peine d'être un réactionnaire d'une nouvelle espèce, l'homme de « progrès doit viser non-seulement à la transformation des institu- « tions politiques, mais encore et surtout à la réorganisation du tra- « vail et de la propriété......

« Le temps des dissertations et des péroraisons est passé : le mo- « ment de l'action est venu. Pendant que nous perdons un temps « précieux, nos ennemis continuent de nous rogner la laine sur le « dos..... L'Association internationale leur a déjà ôté *l'envie de* « *rire :* mais ce n'est pas tout, vous savez ce qui nous reste à faire.... « Il faut que les travailleurs fassent en tout et partout leurs affaires « eux-mêmes, et qu'ils ne placent plus leur confiance dans ces per- « sonnalités bourgeoises qui savent si bien prononcer le mot *liberté* « et qui savent si peu ce que c'est que la liberté. »

## Pièce e.

« La République est incompatible avec le monopole, avec le « patronat. *République* veut dire *Chose commune*, dont l'avénement « n'est possible qu'à une seule condition : *la propriété doit devenir* « *collective*, sans cela point de *Chose commune*, point de vraie *Répu-* « *blique*. Il est impossible d'être exploité et citoyen, parce que l'ex- « ploité est surchargé de devoirs sans avoir même le droit au « travail, sans lequel il faut mourir de faim; donc, le droit de vivre « actuellement est un privilége qui n'est accordé qu'à quelques-uns.

« Avec un ordre de choses pareil, la République devient dérisoire; « elle laisse aux exploités un seul droit sacré, — le droit de protester « par tous les moyens contre les détenteurs de tous les autres droits, « contre les capitalistes qui, se réservant tous les droits, laissent « au prolétaire un fardeau de devoirs avec la misère pour récom- « pense.

« Il y a de ces doux rêveurs, voire même jusque parmi les gros « capitalistes, qui font bâtir des quartiers tout entiers, et qui pen- « sent qu'il y a lieu à une sorte de conciliation à l'arcadienne entre « eux et celui qui reste onze heures par jour sous le soleil brûlant, « exposé à la pluie et au vent pour construire les grands bâtiments « qui portent profit au propriétaire. Ils n'ont qu'à réfléchir cons- « ciencieusement et leurs doux rêves se dissiperont immédiatement. »

(*Solidarité*, 25 juin 1870.)

# NOTES

1° *Journaux de l'Internationale.*

En Allemagne, l'organe principal des sociétés ouvrières affiliées à l'Internationale est, comme nous l'avons dit plus haut, le *Volkstaat*, de Leipsig. Ce journal, fondé en 1869, au Congrès d'Eisenach, paraît deux fois par semaine; il est rédigé par Bebel, député au Parlement allemand, et Liebknecht.

Le *Proletarier*, qui paraît toutes les semaines, à Augsbourg, et qui a pour rédacteur, Neft, défend les mêmes principes que le *Volkstaat*.

En Autriche, l'Internationale a maintenant pour organe le *Volkswille*, redigé par Scheu. Ce journal s'appelait autrefois la *Volkstimme*.

L'*Eguaglianza*, organe de la section de Naples, a cessé de paraître depuis l'arrestation de Gambuzzi, Caporusso et Francesco Forte, qui eut lieu à l'occasion de la grève des ouvriers tanneurs de Naples.

La Fédération parisienne avait fondé un nouvel organe : *Le Socialiste*; mais cet organe n'a fourni que deux numéros. Il a dû suspendre sa publication.

En Amérique, l'Internationale possède un journal anglais, le *Workingman's Advocate*, à Chicago, et un journal allemand, l'*Arbeiter Union*, à New-York.

La *Tagwath*, journal hebdomadaire publié à Zurich, par les soins de la démocratie socialiste, est rédigé par Greulich.

(Extrait de la *Solidarité*, 25 juin 1870.)

2° Nous lisons encore dans la *Solidarité* (numéro du 25 juin 1870) que deux nouvelles sections viennent d'être fondées, l'une aux Ponts et à la Chaux-du-Milieu, et l'autre à Colombier (Suisse Romande).

3° Ce même journal nous fait connaître que la récente grève des ouvriers fondeurs de Vienne (Isère) a été subventionnée par l'Internationale et notamment par les sections romandes.

4° *Compte rendu des poursuites dirigées contre l'Internationale, à Paris, publié par la* Solidarité *dans son numéro du* 25 *juin* 1870.

« PARIS, mercredi 22 juin. — Les assignations étaient pour 11 heu-
« res; les accusés étaient présents, à l'exception de Varlin, Passedouet,
« Rocher, Carle. Les juges arrivaient à midi, jugeaient une demi-
« douzaine de petites affaires. A deux heures et demie seulement arri-
« vait celle de l'Internationale.

« Presque tous les accusés se défendent eux-mêmes; quatre seule-
« ment ont des avocats; c'est malheureusement plus qu'il n'en faut
« pour s'interposer officieusement et ramener dans la voie du forma-
« lisme judiciaire ceux qui tendraient à s'en écarter. Plusieurs ac-
« cusés les donnent au diable, mais qu'y faire? Si, comme il est pro-
« bable, quelqu'un de ces Messieurs, pour faire acquitter son client,
« éreinte ses coaccusés, on se défendra contre ses attaques tout
« comme contre celles de l'accusateur public, en l'éreintant à son tour
« et de plus belle.

« La présence au banc de la défense de l'illustre Me Lachaud,
« chevalier de la Légion d'honneur, candidat officiel aux dernières
« élections, et ennemi déclaré du socialisme, fait présumer que cet
« incident ne manquera pas de se présenter.

« Au début de l'audience, les quatre accusés retenus en prison pré-
« ventive présentent une requête de mise en liberté sous caution et
« une demande de remise à huitaine pour étudier le dossier. Plus de
« vingt accusés en liberté, pour ne pas prolonger la détention arbitraire
« de leurs amis, avaient achevé en trois jours leur défense collective
« et étaient prêts.

« Le président, M. Brunet, est un petit vieillard chauve comme ce
« papier, à l'air jovial, égrillard, blaguant agréablement les gens et
« leur distribuant non moins gaiement mois de prison et centaines de
« francs d'amende. Il affecte pour les accusés une grande bienveillance
« et, à un certain moment, parle d'une manière touchante de ces
« braves pères de famille.

« Il fait l'appel des prévenus pour constater leur identité, leur de-
« mande s'ils acceptent le débat, leur dit en deux mots de quoi ils sont
« accusés. Tous déclarent n'être pas affiliés à une société secrète, et
« sauf quatre ou cinq qui effectivement n'en font pas partie (!), tous
« avouent hautement être membres de l'Internationale.

« Le président, entrevoyant la possibilité que l'accusation aban-
« donnât pour quelques-uns l'inculpation de société *secrète*, pose la
« question de société *illicite*, fait aux premiers accusés des demandes
« à ce sujet. Deux ou trois expériences l'amènent à renoncer bien
« vite à ce procédé.

« Cependant l'avocat impérial, M. Aulois, prend la parole. Dans
« le langage diffus et verbeux qui est particulier à cette sorte de gens,
« il déclare ne pas s'opposer à la remise; mais, vexé de l'attitude
« prise par quelques accusés répondant à la question de société *illi-*
« *cite* posée par le président, ou tendant à y revenir après que celui-

« ci l'avait abandonnée, il s'écrie que l'affaire est grave, très-grave, « plus grave qu'on ne paraît le soupçonner, grave par ses conséquences « et sa portée sociale et politique, et qu'elle réclame le plus grand « sérieux. Un sourd ricanement accueille ces paroles.

« Bien que la remise à huitaine soit pour ainsi dire tacitement « accordée, le procureur impérial lit pendant plus de deux heures et « demie un long factum qui, lorsqu'il n'est pas la reproduction de « lettres volées chez Bastelica, Varlin, Murat, Aubry, etc., est une « œuvre de pure fantaisie. Et ledit procureur, avec une adorable mo- « destie, se vante d'avoir reconstitué l'histoire de l'Internationale!

« Ainsi, c'est *Mazzini* qui est le père de l'Internationale! Le Con- « seil de Londres est *omnipotent*. Le Congrès de Genève n'a traité « que des choses *étrangères aux intérêts des ouvriers*, de l'organi- « sation de grèves générales soutenues par l'Association. Enfin, il n'a « fait que déclarer une guerre à mort aux *spoliateurs du peuple*.

« Il est inutile de résumer cet immense travail; il est imprimé; il « sera republié par divers journaux, en brochures, et les socialistes « ne se plaindront pas de la publicité qui lui sera donnée; à côté « du poison se trouve, en effet, l'antidote : ce sont les lettres et les « notes saisies chez Malon, Varlin, etc. On ne peut souhaiter qu'une « chose, c'est que la défense soit aussi favorable à la propagande que « le sera l'accusation.

« Signalons seulement l'éclat de rire qui a fort fâché le sieur Au- « lois quand il a annoncé que Richard DE LYON assistait à la séance « du 19 avril pour la constitution de la fédération parisienne. Ce « n'est pas la seule confusion de noms qu'ait faite le parquet, et je « ne puis reproduire les drôleries qu'on se raconte à ce sujet.

« Quelque part, l'accusateur signale Miot et Blanqui comme pre- « nant une part active aux travaux de l'Association à Bruxelles, eux « qui n'y ont jamais mis les pieds et que nous avons toute raison « de croire hostiles à l'idée avant tout socialiste de l'Internationale.

« Un des jolis détails de ce réquisitoire, c'est la statistique faite « par le procureur impérial des membres de l'Internationale dans « différents pays. Voici, selon eux, le chiffre exact de ses membres :

| | |
|---|---|
| France | 433,785 |
| Suisse | 45,226 |
| Allemagne | 150,000 |
| Autriche et Hongrie | 100,000 |
| Angleterre | 80,000 |
| Espagne | 2,728 |

« M. Aulois a aussi fourré dans son accusation le manifeste des « Lyonnaises, et pour en faire sentir.... l'horreur, il l'a lu de la « manière la plus dramatique. Il a si bien réussi que tout le monde « a crié bravo!

« Enfin, pour terminer, l'affaire est remise à huitaine, et sera, à « partir de mercredi prochain, jugée sans désemparer. Les quatre déte- « nus, Malon, Murat, Johannard, Pindy, sont en liberté sous caution « (500 fr. pour chacun). Combault, qui est revenu de Belgique, et est, « ainsi que plusieurs autres, sous le coup de mandat d'amener, en

« demande la suspension; le tribunal répond n'avoir pas le droit de « l'accorder. Combault déclare aimer mieux être arrêté à l'audience « que la nuit chez lui. (Voir, ci-dessous, une lettre de Combault re- « lative à son arrestation.) Il est arrêté; les autres, qui sont dans le « même cas, ont pu partir auparavant. Ils seront là mercredi pro- « chain, et nous pensons qu'aucun des accusés n'y manquera. »

5° *Lettre de Combault.*

« Paris, 16 juin 1870.

« Hier au soir, à 11 heures et demie, des agents de police accom- « pagnés d'un commissaire, sont venus porter le trouble dans ma « famille, perquisitionnant partout pendant plus d'une heure, décou- « vrant les lits des enfants, et cherchant jusque dans les meubles « pour m'y trouver.

« Par bonheur pour ces misérables, j'assistais à une réunion de no- « tre Section; si j'avais été chez *moi, je vous assure qu'ils ne seraient « pas partis au complet de leur expédition nocturne* et que j'aurais « appris une fois *de plus à ces bandits le respect du domicile d'un « citoyen.*

« Je le demande à toute conscience honnête, n'y a-t-il pas dans « cette violation de la loi une provocation flagrante de la part de la « police ?

« A. Combault,

« Rue de Vaugirard, 289.

« Cette lettre a été portée au *Réveil*, qui l'a insérée avec *modifi- « cation* (!); au *Rappel*, qui a refusé de l'insérer si elle paraissait « auparavant dans une autre feuille. — Question de journal, disait « le gérant Barbieux.

« Lisez : Question de boutique. »

(Extrait de la *Solidarité*, 25 juin 1870.)

6° *Statuts de la Fédération lyonnaise.*

Des modifications viennent d'être apportées aux statuts de cette fédération.

L'article 2 a été ainsi modifié :

Art. 2. — Sont admises à faire partie de la Fédération toutes les sociétés ouvrières indépendantes, quelle que soit leur forme.

Toutefois, l'admission d'une société est subordonnée à la discussion de la commission fédérale, dont il est parlé à l'article 4.

La rédaction du nouvel article 4 diffère essentiellement de celle qui avait été primitivement adoptée.

Art. 4. — La Fédération est représentée et administrée par une

Commission formée de deux délégués qu'enverra chaque corporation ou branche de corporation adhérente, et par un comité exécutif de cinq membres pris au vote parmi les délégués.

La disposition suivante a été ajoutée à l'article 5 :

Il sera remis aux membres de chaque corporation adhérente des cartes d'adhésion individuelles aux principes de l'Association internationale. Ces cartes seront remises gratuitement aux membres faisant partie de la Fédération et renouvelées tous les ans. Pour les possesseurs actuels de cartes, les cinq premiers mois de cotisation serviront de payement.

L'article 6 est maintenu.

L'article 7 règle l'envoi des délégués aux Congrès ouvriers.

Art. 7. — Pour l'envoi des délégués au congrès ouvrier annuel, la Commission choisira et présentera des candidats à la discussion et à l'acceptation de l'assemblée générale, qui peut en fixer le nombre.

Art. 8. — Au mot de *Trésorier*, il faut ajouter *central.*

### 7° *Réponse à l'article du* Figaro.

Le *Figaro*, dans son numéro du 18 juin 1870, a publié sous ce titre : « *Les mystères de l'Internatiònale,* » un article qui contient une série d'inexactitudes. A la lecture de cet article, nous nous étions demandé à quelle source ces renseignements avaient pu être empruntés. — Cette question était demeurée pour nous une véritable énigme, lorsqu'une lettre d'Héligon (1) est venue nous édifier complètement sur ce point. Les renseignements insérés dans le *Figaro* sont extraits « d'un volumineux manuscrit (230 pages), fourni par « la préfecture de police et annexé au dossier de l'Internationale de Paris. »

Signalons quelques-unes des erreurs que nous avons relevées :

1° Le Lubez n'a jamais été le président de l'Internationale; Odger seul a rempli ces fonctions depuis 1864 jusqu'à ce jour; il a signé en cette qualité tous les manifestes, adresses, protestations et autres actes émanés du Conseil général. Nous avons consulté de nombreux documents; tous confirment notre assertion de la manière la plus expresse. Jusqu'à *preuve authentique* des faits avancés par le *Figaro,* nous n'hésitons pas à déclarer que ce renseignement est *complétement inexact.*

2° Le *Figaro* n'a pas été plus heureux dans sa *prétendue* statistique des membres de l'Internationale. En Espagne, par exemple, le *Figaro* et le manuscrit de « la Préfecture de police où il s'est inspiré » ne portent qu'à 2,728 le nombre des adhérents, au 1er *janvier* 1870. Pour accepter cette allégation, il faudrait admettre que, depuis le mois de septembre 1869, l'Espagne a vu diminuer le nombre des affiliés. Nous savons, en effet, qu'au congrès de Bâle, Farga Pellicer,

(1) Cette lettre, en date du 21 juin 1870, a été reproduite par le journal *la Cloche* et le *Progrès* de Lyon du 25 juin 1870.

délégué de la section de Barcelone, rendant compte de la situation de l'Internationale en Espagne, déclarait qu'il existait dans cette contrée 185 sections comprenant plus de 25,000 membres, et que de nouvelles sections étaient en voie de formation.

(*Mirabeau*, octobre 1870.)

En Allemagne, où toutes les associations ouvrières sont actuellement affiliées à l'Internationale, le nombre de ses adhérents s'élève sans contredit à plus de 150,000. Nous avons établi plus haut que l'Internationale compte dans cette contrée près d'un million d'adhérents.

En Autriche et en Hongrie, le nombre des affiliés ne dépasse pas 50,000 : nous avons déjà vu qu'au mois de mai 1869, l'*Egalité* nous faisait connaître que 25,000 individus seulement avaient alors adhéré à l'Internationale.

Les chiffres donnés pour la France, l'Angleterre et la Suisse ne sauraient non plus être acceptés. Qu'il nous suffise de dire que cette statistique ne repose sur aucun document sérieux et que les nombreuses recherches auxquelles nous nous sommes livrés nous permettent d'évaluer à 5 millions le nombre des membres de l'Internationale en Europe et en Amérique.

Ajoutons, en terminant, qu'Albert Richard, de Lyon, qui se proclame lui-même : « l'un des membres les plus anciens et les plus « fidèles de cette association, » dans une lettre reproduite par le *Progrès* de Lyon (numéro du 3 juin 1870), nous annonce que l'Internationale a déjà organisé *sept millions* de travailleurs américains et européens.

# APPENDICE

## ATTITUDE DES MEMBRES DE L'INTERNATIONALE DANS LA GUERRE ACTUELLE.

### 1° *Manifeste des Internationaux parisiens.*

« Aux Travailleurs de tous pays.

« Travailleurs,

« Une fois encore, sous prétexte d'équilibre européen, d'honneur
« national, des ambitions politiques menacent la paix du monde.

« Travailleurs français, allemands, espagnols, que nos voix s'u-
« nissent dans un cri de réprobation contre la guerre.

« Aujourd'hui, les sociétés ne peuvent avoir d'autre base légitime
« que la production et sa répartition équitable.

« La division du travail, en augmentant chaque jour les nécessités
« de l'échange, a rendu les nations solidaires.

« La guerre pour une question de prépondérance ou de dynastie
« ne peut être aux yeux des travailleurs qu'une criminelle absur-
« dité.

« En réponse aux acclamations belliqueuses de ceux qui s'exonè-
« rent de l'impôt du sang, ou qui trouvent dans les malheurs publics
« une source de spéculations nouvelles, *nous protestons,* NOUS QUI
« VOULONS LA PAIX, LE TRAVAIL ET LA LIBERTÉ.

« Nous protestons :

« Contre la destruction systématisée de la race humaine;

« Contre la dilipidation de l'or du peuple, qui ne doit servir qu'à
« féconder le sol et l'industrie;

« Contre le sang répandu pour la satisfaction odieuse de vanités,
« d'amours-propres, d'ambitions monarchiques froissées ou inassouvies.

« Oui, de toute notre énergie, nous protestons contre la guerre,
« comme hommes, comme citoyens, comme travailleurs.

« La guerre, c'est le réveil des instincts sauvages et des haines
« nationales.

« La guerre, c'est le moyen détourné des gouvernements pour
« étouffer les libertés publiques

« La guerre, c'est l'anéantissement de la richesse générale, œuvre
« de nos labeurs quotidiens.

« Frères d'Allemagne:

« Au nom de la paix, n'écoutez pas les voix stipendiées ou serviles
» qui chercheraient à vous tromper sur le véritable esprit de la
« France.

« Restez sourds à des provocations insensées, car la guerre entre
« nous serait une guerre fratricide. Restez calmes, comme peut le
« faire, sans compromettre sa dignité, un grand peuple fort et cou-
« rageux.

« Nos divisions n'amèneraient, des deux côtés du Rhin, que le
« triomphe complet du despotisme.

« Frères d'Espagne,

« Nous aussi, il y a vingt ans, nous crûmes voir poindre l'aube de
« la liberté. Que l'histoire de nos fautes vous serve au moins
« d'exemple. Maîtres aujourd'hui de vos destinées, ne vous courbez
« pas comme nous sous une nouvelle tutelle. L'indépendance que
« vous avez conquise, déjà scellée de votre sang, est le souverain
« bien. Sa perte, croyez-nous, est, pour les peuples majeurs, la
« cause des regrets et des remords les plus amers et les plus poi-
« gnants.

« Travailleurs de tous pays, quoi qu'il arrive de nos efforts com-
« muns, nous, membres de l'*Association internationale des tra-
« vailleurs,* qui ne connaissons plus de frontières, nous vous adres-
« sons comme un gage de solidarité indissoluble les vœux et les saluts
« des travailleurs de France.

« Ont signé :

« Haan, Saint-Simon, Demay, E. Roy, H. Tolain, V. Guiard, A.
« Murat, Ch. de Buyger, Bellamy, Avrial, Sauzet, Kin, Pindy,
« Perrachon, Theisz, Rouveyrol, Fournaise fils, Dauthier, Murat,
« Germain Casse, G. Bertin, Jacques Durand, citoyenne Delaunay,
« A. Tomachot, Tomachot jeune, Marie Bertin, Pouget, Lesage,
« Barthélemy, Dechorynat, Parganet, Mélanie, Eugénie Devienne,
« François Barberat, Femme Gornet, Maire, Guéraud, Mailliard,

« Avoine père, Avoine fils, Tubert, Dubiès, femme Pouget, Vrai,
« Marchal, E. Grenier, Hervé, Luce, Lacombe, citoyenne Legrand,
« Femme Huet, Guyon, Absalan, femme Absalan, Rosalie Parfait,
« Plaisse, Vandenbas et sa femme, Carrière, J.-B. Durel, Vallet,
« H. Pomey, Rémaud, citoyenne Gubert, Emile Desplantes, Boucher,
« Cornet, Fagard (Jules), F. Félix, Camelinat, Delage, Déclou, Le
« Noarch, Girard, Philippe, E. Berle, Terret, Monnat, J. Duchêne,
« Boulet, Porret (Louis), Auguste, Lebègue, Thiollier, Chauvière,
« Benoît, H. Quédeleur, J. Denis, Cyrille Rousseau, Huet, Mlle Ar-
« mandine Boasse, Dulieux, Guénot, Spoëtler, H. Varlin, Bottet,
« A. Harlé, Merland, Delarbre, la citoyenne Avrial, Lacombe,
« Huet (Félix), Indenreep, Ch. Vernaud, A. Fournier, Legrand,
« Mathieu, Florent, Ganèze, Roberdet, Delaunay, Vidon, Héligon,
« Chapus, Bouilla, Léonard, Bizot, Seigneur, Etienne, Bouritte,
« Wanuffen, H. Guinet, Fabraige, Poiffer, L. Foretet, Marion, Bri-
« card, Bautigny, Kornberher, Castagnon, Cauche, Moret, A.
« Hervé, Rosenthef, J. Maréchal, J.-J. Blanc, Dudach, J. Dubois,
« E. Vatone, J. Bony, Assy, Johannard, Royer, Mégis, Jean,
« Weber, A. Feugiez, Lemaître, A. Terneur, Christe, A. Hurion,
« Zabialc, Buisson, Bougault, Simon, Roy, Bouvier, Migevant,
« Gobert, Baurot, Ferdinand Malnoury, Mauvois, Donniol, Gandi-
« lion, Rattas, Thomelin, Jouarès, Charbonneaud, Michon, Seu-
« reau, Huby, Chesny, Lefèvre, Baudouin, Bouvier, D. Barré,
« Quéval, Harang, Sivori, Mezières, Arbourg, C. Fournex, Charles,
« Georgeot, Faure, Félix Henry, Fournier, G. Barré, Lotte, Meussé,
« Fortin, Bouché, Gidrot, Martin, Drévelle, Collot, Barroi, Delahaye
« fils, Cochin, Delahaye, Dubois, Bévinger, Bobillat, Segnet, J. Du-
« bois, Marteaux, Moine, L. Midez, Guillard, Miéhac, Dupont,
« Loeb, P. Bricoq, 6, rue Thouin. C. Mercier, 8, place Maubert,
« Gazelle, 7, rue Blainville, M. Guillet, A. Jullien, Portal, J. Ver-
« nouillet fils, Bonnet, 2, rue des Feuillantines, E. Nanteau. P.
« Prunier, Joseph Brus, Bruneauge, J. Bazile, 6, rue Thouin, Las,
« Vernouillet, 3, rue de la Vieille-Estrapade, Achille Dubuc, Rol-
« lin, Dayraud, C. Parent, négociant, 29, rue de l'Arbalette, Vau-
« vels, Chatenay, Mercier père, 8, place Maubert, F. Lecvart, 2,
« cité Boufflers, Langevin, Ruffez, Pottier, Bonifay, Colz, Simon,
« Vance, Debrincourt, Aubert, Gonon, Doyen, Bernard, Gillot,
« Chaillon, Perron, Octave, Favelier, Préau, Masson fils, Bothorel,
« Brovay, Benavel, Cassan, Gonthauert, Périn, Casaple, Longua,
« Duroche, Lefebvre, Delacourt, Fareau, Laburthe, Jean, Buardet,
« Moureau, Rigault, Garin, Lecomte, Sellam, Sicard, Nobet fils,
« Gonnet, Graillon, Hanne fils, Guillaume, Bourdon, Hamelin,
« Noel, Proudhomme, Rougé, Drosse, Romarie, Vidal Boqueval,
« Rosset, Godefroyd, Landrin, Bidault, Camille Adam, Carbonneau,
« Beaufils, Bastien, Desbleds, Perronnet, Simon, Maiojes, Louis,
« Louis Emile, Taillard, Guerce, Minel, Beinhal, Meuret, Schlosser,
« Monlog, Mingot, Aubert, Dubert, Forel, Renceaux, Masseron, De-
« lattre, Lemoine, Darrier, Cassagne, Drouchon, Keller, Lamblin,
« Caudriet. Simon Paul, Garnier A., Sion, Delhayes, A. Demand,
« Alexandre Rigault, Charles Byerlé, Frédérique Byerlé, Lafont,
« Auguste Léopold, E. Maes, Falconnel, V. Deforge, fils, Spinause,
« Quéau, Bontant, Lubac, T. Chaudron, Marius Jacquemard, Héri-

« court, Frédéric Graidat, Radignez, Charles Deleaune, Schummer, « Lebrun, Henri Duchenne, Léon Guérineau, Charles Gabriel, Eu- « gène Petitfils, Desclos, Dr Giraudeau, Stanson, détenu politique à « Pélagie, Grandjean, Maurice Debertrand, Maximilien Pinvin, « Louis Garcin, Roberton, Austry, Gaston, G. Lanio, Paul Golin, « Lannoy, Bocquet, Martial Jouan, Berbez, Chatillon, Charbonnier, « Cl. Houdam, Durand, Marssa, Ruder, Binden, A.-E. Dutriaux- « Carlamy, J. de Saint-Martin, T. Rondeau, Leront, Joseph Hano, « A. Barré, Julien Froger, C. Rainaud, Fauconnier, Laurent.

. . . . . . . . . . . . . . . . . . . . . . . . . . . . . .

. . . . . . . . . . . . . . . . . . . . . . . . . . . . . .

« Nous adhérons complétement à la protestation que nos amis vous « ont fait parvenir; notre absence seule, au moment de la signature « de cette pièce, explique l'absence de nos noms.

« G. Durand, L. Chalain, B. Malon, A. Combault, J. Franquin, Emile Richard (1). »

. . . . . . . . . . . . . . . . . . . . . . . . . . . . . .

. . . . . . . . . . . . . . . . . . . . . . . . . . . . . .

*Association internationale des travailleurs.*

« *La section sociale du quartier des Ecoles* adhère au manifeste « de l'*Internationale* contre la guerre.

« Paris, ce 15 juillet 1870.

« Pour la section, par délégation :

« A. Constantin, Roger, Emile Ots, Paul Mgnaud, Lucipia. »

. . . . . . . . . . . . . . . . . . . . . . . . . . . . . .

. . . . . . . . . . . . . . . . . . . . . . . . . . . . . .

« Nous, soussignés, membres de l'Internationale, de la section de « Montmartre, déclarons adhérer entièrement au manifeste de l'Asso- « ciation internationale des travailleurs, publiée dans le journal le « *Réveil* du 12 juillet 1870.

« Hauteur, Geoffroy, Hardoin, Lefèvre, Bellier, Geægles, Chasta- « net, François Hardoin, Farcy, Emard, Marizet, Genet, A. Genet, « Quinet, Hiance, Bel, Reuillon, Baudouin, Rouyer, Maurin, Fru- « chard, Sivet, Counat, Demophile, Rostaing, Emile Sivet, « Amédée Disterut, Nareaut, D. Vivier, Jules Joffrin, Delmotte. »

---

(1) Avoine fils, Murat, Johannard, Assy, Mégy, Bertin, Cyrille Rousseau, Delaunay, Héligon, A. Lévy, Dupont, Langevin, Pottier, Chalain, etc., ont été membres de la Commune.

« *Les sections internationales du Nord et de l'Est*, réunies ce « mercredi 13 juillet 1870, acclament à l'unanimité la protestation « insérée dans la *Cloche* du 12 juillet.

« A. Dumontel, H. Carrier. »

*Section de l'Est :*

« Duclos, E. Joselet, A. Hardouin, Barcel, Lepelletier, Mathon, C. « Picart, Pommie, C. Turet, Feustre, Alphonse Fauchon, A. Pi-« card, Georges Forenyemy, J. Duchêne, Cohendet, G. Pagnerre, « Ansel, Salmon, E. Aubert, P. Godard fils, Ferdinand, Vincent, « Edmond Vancoppanolle, Rivotu, Gantner, J. Baret, Ladoux, E, « Copeland, Bisson, Froissard, Chicaneau, Ed. Drosses, Ch. Le-« grand, J. Bonin, Ch. Letellier, J. Sansonet, Rozet, Andrecen, « Emile Berthemot, Vardu, A. Batisson, Rienck, Haltemayer, Ber-« tholin, E. Léglise, Chelier, L. Lemercier, J. Fay, E. Boissay, « Vidal, Force, citoyenne Force.

*Section du Nord :*

« Jean Paquet, Bayard, Lefèvre, Cheviet, Charles Selvant, Hamer, Sé-« gur, C. Berger; L. Félix, Charles Masahiet, Dominique, Gournand, « Rivet, Perronne, Cornier, Cheulard, Laberne, Bauban, Trouvé, « E. Provence, Milavecu, Emile Péron.

« Les membres de l'*Internationale* (section du Faubourg Saint-An-« toine) adhèrent pleinement à la protestation contre la guerre, re-« produite par le *Réveil*.

« Ont signé, les membres présents :

« Ch. Gonet, F. Sellen, Renaud, Bodin, Poirier, Remy, Dangouin, « Clément, Boun, J. Chausse, V. Chausse, Ed. Cosse, Raeyma-« kers, Treignier, Demont, E. Duvauchel, Briardot, Guillaume, « Cuguke, Paul Fabre, Hubet, A. Tixier, E. Gerber, Courtalin, H. « Prieux, Colliard, Chausson, Emile Schmidt, Péquégard, Délibau-« ton, Bauchard, L. Bauchard, D. André, Bouteferg, A. Gaudarg. »

« La section Richard-Lenoir (quartier de la Bastille) de l'Associa-« tion internationale des Travailleurs adhère à la protestation contre « la guerre émanée de la section de Paris. »

« Citoyen,

« Nous, soussignés, membres de l'Association internationale des « Travailleurs, section de Colombes,

« Déclarons adhérer pleinement et entièrement aux principes con-

« tenus dans la protestation des membres de l'Association interna-
« tionale des Travailleurs contre la guerre.
« Veuillez agréer, citoyen, l'expression de nos sentiments démo-
« cratiques et dévoués.

« Pour la section,

« Ph. Maillet.

« 16, rue du Chemin-de-Colombes, à Asnières.

« La section de Montrouge de l'Association internationale se joint
« à l'unanimité, de cœur et de principe, à la protestation adressée
« aux deux peuples prussien et espagnol, contre la guerre.
« Plus de frontières qui créent la division et la faiblesse des peu-
« ples, en même temps que la force des despotes!
« Le 14 juillet 1870.

« Pour le groupe :

« V. Boyer, Boydens, Corriol, Dubuc, N. Delaunay, Guittard. »

« La section des Gobelins déclare adhérer au manifeste de l'Asso-
« ciation internationale contre la guerre.

« Pour la section,

« J. Hamet, E. Bestetti. »

2° *Réponse des ouvriers allemands au manifeste de* l'Internationale.

Le *Réveil* a reçu l'adresse suivante :

BUREAU CENTRAL ÉLECTORAL DU PARTI DÉMOCRATIQUE.

« Travailleurs de France!

« Nous aussi nous voulons la paix, le travail et la liberté! C'est
« pourquoi nous nous associons de tout notre cœur à votre protes-
« tation inspirée d'un ardent enthousiasme contre tous les obstacles
« mis à notre développement pacifique et principalement par la
« guerre sauvage. Animés de sentiments fraternels, nous unissons
« nos mains aux vôtres, et nous vous affirmons comme des hommes
« d'honneur, qui ne savent pas mentir, qu'il ne se trouve pas dans nos
« cœurs la moindre haine nationale, que nous subissons la force et
« n'entrons que contraints et forcés dans les bandes guerrières qui
« vont répandre la misère et la ruine dans les champs paisibles de
« nos pays.

« Nous aussi, nous sommes hommes du combat ! Mais nous vou-
« lons combattre en travaillant pacifiquement et de toutes nos forces « pour le bien des nôtres, pour le bien de l'humanité ; nous voulons « combattre pour la liberté, pour l'égalité et la fraternité ; com-
« battre contre le despotisme des tyrans qui oppriment la sainte li-
« berté, contre le mensonge et la perfidie de quelque part qu'ils « viennent. Solennellement nous vous promettons que ni le bruit des « tambours, ni le tonnerre des canons, ni victoire, ni défaite ne nous « détourneront de notre travail pour l'union des prolétaires de tous les « pays ! Nous aussi, nous ne connaissons plus de frontières, parce « que nous savons, que des deux côtés du Rhin, que dans la vieille « Europe, comme dans la jeune Amérique, vivent nos frères, avec « lesquels nous sommes prêts à aller à la mort pour le but de nos « efforts : « la républiqúe sociale. » Vivent la paix, le travail, la li-
« berté !

« Gustave KWASNIEUKI,

« Au nom des membres de l'Association « internationale des Travailleurs, à « Berlin. »

# TABLE

Préface . . . . . . . . . . . . . . . . . . . . . . . . . . . . . VII
Origine de l'Internationale . . . . . . . . . . . . . . . . . . 1
But, Caractère, Principes et Tendances . . . . . . . . . . . 7
Organisation de l'Internationale . . . . . . . . . . . . . . . 34
Composition et attributions du Conseil général . . . . . . . 35
Conseil fédéral . . . . . . . . . . . . . . . . . . . . . . . . 41
Section . . . . . . . . . . . . . . . . . . . . . . . . . . . . . 44
Moyens d'action de l'Internationale. Cartes et journaux de l'Internationale. — Leur énumération . . . . . . . . . . . . . 50
Des grèves. — Rôle de l'Internationale. — Grèves de Genève, de Lyon, de Bâle, de Paris et du Creuzot. — Manifestes des fédérations françaises et étrangères . . . . . . . . . . . . 61
Statuts de l'Internationale . . . . . . . . . . . . . . . . . . 96
Statuts généraux . . . . . . . . . . . . . . . . . . . . . . . . 97
Dispositions complémentaires . . . . . . . . . . . . . . . . . 102
Statuts de la fédération parisienne . . . . . . . . . . . . . . 106
— — lyonnaise . . . . . . . . . . . . . . 109
— — marseillaise . . . . . . . . . . . . . 112
— — des sections du centre (Belgique) . . . 118
Règlement de la fédération Romande . . . . . . . . . . . . . 120
Des Congrès . . . . . . . . . . . . . . . . . . . . . . . . . . 122
Aperçu sur les Congrès . . . . . . . . . . . . . . . . . . . . 123
1° Congrès de Genève. — Programme des questions. — Résolutions adoptées . . . . . . . . . . . . . . . . . . . . . . . . 124
2° Congrès de Lausanne. — Noms des délégués. — Travaux du Congrès . . . . . . . . . . . . . . . . . . . . . . . . . . . 128
3° Congrès de Bruxelles. — Compte rendu de ses délibérations. — Liste des délégués . . . . . . . . . . . . . . . . . . . 135
4° Congrès de Bâle. — Résolutions adoptées sur la question de la propriété foncière, du droit d'héritage et de l'attitude de l'Internationale vis-à-vis des gouvernements . . . . . . 145
VIII. — Tableau de la situation de l'Internationale . . . . . 159


1° EN FRANCE.


Fédération Parisienne . . . . . . . . . . . . . . . . . . . . 162
— Lyonnaise . . . . . . . . . . . . . . . . . . . . . . 167
— Rouennaise . . . . . . . . . . . . . . . . . . . . . 176
— Marseillaise . . . . . . . . . . . . . . . . . . . . 178

Sections de Besançon . . . . . . . . . . . . . . . . . . . . . 180
— Aix. . . . . . . . . . . . . . . . . . . . . . . 180
— La Ciotat . . . . . . . . . . . . . . . . . . . . 180
— Elbeuf . . . . . . . . . . . . . . . . . . . . . 181
— Limoges . . . . . . . . . . . . . . . . . . . . 181
— Lille . . . . . . . . . . . . . . . . . . . . . 178
— Saint-Etienne . . . . . . . . . . . . . . . . . 173
— Roubaix. . . . . . . . . . . . . . . . . . . . 181

2° En Belgique.

Fédération Liégeoise . . . . . . . . . . . . . . . . . . . 184
— du Centre. . . . . . . . . . . . . . . . . . . . 185
— du bassin de Charleroi. . . . . . . . . . . . . . 185
— du Borinage. . . . . . . . . . . . . . . . . . . 186
— de la Vesdre . . . . . . . . . . . . . . . . . . 186
— Bruxelloise . . . . . . . . . . . . . . . . . . 188
*Liste des autres sections*, . . . . . . . . . . . . . . . 189

3° En Suisse.

Genève . . . . . . . . . . . . . . . . . . . . . . . . . 190
Bâle . . . . . . . . . . . . . . . . . . . . . . . . . . 195
Lausanne . . . . . . . . . . . . . . . . . . . . . . . . 195
Neuchâtel . . . . . . . . . . . . . . . . . . . . . . . . 196
Le Locle . . . . . . . . . . . . . . . . . . . . . . . . 196
La Chaux-de-Fonds . . . . . . . . . . . . . . . . . . . . 196
Zurich . . . . . . . . . . . . . . . . . . . . . . . . . 196
4° Italie. . . . . . . . . . . . . . . . . . . . . . . 197
5° Autriche . . . . . . . . . . . . . . . . . . . . . . 199
6° Hollande . . . . . . . . . . . . . . . . . . . . . . 201
7° Allemagne . . . . . . . . . . . . . . . . . . . . . 202

8° En Espagne

Centre fédéral de Madrid. . . . . . . . . . . . . . . . . . 206
— de Barcelone. . . . . . . . . . . . . . . . . 205
— de Cadix . . . . . . . . . . . . . . . . . . 206
— des îles Baléares. . . . . . . . . . . . . . . 207
9° Russie. . . . . . . . . . . . . . . . . . . . . . . 209
10° Amérique . . . . . . . . . . . . . . . . . . . . . 210
11° Angleterre. . . . . . . . . . . . . . . . . . . . . 212
12° Suède . . . . . . . . . . . . . . . . . . . . . . . 214
Conclusions . . . . . . . . . . . . . . . . . . . . . . . 216
Annexes . . . . . . . . . . . . . . . . . . . . . . . . . 221
Notes. . . . . . . . . . . . . . . . . . . . . . . . . . 273
Appendice . . . . . . . . . . . . . . . . . . . . . . . . 279

Paris, imprimerie Paul Dupont, rue J.-J.-Rousseau 41. (1323.6.71)

www.ingramcontent.com/pod-product-compliance
Ingram Content Group UK Ltd.
Pitfield, Milton Keynes, MK11 3LW, UK
UKHW022006170726
13837UKWH00001B/24